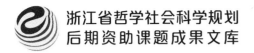

浙江省哲学社会科学规划
后期资助课题成果文库

明朝隆庆时期
海上贸易法变革

王炳军 著

ZHEJIANG UNIVERSITY PRESS
浙江大学出版社
·杭州·

图书在版编目（CIP）数据

明朝隆庆时期海上贸易法变革／王炳军著. —杭州：
浙江大学出版社，2023.12
　ISBN 978-7-308-24595-1

　Ⅰ. ①明… Ⅱ. ①王… Ⅲ. ①对外贸易法－中国－明
代 Ⅳ. ①D922.295

中国国家版本馆 CIP 数据核字（2023）第 254257 号

明朝隆庆时期海上贸易法变革

王炳军　著

责任编辑　范洪法　樊晓燕
责任校对　王　波
封面设计　雷建军
出版发行　浙江大学出版社
　　　　　（杭州市天目山路 148 号　邮政编码 310007）
　　　　　（网址：http://www.zjupress.com）
排　　版　杭州好友排版工作室
印　　刷　杭州钱江彩色印务有限公司
开　　本　710mm×1000mm　1/16
印　　张　16.75
字　　数　274 千
版 印 次　2023 年 12 月第 1 版　2023 年 12 月第 1 次印刷
书　　号　ISBN 978-7-308-24595-1
定　　价　78.00 元

序

　　明朝时期是中国海上贸易的重要变革期,从宋、元时期对外积极开放的贸易政策过渡到明初"片板不许下海"的严格海禁,又到"准贩东西二洋"的隆庆开禁。明朝时期也是中国融入全球化贸易的重要时期。葡人东来开启了东西方世界贸易的新篇章,明朝政府对此从武力排斥,到消极接受,再到积极利用。因此,明朝时期的海上贸易法律制度具有重要的研究价值。正如本书所言,隆庆时期是我国海上贸易法律制度变革轨迹上的拐点。隆庆之前是市舶司主导的市舶贸易体制,之后则逐步过渡到商舶贸易的海关体制。隆庆海上贸易法变革解决了困扰明朝政府的倭患,缓解了明朝政府的财政危机和社会危机,也开启了明朝后期和清朝的海上贸易模式。隆庆时期海上贸易法变革是在以葡人为代表的欧洲人东来后海上贸易全球化背景下产生的,其法律变革的条件、内容、特征和机理具有重要的研究价值。

　　另外,明朝的海上贸易依仗着海上丝绸之路而展开。中国古代的丝绸之路在世界上著名,引起了海外学者的关注,产出一些研究成果,《丝绸之路》一书就是其中之一。① 就连"丝绸之路"之名也是一位德国学者提出的。② "丝绸之路"最晚在西汉时已经存在,其时张骞出使西域,国门不再锁闭。到唐朝时,"丝绸之路"发展为陆上、海上两条,与东亚、东南亚、南亚、中亚、西亚,甚至非洲、欧洲等国家和地区都建立了联系。以后,虽有起伏,但它始终存在,直至明清。"丝绸之路"起于贸易,也一直坚持贸易。明朝隆庆时期的海上贸易正是这条海上"丝绸之路"的真实写照。为了保障海上贸易

---

① 〔英〕彼得·弗兰科潘:《丝绸之路》,邵旭东、孙芳译,浙江古籍出版社2016年版。

② 〔英〕彼得·弗兰科潘:《丝绸之路》,邵旭东、孙芳译,浙江古籍出版社2016年版,前言第4页。

的有效进行,其法制变革也应运而生。

本书作者王炳军是我的 2016 级博士生。他学习勤奋,善于思考,接受能力强,史论结合好,学习成绩名列前茅。他的这本书是在博士论文的基础上扩充而成的。当初他的博士论文确定这个选题时,考虑到了其工作地宁波是古代海上贸易重镇,也是明朝中外贸易力量角逐的主战场,具有地利优势,又正值我国"一带一路"建设如火如荼地推进之际,需要更多资源的支持,具有天时条件。还有,作者长年从事中国法制史教学与研究,专业基础较为扎实,具有人和的长处。由作者来完成这一博士论文,集天时、地利、人和为一体。同时,法律史论文的创新在于新材料的运用、新视角的选取或新观点的提炼。关于明朝的海外贸易及其法律制度,虽然学术界有着诸多可谓丰富的研究成果,但由于史料及研究视角等的差异,仍有进一步拓展研究的空间。这个选题突出了隆庆时期海上贸易法的变革性,具有创新性。

本书能够结合明朝中后期的历史背景,利用大量可信的史料对隆庆时期海上贸易法律制度的演变过程进行描述。同时还揭示了隆庆时期海上贸易法律对后世的影响,即隆庆开禁后,这种形式被官方认可和利用,这就是明朝后期的"三十六行"和清朝的"十三行"的雏形。本书的结论认为,隆庆时期海上贸易法是中国法制史上难得的国家制定法与民间习惯法的一次有效结合,这种结合的主体、程序和效果都值得关注。在此基础上,本书还论述了隆庆时期海上贸易法对当下我国在"一带一路"倡议下的法制建设的借鉴意义,提出在"一带一路"倡议下的法制建设中的政府与商人角色的合理定位以及国家与商人的利益平衡等观点,具有一定的现实价值。

中国传统海上贸易法律制度目前仍是法律史的重要研究领域,关系到全面认识中国法律史、深刻理解海上贸易法律制度的作用与地位,为今天在"一带一路"倡议下的法制建设提供相应依据,值得深耕。希望本书的出版仅仅是一个开始,往后作者能继续进行研究,在广度和深度上下更多功夫,不断产出有价值的成果。

炳军勉之。是为序。

王立民

2023 年 12 月于华东政法大学

目　录

导　论

第一节　选题的意义

一、选题的研究价值

明朝中后期是中国海上贸易法律制度的重要变革时期,而隆庆时期是这一变革轨迹上的拐点。隆庆之前是市舶司主导的市舶贸易体制,之后则逐步过渡到商舶贸易的海关体制。隆庆海上贸易法变革解决了困扰明政府的倭患,缓解了明政府的财政危机和社会危机,也开启了明后期、郑氏集团和清朝的海上贸易模式。隆庆海上贸易法变革是在以葡人为代表的欧洲人东来后海上贸易全球化背景下产生的,其法律变革的条件、内容、特征和机制具有重要的研究价值。

（一）隆庆时期海上贸易法律制度的研究价值

从法律史的角度来看,隆庆时期的海上贸易法律制度具有重要的研究价值和继续深入研究的必要。本书致力于描述隆庆时期海上贸易法的变革、国家法与习惯法的结合、形成的以商舶贸易为主要模式的海上贸易法律制度。具体包括以下内容。

1. 隆庆时期是明朝海上贸易法律制度的重要变革期

隆庆元年（1567 年）,明廷采纳福建巡抚涂泽民的提请,"准贩东西二洋",史称"隆庆开海"或"隆庆开禁"。以隆庆开禁为契机,明政府对明初以来的海上贸易法律制度进行了一系列的变革。隆庆时期海上贸易法律制度的变革主要体现在两个方面。

一方面,隆庆开禁是对明朝两百年"海禁—朝贡"贸易体制的变革。从明朝开国到隆庆元年的两百年中,政府通过"海禁"与"朝贡贸易"确保了帝国海疆的安定和对海上贸易利益的垄断。明朝前期,"海禁"和"朝贡贸易"双管齐下,的确有效地打击了倭寇和阻止了私人海上贸易。但是,到了明朝中期,尤其是正德和嘉靖时期,随着明朝海防力量的衰落和吏治的腐败,私人海上贸易得以迅速兴起。朝贡贸易的维持需要军事威慑和经济诱惑的双重作用,但是随着明王朝军事和经济力量的衰退,朝贡贸易体系难以为继。朝廷一味地严禁私人海上贸易,终于爆发了旷日持久的嘉靖"大倭患"。有识之士认识到"海禁则商转寇",于是推动了隆庆开禁,推动朝贡贸易向商舶贸易的制度变革。

另一方面,隆庆时期的海上贸易法是对国内外局势变动产生的对贸易的务实变革的制度化、法律化。从全球视角来看,葡萄牙人经过近百年的海上探险,沿大西洋南行,绕过好望角,在印度洋沿岸建立了一系列的要塞和商站,取得了印度洋的海上贸易控制权。他们又于1511年占领印度洋和太平洋之间的贸易中转枢纽马六甲,并于1557年取得澳门的居留权,成功构建了"里斯本—果阿—马六甲"和"马六甲—澳门—长崎"国际贸易航线,标志着世界贸易网络的形成。从1517年葡萄牙官方与中国接触,到1557年葡人居留澳门,葡萄牙与中国在贸易上进行的曲折而艰难的互动,终于找到了一个合适的合作模式,其被称为"广中事例"。因此,隆庆开禁是明朝政府在经历了嘉靖时期的一系列内忧外患困扰的基础上对海上贸易法律制度进行的对应调整。如果说嘉靖时期明朝政府对内、外贸易局势变化进行了实践摸索,并找到适当的解决问题的思路和办法,那么隆庆时期明朝政府则将这种思路和办法形成了具体的贸易法律制度。

2. 隆庆时期海上贸易的变革产生了一系列具体的法律制度

整体来说,在朝贡贸易向商舶贸易转变的过程中,主要产生了两类不同的贸易体制。一是广东的"广中事例",另一是福建的"月港体制"。尽管"广中事例"在隆庆之前已经存在,但在隆庆时期有着重要发展。而"月港体制"是在隆庆时期诞生并奠定基本的体制框架的。这两类商舶贸易体制形成了管理机构、船引制度、丈量制度、征银税收制度、客纲客纪制度等海上贸易法律制度。这些法律制度以及这些法律制度的形成机制，都值得研究。

3. 隆庆时期的海上贸易法律制度产生了一系列重要的影响

隆庆时期发展了"广中事例"，同时产生了"月港体制"。这不仅对东南海上贸易产生了巨大的推动作用，对明后期的贸易法律制度、郑氏集团的贸易制度以及清朝的海关制度都产生了直接或间接的影响。比如，海防馆、督饷馆、纲首制度、民间的歇家牙行贸易模式形成的制度等催生了清代的海关制度。隆庆时期，正是朝贡贸易的市舶司体制向近代海关体制的变革的第一步。

4. 隆庆时期海上私人贸易习惯法应该给予足够的重视和研究

隆庆开禁，虽然是政府为了有效实施海禁法不得已而为之，但在一定程度上刺激和推动了东南地区的私人海上贸易。于是，在朝贡贸易、"广中事例"和"月港体制"之外，还有规模和数量上更为巨大的私人海上贸易形成的贸易习惯法。这种习惯法，虽然从明廷的角度来说是非法的走私贸易，但是从历史、从民生、从国际经贸往来的角度来看，它是客观存在而且具有合理性的贸易规则。这种规则是宋、元时期海上贸易习惯的沿革，是当时"南海—印度洋"经济贸易圈普遍存在的国际贸易惯例。这部分贸易制度是在研究明朝中后期贸易法时无法置若罔闻的。虽然明朝的私人海上贸易习惯法并非只有隆庆时期才存在，而是自始至终一直存在着，但是隆庆时期在一定程度上认可了私人贸易的合法性。这样，私人贸易的习惯和惯例，或者说是国际经济贸易的习惯和惯例就可以视为法律制度而进行研究。

(二)论题研究的理论和实践意义

1. 剖析国家法与习惯法理性联结的变革机理

国家制定法与民间习惯法的关系问题是中法史的重要理论问题，对当前的法治建设有着重要的意义。季卫东认为，中国法治现状与西方法治的本质区别在于官僚法与习惯法的"短路式"的结合，两者之间缺乏程序、法律解释学技术以及职业法律家等因素的媒介作用。因此，他认为中国法制现代化的一个关键问题是通过形成和强化法的中介机制来扬弃行政命令与民间调解的苟合。① 梁治平也认为,习惯法与国家法这两种不同的知识传统之间,缺少一种内在和有机的联结。② 其表现于知识传统,是缺乏一种关于习惯法的说明性学理;表现于社会方面,是缺少一个有志于这种探究和说明性工作的群体。由此造成的习惯法与国家之间的"分工"具有"断裂"性质。③

日本学者认为,在中国传统社会,习惯法不具有法律渊源的地位。滋贺秀三通过对中国史料的检索,认为在中国传统社会从民间习俗中找出法学上称为习惯法,即具有一般拘束力含义的社会规范,并明确地根据该规范作出判断的案例,实际上连一件都未能发现。在地方官的判语中,意味着当地民间种种管理的"风俗""土例""土风"等词语倒是时有出现,但这些词语都没有作为法源的习惯的含义。④

海上贸易领域为中国传统社会中的制定法与民间法的关系展现了别样形态。该领域同样出现制定法与民间法的激烈冲突。官方对民间习惯法充满排斥,但是在特定的海内外贸易格局下偶尔会出现官方对习惯法的利用和吸收。而明朝隆庆时期海上贸易法变革就是这样一个特例。该变革是在明朝嘉靖时期的国际、国内社会冲突协调实践在法律制度上的呈现。对于明朝隆庆时期海上贸易法律制度的研究,能够从不同领域和视角来研究中国传统社会制定法与民间法的关系。

2. 隆庆时期海上贸易法对海上丝绸之路法制建设的启示

通过研究明朝隆庆时期海上贸易法律制度,我们可以洞悉隆庆时期海上贸易法变革和把握明朝的社会特征。对明朝海上贸易法律制度的解读是了解明朝对外法律思想以及明朝法律理想的一个途径。众所周知,明朝中后期商业性农业、手工业、商业日趋发展,尤其是在东南沿海的江南和岭南地区。中国南海和印度洋两大经济贸易圈已经紧密相连,尤其是随着新航路的开辟,葡萄牙等西方国家接踵而至,全球性贸易网络得以形成。在世界

---

① 季卫东:《现代法治国的条件》,见(美)昂格尔:《现代社会中的法律》(附录),吴玉章、周汉华译,译林出版社 2001 年版,第 287 页。

② 梁治平:《法律史的视界:梁治平自选集》,广西师范大学出版社 2013 年版,第 71 页。

③ 梁治平:《法律史的视界:梁治平自选集》,广西师范大学出版社 2013 年版,第 72 页。

④ [日]滋贺秀三等:《明清时期的民事审判与民间契约》,王亚新、梁治平编,法律出版社 1998 年版,第 55 页。

经济贸易日趋紧密相连的历史时期,明朝却没能跟上世界潮流。而隆庆时期是明朝的一个摇摆时期,实施了一些改革,也解决了之前的北狄南倭问题。隆庆时期相对于之前海上贸易是发展的,尤其是相对于动荡不安的嘉靖时期,隆庆时期是一个相对平静的时期。明朝政府经过与葡萄牙 40 多年的冲突与磨合,找到了一个相对稳定和安全的贸易合作模式。隆庆时期,政府本来可以利用法律制度充当历史的扳道工,至少能够恢复宋、元时期的对外贸易格局。但它没有做到,只是在保留海禁制度的前提下,对有限的沿海港口和口岸进行适度规模的开放。因此,本书特意以明朝隆庆时期海上贸易法律制度为题,企图洞悉明朝的对外关系的法律理想图景,从中理解它的理念、采用的法律制度,以分析其得失,用以为当世借鉴。

本书集中于明朝隆庆时期,而不是对明朝整个时期的对外贸易法律制度进行研究,目的是在海上贸易法律制度的横向切面的深度上尽可能地着力思考以下主要问题:隆庆变革前,明朝存在哪些海上贸易法律制度,具体内容是什么,实施效果如何,如何看待这些法律制度;葡人东来对中国海上贸易及法律产生怎样的具体影响;隆庆时期东南海上贸易有哪些具体的贸易法律制度方面的成果;这些贸易法律制度是如何形成的,对后世产生怎样的影响,对当前"一带一路"的海上丝绸之路建设具有怎样的启示;隆庆时期的法律制度在对中国传统社会制定法与习惯法的关系的认识上有什么价值和意义等。

二、相关概念说明

1. 明朝历史分期

在明朝整个历史的分期上,存在很多观点,用不同的标准将明朝分为前期、中期和后期。本书采用方豪先生的分期方法,从洪武到天顺的 97 年为前期,成化到嘉靖的 102 年为中期,隆庆至崇祯的 96 年为后期。[①] 之所以选择这个分期方法,不是因为前、中、后三个时期在时间上很平均,而是从海上贸易法律制度来看这样分期基本上可以反映出贸易制度的变化。前期,海禁政策得以严格执行,朝贡贸易得以发展。中期则是朝贡贸易与商舶贸

---

① 方豪:《中西交通史》(下册),岳麓书社 1987 年版,第 642 页。

易此消彼长的过程。各种政治力量和经济力量,包括中国与外番、朝廷与民间、中央与地方、官方与势要等,在东南海上贸易上进行激烈的博弈。从思想和理念层面看,在海上贸易上存在激烈的"开海"和"禁海"的反复论争。后期,商舶贸易取得快速发展,朝贡贸易彻底衰落,而私人海上贸易更是随着政府海禁执行力的衰退而蓬勃发展。隆庆时期,正处于中、后期的交接点上,也是处于海上贸易法律制度的变革拐点上。

2. 东南海上贸易

前述的"东南"指东南沿海地区。因为明朝只是在浙、闽、粤的部分港口实施对外贸易,并设置了以市舶司为主的贸易管理机构。浙江的宁波,福建的福州、漳州、泉州,广东的广州,都是重要的贸易港口。它们的辐射范围却是广阔的岭南地区和江南地区,更是通过运河及河道道路体系联系全国各地的商业重镇。尽管东北地区和海南地区也曾一度存在海上贸易管理机构,但因时间很短并且在法律制度的变迁上不具有太大的影响力,在此予以忽略。因此本书选择自唐宋以来在很长的历史时期中都存在重要海上贸易港口的粤、闽、浙为研究对象。

3. 东西二洋

东南沿海的主要贸易对象为东西二洋各国。东西二洋作为历史概念,在不同历史时期所指地理空间的范围不同。元、明时期的东、西二洋对应的范围不同于清朝的东西二洋。比如对于东西二洋界定所使用的划分标准,从元朝到明朝就有一个变化的过程。元朝时期划分东西二洋的界线位于苏门答腊岛,"西洋"的范围是指苏门答腊以西的印度洋沿岸地区,而苏门答腊岛的旧港以东地区则属"东洋"之地。明初马欢的《瀛涯胜览》、费信的《星槎胜览》、巩珍的《西洋番国志》都以苏门答腊岛(简称苏岛)作为划分"西洋"和"东洋"的分界线:苏岛以西的印度洋及其沿岸地区为"西洋",苏岛和爪哇皆属"东洋"。明代中叶以后,"西洋"的地理概念发生了变化,开始把婆罗洲作为东西洋的分界线。如张燮的《东西洋考》卷5"文莱"条说:"文莱即婆罗国,东洋尽处,西洋所自起也。"按张燮的观点,苏岛和爪哇皆属"西洋",文莱和文莱以东的菲律宾群岛属"东洋"。[①] 本书所涉及的东西二洋以张燮的界

---

① 林德荣:《西洋航路移民:明清闽粤移民荷属东印度与海峡殖民地研究》,江西高校出版社2006年版,第2—3页。

定为准。至于清朝的东西二洋界定则超越了元、明时期的印度洋沿岸,尤其是清末所说的西洋泛指欧美广大区域,而东洋主要指日本。

4. 海上贸易

海上贸易,也称海外贸易,是指海上对外的国际贸易,不包括以市舶司所在的港口为转运港或贸易点的国内贸易。本书的研究重点是通过诸港进行的在中国境内与外番的中外贸易,具体来说,包括朝贡贸易、商舶贸易和私人海上贸易。

海上贸易有诸多分类。在明朝之前,朝贡和贸易是没有直接联系的,海上贸易也称为市舶贸易,也就是在船舶上的互市,实质上就是商舶贸易。由市舶使或者市舶司进行管理。关于"市舶"一词的理解,日本学者滕田丰八和桑原骘藏曾有过争论。桑原将市舶定义为船舶。桑原在其相关论文中认为"中国人对于往来于中国之外国贸易船,普通称市舶或互市舶"。① 滕田对之进行质疑,并将"市舶"理解为"互市行为"。滕田认为:"从来,所谓市舶或互市舶者,乃对西北陆上之互市而言,故称舶上互市,或海上互市。互市之船舶,或名商舶,或称海舶,由外国来者,曰蕃舶,曰夷舶,或冠以国名,皆不以市舶相称。"②桑原在为自己辩解的同时,将争议归责于中国人的用词不明确。"在使用文字缺乏细心之中国人用例中,时有难得其概念之感。即如滕田君之主张,关于市舶二字用例之存在,吾辈固不想特别否认之。惟主张市舶或互市舶,解作如字面之贸易船,并无不妥,而市舶使或市舶司之市舶以及《宋史》食货志互市舶法之互市舶,亦依此解释为妥。"③诚如桑原所言,市舶一词的确可以有不同理解。市舶就是交易行为,理解为"海上贸易"更妥当。但认为是中国人"用词不明确",似乎有强词夺理或自我解嘲之意。相较而言,滕田的理解更为全面。

明朝时期,海上贸易与朝贡关系被紧紧绑定在一起。明朝的王圻在《续文献通考》中认为"贡舶与市舶一事也。凡外夷贡者,皆设市舶司领之,许带他物,官设牙行,与民贸易,谓之互市,是有贡舶即有互市,非入贡即不许其互市矣"。"市舶与商舶二事也,贡舶为王法所许,司于市舶,贸易之公也。

---

①　[日]桑原骘藏:《唐宋贸易港研究》,杨钟译,山西人民出版社 2015 年版,第 2 页。

②　[日]桑原骘藏:《唐宋贸易港研究》,杨钟译,山西人民出版社 2015 年版,第 3 页。

③　[日]桑原骘藏:《唐宋贸易港研究》,杨钟译,山西人民出版社 2015 年版,第 5 页。

商舶为王法所不许，不同于市舶，贸易之私也。"①他将海上贸易分为贡舶贸易和商舶贸易。贡舶贸易也就是市舶贸易，是依附于朝贡体系的贸易，是官方主导的合法贸易。而私人的商舶贸易是非法的走私贸易。这种分类在明朝前期基本是合理的，能够反映海上贸易的基本情况。但是在明朝中后期，私人贸易兴起，正德和嘉靖时期也时断时续地对商舶实施抽分，将其作为合法贸易对待。隆庆时期开禁后，不仅外商进入中国，而且华人海商出洋也被政府允许。因此贡舶贸易和商舶贸易的分类已经不能描述隆庆时期的海上贸易了。有学者在王圻分类的基础上，将商舶贸易再分为海上的合法贸易和非法贸易。② 郑若曾在《筹海图编》论及市舶的"开"与"禁"时认为：

> 今之论寇御者，一则曰市舶当开，一则曰市舶不当开，愚以为皆未也。何也？贡舶与市舶一事也，分而言之则非矣；市舶与商舶二事也，合而言之则非矣。商舶与寇舶初本二事，中变为一，今复分为二事，合而言之，亦非矣。何言一也？凡外夷贡者，我朝皆设市舶司亦领之：在广东者专为占城、暹罗诸番而设；在福建者专为琉球而设；在浙江者专为日本而设。其来也，许带方物，官设牙行与民贸易，谓之互市。是有贡舶即有互市，非入贡即不许互市，明矣。西番、琉球未尝寇边，其通贡有不待言者。日本狡诈，叛服不常，故独限其期为十年，人为二百，舟为二只，后虽宽期假其数，而十年之期未始改也。今若单言市舶当开，而不论是期非期，是贡非贡，则厘贡与互市为二，不必俟贡而常可以互市矣，紊祖宗之所司，可乎哉！何言乎二也？贡舶者王法之所许，市舶之所司，乃贸易之公也；海商者，王法所不许，市舶所不经，乃贸易之私也。日本原无商舶，商舶乃西洋原贡，诸夷载货舶广东之私澳，官税而贸易之，既而欲避抽税，省陆运，福人导之，故泊海仓月港，浙人又导之，改泊双山屿，每岁夏季而来，望冬而去，可与贡舶相混乎？③

郑若曾在这里将贡舶、市舶、商舶、寇舶之间的关系分析得十分清楚。明朝将朝贡与贸易进行捆绑，只对朝贡国进行互市。"有贡舶即有互市，非入贡即不许互市。"贡舶即市舶，即朝贡贸易。商舶贸易即私人海商进行的

---

① ［明］王圻：《续文献通考》卷26，《市籴考二》。
② 李龙潜：《明代广东对外贸易》，载《文史哲》1982年第2期。
③ ［明］郑若曾：《筹海图编》卷12，《开互市》。

贸易。"海商者,王法所不许,市舶所不经,乃贸易之私也。"商舶贸易本来是非法的,是不经过市舶司进行管理的私人走私贸易。但是,因西洋"诸夷载货舶广东之私澳,官税而贸易之",就具有了合法性,至少与私人海上走私贸易有所区分。而寇舶则是不同于贡舶、商舶的武装走私集团的货舶,后来有诸如盘踞宁波双屿港与漳州月港的王直、张维等武装走私集团的贸易。郑若曾所谓"商舶与寇舶初本二事。中变为一;今复分为二事"。商舶与寇舶是有区别的,来贸易的即商舶,海寇以海盗为目的的或者说有此行为的即寇舶。无论官方还是民间都有这么一个认识。

为研究上的方便,结合隆庆时期的海上贸易的实际情况,本书将贸易分为朝贡贸易、商舶贸易和私人海上贸易。朝贡贸易不用多言。商舶贸易是指官方控制和主导的合法的海上贸易。私人海上贸易,主要指不在官方控制和主导下的中外海商实施的海上贸易。

本书之所以没有将"私人海上贸易"直接说成"走私贸易",是因为私人海上贸易具有双重性质。从明朝官方角度来看,在历朝都强调海禁的整个明朝时期,除"广中事例"和"月港体制"以外的私人海上贸易显然都是非法的走私贸易。但从民间的角度来看,私人海上贸易又具有合理性。宋元时期的私人海上贸易是合法的,政府给予鼓励,沿海居民与东西二洋长期的海上贸易形成了成熟的贸易网络,而且有相当数量的人习惯于以海上贸易为业。明朝政府推行海禁,这些人由以前受到政府鼓励的对象转变为被禁止的对象。从民生角度来看,东南沿海居民,尤其是福建漳、泉地区,基于生存的需要进行的,而非实为海盗的海商为追求商业利润而进行的海上贸易,只是因为"海禁"制度而变为非法的。另外,从当时的国际环境来看,中国东南沿海的民间贸易遵守一定的国际贸易规则和惯例,是当时世界贸易体系的有机组成部分。南海和印度洋经济圈一直是开放的贸易区域,并没有因葡萄牙人,甚至接踵而来的西班牙人、荷兰人和英国人的到来而有根本的改变。

贸易法律是国内法。即便本书从国际法(条约或国际惯例)角度来看相关的私人贸易法律,但依然是适用于中国领土内的。贸易法律通常包括贸易管理法和贸易行为法。本书将明朝时期的海上贸易法律按照"海禁"法律制度、朝贡贸易法律制度、商舶贸易法律制度、私人海上贸易习惯法四种类型分别进行介绍。

三、研究思路和方法

(一)研究思路

本书聚焦于明朝隆庆时期的海上贸易法律制度,将隆庆时期的海上贸易法律制度放在纵向的中国海上贸易制度传承,和横向的当时葡人东来后的全球贸易网络,尤其是南海贸易圈区域,从两个维度分析隆庆时期海上贸易法律制度。隆庆时期的海上贸易法律制度,有着历史的传承和对后世的影响。横向上,以当时的世界贸易体系视角来分析,尤其是将葡人东来对贸易和贸易法律制度的影响作为重点。

法律必须放在具体的社会形态中予以研究。本书先对隆庆时期相关的社会背景进行介绍。然后对海禁法、朝贡贸易法、商舶贸易法、私人海上贸易习惯法进行介绍。以隆庆时期为中心,对明朝的四类法律的发展脉络进行描述,从而突出隆庆时期的重要发展和演变。在此基础上,探索官方制定法与民间习惯法之间的冲突与协调。

(二)研究方法

1. 历史社会学分析方法

基于历史和社会的具体形态研究法律是一个被许多学者所采用的方法。瞿同祖认为,不仅要看法律的文本,更要看实际运用。[1] 日本学者在研究明、清时期的法律时,提出应该立足于某种社会事实来讨论问题。而对于所谓法来说具有核心意味的社会事实就是诉讼的形态。[2] 黄宗智提出的历史社会学分析方法,值得予以重点关注。美籍华人学者黄宗智在研究清朝的法律表达与司法实践的基础上,提出了历史社会学分析方法。[3] 黄宗智认为,研究法律不能就文本论文本,一定要看到文本之外的司法实践。法律文本的具体内容是法律表达,表现为法律的概念、法律规范、法律原则等具体规定。司法实践是法律事务中案件的审理。尽管法律表达与法律实践之

---

① 瞿同祖:《中国法律与中国社会·导论》,中华书局 2003 年版,第 1 页。

② [日]滋贺秀三等:《明清时期的民事审判与民间契约》,王亚新、梁治平译,法律出版社 1998 年版,第 1 页。

③ [美]黄宗智、尤陈俊:《历史社会法学:中国的实践法史与法理》,法律出版社 2014 年版,第 1 页。

间既有相符之处也有相悖之处,事实上,正是法律表达与司法实践之间和法律与社会之间的既矛盾又抱合的关系,组成了法律体系的整体。黄宗智的历史社会学分析法是在其研究清朝的法律表达与司法实践的基础上提出的,这种研究方法同样可以适用于明朝海上贸易法律制度的研究。

瞿同祖、资贺秀三、黄宗智三人都强调法社会学的研究,注重结合历史实际进行分析,但三者注重的视域范围是不同的。瞿同祖强调法条的实际运用,关注与法条直接相关的司法领域。滋贺秀三将关注对象扩展到诉讼形态,影响到具体案件诉讼结果的事实因素。而黄宗智则将关注对象进一步扩大到社会形态,不仅与个案直接相关的事实因素,也包括社会的结构和思想等因素。本书借鉴历史社会学分析方法,在对明朝隆庆时期国内外的整体社会形态进行描述的基础上,研究当时的海上贸易法律制度。

2. 多案例研究法

隆庆时期私人贸易规则或者习惯法的史料较为稀缺。本书将利用明朝隆庆时期或延展到整个明朝时期的案例,来透视当时的贸易制度的运作形态,并通过若干案例,归纳出隆庆时期私人海上贸易发展的新趋势。隆庆时期时间较短,关于海上私人贸易情况的史料记载本身较少。但是朝鲜的史料记录了万历时期的一些走私案件。明朝的王在晋《越镌》中记录有若干起万历时期的海上走私案件。对这些史料所包含的 8 起案例进行分析,能够呈现出隆庆开禁后海上贸易出现的新形态。

3. 史料与文学作品相印证的研究方法

对于私人海上贸易,明朝的文学作品也有涉及,可以与史料进行相互印证。例如,明人凌濛初的《初刻拍案惊奇》第一卷"转运汉巧遇洞庭红,波斯胡指破鼍龙壳"对私人海上贸易就有着生动的记录,具有一定的史料价值。

四、研究的主要内容、创新点和不足

(一)研究内容

1. 研究思路

本书主要在介绍隆庆开禁的社会背景的基础上,重点分析隆庆时期的"海禁"法、朝贡贸易法、商舶贸易法、私人海上贸易习惯法。

明朝前中期的"海禁"法,在隆庆时期被继承。即便实行部分"开禁",也仅仅限定于"月港"和"广中",也没有对"海禁"法进行废除。相反,开禁却只是对"海禁"法律制度的一种有效实施,即所谓的"于通之之中,寓禁之之法"。① 因此,隆庆时期的"海禁"法律制度,就是以往制定的依然有效的律例等法律制度。

商舶贸易法律制度,主要是"广中事例"和"月港体制"两个特定区域实施的特殊的海上贸易法律制度。对于这两种不同类型的"商舶贸易",本书分别从制度的形成、管理机构、管理制度、实施效果等几个方面予以介绍。

私人海上贸易习惯法的研究存在资料获取上的困难,鉴于东南海上私人贸易是当时南海和印度洋经济圈贸易的有机组成部分,具有国际惯例和习惯法的特征,而且南海和印度洋经济圈的国际贸易习惯法,在隆庆时期并未因为葡人东来有本质的变化,因此,本书在研究隆庆时期的私人海上贸易法时,将其范围进行扩大,扩展到以嘉靖、隆庆和万历为主的明朝时期,主要从私人海上贸易模式、贸易合同的签订、贸易合同的履行、贸易合同纠纷解决等方面进行研究。

葡人东来,将中国进一步卷入世界贸易体系,对东南海上贸易具有巨大的冲击,在法律制度上也形成了重要的影响。本书对葡人东来对于东南海上贸易法律制度的影响,主要分别从其对"海禁"法律制度、朝贡法律制度、商舶贸易法律制度和私人海上贸易规则等方面的影响予以阐述。另外,本书结合具体的法律制度的关系,分析隆庆时期东南海上法律制度对明朝后期、郑氏集团海上法律制度、清朝法律制度的影响。最后,本书尝试从国家制定法与民间习惯法相联结的角度,从理论上解释和剖析隆庆时期海上贸易法律制度的变革。

本书聚焦于隆庆时期的海上贸易法变革,将隆庆时期的海上贸易法律制度放在纵向的中国海上贸易制度传承和横向的当时葡人东来后的全球贸易网络中,从两个维度分析隆庆时期海上贸易法律制度。本书先对隆庆时期相关的社会背景进行介绍,然后对海禁法、朝贡贸易法、私人海上贸易习惯法、商舶贸易法进行介绍。以隆庆时期为中心,对明朝的四类法律的发展脉络进行描述,从而突出隆庆时期的重要发展和演变。在此基础上,探索官

---

① [明]许孚远:《明经世文编》卷400。

方制定法与民间习惯法之间的冲突与协调。

2. 主要研究内容

本书共分为十个部分。

首先是导论，介绍本课题的研究价值、相关概念说明、研究的思路和方法、主要内容、创新点和不足，另外对本课题的研究现状进行梳理。

第一章介绍隆庆时期海上贸易法变革的社会背景，具体包括东南地区商业发展及海上贸易网络、葡人东来对东南海上贸易的影响、明中后期朝贡贸易体系的衰落、私人海上贸易的繁盛和明朝对二百年海禁政策的反思。

第二章介绍隆庆时期海上贸易法律思想，具体分为官方的法律思想和民间的法律思想。官方的法律思想表现在朝廷和官僚集团的贸易法律思想。民间的法律思想由"三言两拍"所录相关传奇故事进行归纳概括。

第三章介绍隆庆时期海上贸易法的渊源，分别对海上贸易法的刑事法律渊源、行政法律渊源、民事法律渊源进行梳理，并对隆庆时期海上贸易法律的冲突进行解释。

第四章介绍隆庆时期的海禁法，包括海禁法的制定、制度特征、实施效果，并对其进行评价。

第五章介绍隆庆时期私人海上贸易习惯法，具体包括私人海上贸易的贸易模式、贸易主体、贸易合同及纠纷的解决方式。

第六章介绍朝贡贸易法向商舶贸易法的变革。朝贡贸易法从管理机构、管理制度、实施效果和制度评价几个方面进行介绍。商舶贸易法部分分别介绍"广中事例"的商舶贸易法和"月港体制"的商舶贸易法，并对两种类型的商舶贸易法的形成、内容、实施效果进行深入分析。本部分的写作目的在于描述从朝贡贸易法向商舶贸易法的具体转变过程。

第七章介绍隆庆时期海上贸易法变革的特点，具体包括海上贸易法律制度的变革特征、多元利益集团互动推动立法、海上贸易法律制度的局限。

第八章介绍隆庆海上贸易法变革的影响和启示。制度影响包括对明朝后期、郑氏集团和清朝的海上贸易法律制度的具体影响，而启示主要是针对当前"一带一路"中的海上丝绸之路法制建设而言的可资借鉴之处。

最后是结语，将明朝隆庆时期的海上贸易制度的变革实践上升到理论高度进行论证。该变革是中国古代法制中罕见的国家制定法与民间习惯法的一次理性结合。

3．主要观点

观点一 明朝隆庆海上贸易法变革的最大特点为国家法与习惯法的理性联结。明初构建的"海禁—朝贡"体系在明朝中后期衰落。隆庆开禁是对海上贸易相关各方力量的利益平衡，在法律上的体现就是通过制定法与习惯法的联结推动商舶贸易法的形成。这是海禁法、朝贡贸易法对海上贸易习惯进行适度的退让和吸收。

观点二 隆庆海上贸易法变革是市舶体制向海关体制转折的重要拐点。私人海上贸易习惯中形成的"歇家牙行"模式被政府采用，形成了垄断商舶贸易的行商制度，明末的"三十六行"和清朝的"十三行"以及由此实现的贸易模式和税收体制，都是在此基础上发展的，最终形成清朝的海关体制。

观点三 隆庆海上贸易法变革是在嘉靖和隆庆时期特定的历史背景下，政府被迫实施的。虽然隆庆海上贸易法变革有很大的局限性，但是它是我国历史上罕见的国家法与习惯法的一次理性联结。

（二）创新点

法律史论文的创新在于新材料的运用、新视角的分析或新观点的提炼。明朝是较近的历史时期，海上贸易也是被持续关注、研究较为集中的领域，新材料很少能被普通的研究者所发现。明朝的史料，包括粤、闽、浙三地的地方志等史料，都已被研究者深度挖掘。本书尝试从以下几点进行思考，企图有一点新的发现和贡献。

1．从一个新的视角研究明朝海上贸易法律制度

隆庆时期从 1566 年到 1572 年共计 6 年，其前面是为期 45 年的嘉靖时期，其后面是为期 48 年的万历时期。与其前后两个漫长的时期相比，它是如此短暂而往往容易被研究者所忽略。尽管隆庆开禁广为人知，但是隆庆开禁在海上贸易法上的变革和发展却并没有被深入关注。因此，本论题以隆庆时期为研究对象，以其在海上贸易法上的具体变革为视角进行研究，具有一定的新意。本论题重点突出隆庆时期海上贸易法的变革性，研究从朝贡贸易法向商舶贸易法的变革。具体从制定法与习惯法的关系角度，研究两者在海上贸易领域的具体表现。制定法为海禁法和朝贡贸易法，习惯法为私人海上贸易习惯，而商舶贸易法正是在对制定法的反思和对习惯法的

吸收的基础上形成的。

2．将海上贸易习惯法这个相对较新的研究对象纳入研究范围

从国际贸易习惯法的角度研究私人海上贸易规则。在明朝"海禁"政策下私人海上贸易具有非法性。这种非法性，一方面导致了历史资料的稀缺或仅有的资料也语焉不详；另一方面，研究者很少，而且多数停留在为其"合法性"进行辩护，往往缺乏对该贸易习惯规则本身的研究。本书采用变通的方法，对隆庆时期私人海上贸易习惯法在扩大的时空中进行研究，从而试图描述出其大致的面貌。

3．在研究朝贡贸易法律制度的基础上，对朝贡贸易进行重新认识和评价

明朝的朝贡贸易，尤其是"厚往薄来"的原则和劳民伤财的制度运作机制，往往为众多研究者诟病，也有人从贸易或政治的角度为其辩护。本书通过法律制度，对其理性设置的一面进行说明。

4．利用一些新的材料进行论证

本论题除使用《明史》《明实录》《明经世文编》等传统史料外，主要深入挖掘《东西洋考》、《筹海图编》、东南沿海地区的地方志等材料中的海上贸易记录。另外，对平托的《远游记》等中外游记，甚至《三言两拍》①等明朝的文学作品中的海上贸易信息也予以利用。

5．理论层面的创新

本书在理论层面的创新主要体现在尝试分析隆庆时期国家制定法与民间习惯法的理性联结的条件、对象、程序、效果和意义上。因为中国古代一直存在精英文化和民间文化，或者说大传统和小传统的割裂，在法律上也体现为缺乏国家法和习惯法的理性联结。而隆庆时期在特定的历史时空，出现了国家制定法和民间习惯法的一次理性联结，具有重要的理论研究价值。

（三）研究的不足

本书论题所涉及的史料浩如烟海，但是，基于中国传统法文化对法律的态度，在浩如烟海的史料中寻找有用的法律材料却如同海底捞针。《明史》

---

① 《三言两拍》为明代五本著名的传奇短篇小说集及拟话本集的合称，具体为冯梦龙的《喻世明言》《警世通言》《醒世恒言》和凌濛初的《初刻拍案惊奇》《二刻拍案惊奇》。

《明通鉴》《筹海图编》《东西洋考》《越镌》等,涉及法律事实的内容不多,涉及法律事实时也是语焉不详。明朝的文学作品中会有涉及海上贸易内容的描写,比如《三言两拍》等拟话本小说作品。但要从这些文学作品中检索出贸易法规方面的素材,操作起来很费时日。本研究的不足主要体现在两个方面:一是海上贸易是通过沿海港口或口岸进行的中外贸易,即便是研究明代中国的海上贸易法律制度,对于贸易的另一方——外国海商,或者说中国海商所涉足的外国港口的贸易情况和贸易规则应该予以研究。比如葡人东来前的印度洋、南洋的海上贸易和葡人东来后的印度洋和南洋的海上贸易,从文化、习俗到法律制度,都应该予以研究。至少吕宋、马尼拉、满剌加、巴达维亚、柯钦、果阿、忽尔木兹、亚丁、斯瓦希里海岸等,应该予以适度的关注。这无疑又是一个重大工程,有待于日后慢慢涉足。二是明朝时期的海上贸易法律制度是明朝皇帝和官僚集团的法律社会理想在海上贸易领域的具体化和制度化。由于对于明朝历史缺乏深入而系统的学习和研究,对明朝的国家和社会、权力结构、意识形态、商业文化等熟悉程度有限,对于法律制度的解读可能深度不够。这方面也需要逐步加强。

第二节　研究现状

一、明朝海上贸易法律制度相关社会背景的研究

海上贸易是以经济社会发展为基础条件的。贸易口岸的地理环境等自然条件、造船和航海技术条件等社会条件、政府和民间的贸易思想、与贸易口岸紧密相连的腹里地区提供的商品、与腹里地区沟通的贸易网络地区的工商业发展等都是决定或影响海上贸易的重要因素。

研究明朝后期经济史的成果十分丰硕。傅衣凌、戴裔煊、余同元、王毓铨、叶显恩等关于明清时期整体社会经济或东南、广州或江南等区域经济的发展状况,有着系统而深入的研究,有助于了解明朝的经济和贸易状况。傅衣凌的《明清时代商人及商业资本》是经典,至今还很难有人超越,其内容既有详细论述明朝经济状况的内容,也有对商人主体组织形态和贸易模式的描述。叶显恩的《明清广东社会经济研究》、王毓铨主编的《中国经济通史》

（明朝卷）、余同元的《明清社会与经济近代转型研究》对明朝东南地区的商业的繁荣、贸易交通、市镇经济等进行了详细的论述。方豪的《中西交通史》、侯厚培的《中国国际贸易小史》、冯承钧的《中国南洋交通史》、滕田丰八的《中国南海古代交通丛考》都是史学大家有关贸易史的专著，其中对于唐、宋、元、明、清的海上贸易的政策、管理机关、税收、通商口岸有系统的梳理。梁嘉彬的《广东十三行考》、王尔敏的《五通商口岸》、李庆新的《濒海之地》、李大伟的《泉州与印度洋的贸易》是对东南沿海具体的港口、口岸的贸易史的研究，其中对于贸易制度有系统的介绍。

　　林仁川的《明末清初私人海上贸易》对明清时期海上私人贸易的背景、贸易集团、贸易港口、贸易商品、贸易制度等进行了系统的研究。李庆新的《明代海外贸易制度》是一部研究明朝海外贸易的"基础性专著"[①]，对明朝海上贸易管理制度进行了全面、系统而深入的介绍，尤其是对朝贡贸易、广州和福建的贸易制度的调整进行了较为详细的分析。这两部专著都是作者倾注几十年精力的力作，是了解明朝中后期的贸易制度不可多得的参考资料。

　　高明士的《天下秩序与文化圈的探索——以东亚古代的政治与教育为中心》从文化角度介绍了中国的朝贡体系原理与运作机制。日本学者滨下武志的《近代中国的国际契机：朝贡贸易体系与近代亚洲经济圈》探讨了西人东来对于印度洋和太平洋以印度和中国为核心的经济圈的影响，一改以往以欧洲为中心的视角，强调东方的自主性。拉铁摩尔的《中国内亚边疆》虽然是论述中国北方边疆的，但是其对于理解东南沿海的边疆同样具有借鉴意义，两者实质上是相同的。

　　除专著外，有大量的关于明朝贸易史的论文，其中林仁川、陈尚胜、李金明、万明、晁中辰、胡铁球等都有多篇力作，如李金明的《明代后期私人海外贸易的发展》《明代后期私人海外贸易的性质初探》《试论明代海外贸易港的兴衰》《试论明代外朝贡贸易的内容与实质》《十六世纪漳泉贸易港与日本的走私贸易》《明代广东三十六行新论》等多篇关于明朝后期海外贸易，尤其是私人贸易的作品。李隆生的博士论文《明后期海外贸易探讨》对明朝后期的

---

　　① 　冯尔康：《明代海外贸易史研究的基础性专著——明代对外贸易制度序》，载李庆新：《明代海外贸易制度》，社会科学文献出版社2007年版，第1页。

海外贸易进行了系统研究。

二、明朝海上贸易法律制度的研究

杨一凡的《明代立法研究》《历代例考》《明大诰研究》，苏亦工的《明清律典与条例》，怀效锋点校的《大明律》是研究明朝法律基本知识的重要参考文献。晁中辰的《明代海禁与海外贸易》是研究明朝海禁政策的专著。洪佳期的论文《试论明代海外贸易立法活动及其特点》论述了明朝海外贸易的法律渊源。杨晓波的博士论文《明朝海上外贸管理法制研究》对明朝海上贸易管理法按不同阶段进行了梳理和分析。

关于明朝海上贸易制度研究的论文较多，其中陈尚胜的《明代市舶司制度与海外贸易》《明代市舶司制度的演变》、胡铁球的《明清海外贸易的歇家牙行与海禁政策的调整》、王慕民的《明初海禁的政策的成因与后果》、晁中辰的《明代海关税制的演变》、王铁藩的《福州明代市舶司衙署考》、朱振声的《从福州的几处古迹看古代中琉关系》、陈尚胜的《论月港贸易的局限性》、李金明的《明代后期海澄月港的开禁与督饷馆的设置》、黄盛璋的《明代后期海禁开放后海外贸易若干问题》、林仁川的《漳州月港督饷馆的功能和性质》、赵立人的《"纲首"与"客纲客纪"释义》，都是对海上贸易的特定问题进行研究的成果。日本学者檀上宽的《明朝初期的海禁与朝贡——理解明朝专制统治的一个途径》一文论证了明朝的"海禁"不是为了垄断海上贸易利益，而是王朝统治的需要。童光政的《明律"私充牙行埠头"条的创立及其适用》分析了明朝政府是如何通过控制市场交易中介组织来调整市场秩序的。李庆新的《濒海之地：南海贸易与中外关系史研究》介绍了嘉靖年间广州南头的新型贸易及制度。李庆新的《地方主导与制度转型——明中后期海外贸易管理体制演变及其区域特色》、郑镛主编的《月港帆影——漳州海商发展简史》对隆庆开禁后漳州的海外贸易兴起及月港的税收制度进行了全面的介绍。

三、葡人东来及其与中国贸易关系的研究

廖大珂的《早期葡萄牙人在福建的通商与冲突》讲述了葡人在福建起初与中国人的和平贸易，后因商业纠纷而产生冲突，引发被逐，以及冲突对于中葡贸易的影响。顾卫民的《葡萄牙海洋帝国史1415—1825》《果阿：葡萄

牙文明东渐中的都市》《从印度洋到太平洋：16—18 世纪的果阿与澳门》系列专著对葡人在印度洋和太平洋沿岸尤其是果阿、澳门等重要港口的殖民历史及宗教文化进行了研究。印度学者桑贾伊·苏拉马尼亚姆的《葡萄牙帝国在亚洲 1500—1700》对葡萄牙的海上征服和贸易控制进行了细致入微的描述。英国学者博克舍编的《十六世纪中国南部行纪》和葡人巴洛斯和西班牙人艾斯加兰蒂等著的《十六世纪葡萄牙文学中的中国》所述的内容都是有关明朝时期来华的商人或教士的，大多为第一手资料，是研究中葡贸易关系的重要史料。臧小华的《陆海交接处：早期世界贸易体系中的澳门》、吴良志的《澳门政治发展史》对澳门在海上贸易的发展过程都有系统介绍。日本学者藤田丰八的论文《葡萄牙人占据澳门考》对葡人东来与中国的贸易关系过程进行了详细的考证。

综上所述，现有研究多涉及贸易管理法，尤其是朝贡贸易管理制度，研究成果丰硕。但是，针对明朝中后期的商舶贸易管理法律的研究成果相对较少，而针对明朝私人海上贸易的交易规则的研究则更少。其原因有二：一是因为明朝海禁，私人海上贸易基本上一直是非法的走私贸易。即便是隆庆开禁，私人海上贸易的合法范围依然十分有限，仅仅是广州与福建漳泉等地的私人贸易转变为商舶贸易，并有官方在数量、时间和程序上的严格限制。因为是非法，所以研究者会有顾虑，有意避开。二是资料的缺乏。中国的典籍主要由士大夫阶层撰写，在重农轻商的传统文化观念下，他们不屑于对此予以记录。即便必须涉及，也是语焉不详。另一方面，因为海禁导致的"非法性"决定了海上贸易的隐蔽性。其发生地都在沿海的官方控制范围之外或管制较为疏松的岛屿或海岸，知情者少。而参与海上贸易者多半是商人或目不识丁的"贫民"，他们没有能力也没有兴趣予以记录。可见对于东南海上贸易习惯法的研究较少，更缺乏系统的研究。

第一章 隆庆时期海上贸易法变革的社会背景

　　隆庆时期为什么能够开放海禁？这是在特殊的历史背景下，在国内外现实的局势压力下实施的。嘉靖中后期，明王朝危机四起。《明史》对嘉靖时政的描述为："若其时纷纭多故，将疲于边，贼讧于内，而崇尚道教，享祀弗经，营建繁兴，府藏告匮，百余年富庶之业，因以渐替。"①隆庆时期明王朝对之前的嘉靖弊政进行了反思、调整和革新。隆庆时期的新气象，是相对于之前的尤其是嘉靖时期而言的。当时，朝内有徐阶、高拱、张居正等饱学之士，外有谭纶等有着丰富实战经验的封疆大吏。他们大多是开明派，又是明穆宗潜邸故旧，深得皇帝信任。早在嘉靖时期，他们已经十分了解内政外交存在的诸多弊端，但由于嘉靖帝的保守而难以变革。在隆庆时期，这种变革方案得到了穆宗皇帝的支持。穆宗是一个能够听取臣下良言的皇帝。在嘉靖晚期，朝野曾围绕如何消除"倭患"和是否开放海禁等问题进行过激烈的争论，改革的思想和观点已经有所酝酿。总的来说，隆庆改革的主要背景是明朝时期经济尤其是商业的发展、葡人东来的影响、朝贡贸易的衰落、私人海上贸易的繁盛、嘉靖倭乱与海禁政策的反思。

---

　　① ［清］张廷玉等：《明史》卷 18，《本纪十八·世宗二》。

第一节　东南地区商业发展及海上贸易通道

一、商品经济的发展

明朝中后期商品经济开始较快和较大规模地发展。商业性农业在江南得到较大发展，与出口商品相关的经济作物种植面积日益扩大，品种日益增多，产量不断上升。[①] 东南沿海一带，棉花种植十分普遍，嘉定、昆山、太仓及福建沿海一带都有大面积种植。邱濬在描述棉花种植"遍布天下，地无南北皆宜之，人无贫富皆赖之，其利视丝枲盖百倍焉"[②]。浙江湖州、嘉兴等地的桑树大面积种植。"民力本射利，计无不悉，尺寸之堤必树之桑"，因此出现"富者田连阡陌，桑麻万顷"。[③] 另外，福建、广东的甘蔗，遍及江南的茶叶，都得到大面积种植。随着农业中经济作物经营的商业化，也出现粮食生产商品化。东南沿海甚至出现一批经营粮食的地主，他们大面积种植粮食作物，专为供应市场需要，而不单纯为了收租或满足自己的奢侈生活需要。之前，江南的苏杭是鱼米之乡，素有"上有天堂，下有苏杭"的美誉。而明朝中后期，随着苏杭商业性农业的发展，粮食需要由外地供应，出现"夏麦方熟，秋禾即登，商人载米而来者，舳舻相衔也。中人之家，朝炊夕爨，负米而入者，项背相望也"。[④] 苏杭等太湖流域所需粮食需要从湖广等地输入，说明当地商业化的程度已经达到相当高的水平。

明朝前期，朝廷通过官营手工作坊垄断手工业以满足皇室对奢侈品的消费需求。明朝中后期，随着官营手工业的衰落，私人手工业蓬勃发展。江南的丝织业和棉纺织业都有新的发展。苏州、杭州、嘉兴、湖州的丝织业十分发达。张瀚在《松窗梦语》中说："余尝总览市利，大都东南之利，莫大于罗、绮、绢、纻，而吴为最。"[⑤]江南棉纺业成为全国纺织业的中心，松江、太

---

① 林仁川：《明末清初私人海上贸易》，华东师范大学出版社1987年版，第2页。
② ［明］邱濬：《大学衍义补》卷22。
③ ［清］李堂：《乾隆湖州府志》卷29，《风俗》。
④ ［清］顾炎武：《天下郡国利病书》卷9。
⑤ ［明］张瀚：《松窗梦语》卷4，《商贾纪》。

仓、嘉定的纺织业都十分发达,有"买不尽松江布,收不尽魏塘纱"的谚语。太仓、嘉定的纺织业生产更是一片繁忙景象,"比间以纺织为业,机声轧轧,子夜不休"。① 江西景德镇和福建德化的瓷器产业也十分兴旺。德化的白瓷为乳白,又称"象牙白",也称"猪油白",流传到欧洲,被称为"中国白""鹅绒白"。德化的产品以佛像雕塑著称,如当时的制瓷名家何朝宗制作的瓷观音、达摩佛像,造型优美,线条柔和,雕工精细,神韵感人,被誉为"东方艺术",收藏家视其为珍宝。德化窑分布很广,极盛时县城东南各地布满瓷窑。考古发现的众多窑址证明德化是明朝中后期外销瓷器的重要生产基地。②

二、商业城镇与商人集团的兴起

明朝中后期商业性农业和私人手工业的发展,促进了商业的发展。商品流通形成全国性网络,"燕、赵、秦、晋、齐、梁、江、淮之货,日夜商贩而南;蛮海、闽广、豫章、楚、瓯越、新安之货,日夜商贩而北"。③ 商业的发展催生了一批江南的商业大城市和市镇。南京、杭州、苏州、广州都是全国性的大商业城市,人口众多,商店林立,货物琳琅满目。江南的各个商品流通的繁忙地段又出现了星罗棋布的工商业市镇。震泽镇、盛泽镇、王江泾镇、朱家角镇、双扬市镇、黎里镇都是连接各商业中心的繁忙市镇。最值得一提的是地处闽赣山区的河口镇,商品数量之多超出想象。"其货自四方来者,东南福建则延平之铁,大田之生布,崇安之闽笋,福州之黑白砂糖,建宁之扇,漳海之荔枝、龙眼,海外之胡椒、苏木,广东之锡,之红铜,之漆器,之铜器。西北则广信菜油,浙江之湖丝、绫绸,鄱阳之干鱼、纸钱灰,湖广之罗田布、沙湖鱼,嘉兴西塘布、苏州青、南京青、瓜州青、红绿布,松江大梭布,小中梭布。湖广孝感布、粗麻布、书防生布、漆布、大刷竟、小刷竟、葛布、黄丝、丝线,纱罗、各色丝布、杭绢、锦捆、彭刘缎、衢绢、福绢,此皆商船往来货物之重者。"④河口镇之所以兴起,就是因为它是福建与江西商业通道上的重镇。河口镇的兴起,正反映了明朝商品经济和商业流通的发达。

商业发展和城镇繁荣使江南各地出现了许多著名的商人集团,有徽商、

---

① [明]王象晋:《群芳谱·桑麻葛苎谱》。
② 林仁川:《明末清初私人海上贸易》,华东师范大学出版社1987年版,第10页。
③ [明]李鼎:《李长卿集》卷19。
④ [明]笪继良:《铅书》卷1。

洞庭商人、浙商、闽商、粤商等。在嘉靖时期的走私集团中,徽商和闽商都处于主导地位。在明朝后期"广中事例"中的官商中,闽商独大。在明朝后期广州的商舶贸易中,牙行经营者以闽商为主。即便是清朝的十三行中,闽商也占有重要席位。

三、东南沿海的主要贸易通道

(一)东南海上贸易国内通道

贸易通道,尤其是口岸与腹地的主要贸易通道,是海上贸易的生命线,决定着海上贸易的兴衰。同时,海上贸易也是通过这些贸易通道,影响沿海与内地的经济和社会的。

1. 广州通往腹地的贸易通道

广州,汉代为番禺,是东南大都会。虽然广东地处岭南,五岭、武夷山、天台山、括苍山等山系阻断了广州和内地的交流,但地理上的障碍从来没有阻断商业贸易的流通,商人逐利的进取精神利于克服自然甚至政治上的任何障碍。秦朝开辟了通往岭南的"新道"。据岭南古史专家余天炽考证,此"新道"大致有四条:其一,自江西之南安逾大庾岭入广东南雄;其二,自湖南之郴州逾岭入广东连州;其三,自湖南之道州入广西之贺县;其四,自湖南之全州入广西之静江。① 秦朝修建了著名的灵渠。它沟通了广西的漓江和湖南的湘江,从而使得抵达番禺的国外货物能够完全通过水路运输到长江流域。② 《旧唐书》本纪卷 19 "咸通三年(862 年)"条记载:"夏,淮南、河南蝗旱,民饥,征诸道兵赴岭南。诏湖南水运,自湘江入澪渠,江西造切麦粥馈行营。湘、漓溯运,功役艰难,军屯广州乏食。"③ 宋朝广州市舶司抽解的货物,由广州经水路押送汴京。由此可见,在唐宋时期,湖南、广西、广东的水上通道是极其重要的。这条水上通道在明朝依然发挥着作用。

唐时张九龄开凿了大庾岭,从此"广东—南岭—赣江—鄱阳湖—长江—江南"贸易线路得以启动。这是一条岭南通往江南的捷径。《宋史》卷 263

---

① 余天炽:《秦通南越"新道"考》,《华南师范大学学报》1980 年第 2 期。

② 王毓瑚:《秦汉帝国之经济及交通地理》,参见余英时:《汉代贸易与扩张:汉胡经济结构关系研究》,邬文玲等译,上海古籍出版社 2005 年版,第 34 页。

③ [后晋]刘昫:《旧唐书》本纪卷 19,《本纪第十九》。

《刘熙古传》附《刘蒙正传》记载:"岭南陆运香药入京,诏蒙正往规划。蒙正请自广、韶江溯流至南雄,由大庾岭步运至南安军,凡三铺,铺给卒三十人,复由水路运输。"①该贸易通道在明初进行了维护,成为明朝岭南和江南的主要贸易线路。洪武二十七年(1394年)正月,朱元璋因沿海之民私下与诸番贸易香料且在命令礼部严禁后仍未能绝,而重申海禁,详细规定:

> 凡番香、番货皆不许贩鬻,其见有者,限以三月销尽。民间祷祀,止用松、柏、枫、桃诸香,违者罪之。其两广所产香木,听土人自用,亦不许越岭货卖,盖虑其杂市番香,故并及之。②

这里的"越岭货卖",就是越过大庾岭到江西境内,再由贸易通道输送到江南等地。海禁法令特意规定"不许越岭货卖",由此可见该贸易通道在明朝更是货物流通的重要线路。江西至广州的水陆路线,连通了长江中下游与广东沿海地区,在成化年间由递送"官物"的驿道发展成为南北货物交流的途径,商贩利用此路线,将由广州进口的苏木、胡椒、象牙等贵重物品送往北方。可见这是一条利润丰厚的商路。而且,明朝在该道沿途设关卡收税。罗青宵在《漳州府志》中记录隆庆六年的月港《商税则例》时指出"商人买货回桥,俱照赣州桥税事例,酌情抽取"。这样看来,广东沿大庾岭通江西的商道必然十分繁忙,否则朝廷不会批准开设税关,而且其税制成为其他地方模仿的典范。

另外,广州经福建至临安的商道为广州—潮州—漳州—泉州—福州—临安,广州经大庾岭北上江西的商道为:广州—英德—韶州(韶关)—南雄—大庾岭—赣州—吉安—南昌。

2. 福建沿海的主要贸易通道

福建地区主要通过水系与江西相通。比如上文提到的河口镇,就是福建晋江与江西联结的通道上的重要商业市镇。福建通过仙霞岭路、武夷山路与浙江相通,并联系江南。仙霞岭路的路线为:临安经两浙西路西南部的衢州入闽,具体为临安—婺州—衢州——江山—仙霞岭—浦城(今属福建)—建宁府(福建兼瓯)—南建州(福建南平)—福州。进入福建的另一条

---

① 《宋史》卷二六三《刘熙古传》附《刘蒙正传》。
② 《明太祖实录》卷231。

路是经江西赣州穿越武夷山南脉进入福建汀州。武夷山路的具体路线为：临安—衢州—信州（江西上饶）—隆兴府—临江军（江西清江）—吉州（江西吉安）—赣州（今属江西）—汀州（福建长汀），并至漳、泉、福州等。[①]

3. 浙江沿海的主要贸易通道

浙江宁波主要是通过"浙东运河—钱塘江—长江"这条贸易通道与江南商业中心相连。浙东运河位于浙江东部沿海地区平原上，是钱塘江和姚江之间人工运河的总称。浙东运河西起萧山区西兴镇，经萧山、钱清、绍兴、曹娥、上虞至通明坝与姚江汇合，运河河道长约 250 里。汇于姚江后，河水东流经过余姚至明州，与奉化江会合为甬江，东流至镇海县入海。到达宁波转口的南北海船所装的货物又可通过内河货船溯姚江到达上虞的通明河，在那里正好与开掘于六朝的浙东运河相接，这条运河到西兴越过钱塘江就可以连通京杭大运河了。

明朝宁波与江西的贸易通道是浙江沿海的重要通道之一。葡人克路士在《中国志》中介绍江西省时有这样的记载："另一个省叫江西，这也是省城名。此省有十三城。瓷器只产于这个省，因它靠近宁波，在那里大量出售，又便宜又好，葡人遂认为瓷器是在宁波本城生产的。"[②]可见，江西到宁波是很方便的，而且应该是水运通道，否则瓷器易碎。

唐、宋时期，国家经济重心南移。江南成为经济的中心和赋税的主要来源地，形成了以太湖为经济中心的经济圈。通过京杭运河、长江、钱塘江与江南和华南等地相联系。元、明时期，江南的贸易通道更为便利和成熟。从东南沿海的海上贸易来看，朝贡贸易也好，商舶贸易也好，私人海上贸易也好，其贸易通道是一致的。广东、漳州和宁波都是通过相关通道与江南相联系，以江南为腹里。以太湖为中心的江南经济圈，通过京杭运河、长江、钱塘江等水系的连接，几乎能辐射到全国的各主要商业中心。

（二）东南海上贸易的国际通道

我国对外交通历史悠久。汉代自张骞出使西域，"凿空"中国与西方的地理阻隔，中西陆上丝绸之路即已兴起。晋、唐、宋三次"衣冠南渡"，推动了江南和华南的经济文化发展，东南海上贸易也得到逐步发展。中唐以后，中

---

① 张锦鹏：《南宋交通史》，上海古籍出版社 2008 年版，第 35 页。
② ［英］C. R. 博克舍：《十六世纪中国南部行纪》，何高济译，中华书局 1990 年版，第 64 页。

国西北陆地对外贸易与海上对外贸易此消彼长,海上贸易通道也日趋发展和成熟。

《汉书·地理志》详细记录了汉译使到黄支国的航行路线:

> 自日南障塞、徐闻、合浦船行可五月,有都元国;又船行可四月,有邑卢没国;又船行可二十余日,有谌离国;步行可十余日,有夫甘都卢国。自夫甘都卢国船行可二月余,有黄支国,民俗略与珠崖相类。其州广大,户口多,多异物,自武帝以来皆献见。有译长,属黄门,与应募者俱入海市明珠、璧流离、奇石异物,赍黄金杂缯而往。所至国皆禀食为耦,蛮夷贾船,转送致之。亦利交易,剽杀人。又苦逢风波溺死,不者数年来还。大珠至围二寸以下。平帝元始中,王莽辅政,欲耀威德,厚遗黄支王,令遣使献生犀牛。自黄支船行可八月,到皮宗;船行可二月,到日南、象林界云。黄支之南,有已程不国,汉之译使自此还矣。①

虽然学界对该史料记录的国家和地区的名称和地理位置存在争议,但是基本一致认为从我国东南地区到印度、东南亚和印度洋的贸易通道是经由南海到暹罗湾,经克拉地峡陆路到孟加拉湾,然后到斯里兰卡等地。这说明当时因航海技术等制约,船只只能沿近海岸航行。《新唐书·地理志》记录的唐代"广州通海夷道"已经大为改观:

> 广州东南海行,二百里至屯门,乃帆风西行,二日至九州石。又南二日至象石。又西南三日行,至占不劳山,山在环王国东二百海中。又南二日行至陵山。又一日行,至门毒国。又一日行,至古笪国。又半日行,至奔陀浪洲。又两日行,到军突弄山。又五日行,至海峡,蕃人谓之"质",南北百里,北岸则罗越国,南岸则佛逝国。佛逝国东水行四五日,至诃陵国,南中洲之最大者。又西出硖,三日至葛葛僧祇国,在佛逝西北隅之别岛,国人多钞暴,乘舶者畏惮之。其北岸则箇罗国(今马来西亚吉打)。箇罗西则哥谷罗国。又从葛葛僧祇四五日行,至胜邓洲。又西五日行,至婆露国。又六日行,至婆国珈蓝洲。又北四日行,至狮子国,其北海岸距南天竺大岸百里。又西四日行,经没来国,南天竹最南境。又西北经十余小国,至婆罗门西境。又西北二日行,至提旭国,其

---

① ［东汉］班固:《汉书》卷28,《地理志下》。

国有弥兰大河,一日新头河,自北崑国来,西流至提旭国北,入于海。又
自提旭国西二十日行,经小国二十余,至提罗卢和国,一日罗和异国,国
人于海中立华表,夜则置炬其上,使舶人夜行不迷。又西一日行,至乌
剌国,乃大食国之弗利剌河,南入于海。小舟溯流二日至末罗国(今伊
拉克巴士拉),大食重镇也。又西北陆行千里,至茂门王所都缚达城(今
伊拉克巴格达)。[①]

由此可见,唐朝的海上贸易通道从广州沿南中国海路,穿越南海、马六
甲海峡,进入印度洋、波斯湾。如果沿波斯湾西海岸航行,出霍尔木兹海峡
后,可进入阿曼湾、亚丁湾和东非海岸。《新唐书》记录的广州通往西亚的贸
易通道与同时期的《中国印度见闻录》和《道里邦国志》记录的路线基本都是
经由东南亚全程海道到达。只是后两部史料记录的路线是从西往东而已。
《中国印度见闻录》记录了9世纪中叶阿拉伯商人从中东来华的航海路线。
他们一般是从波斯湾的西拉夫启程,经马斯卡特、巴努—萨发可海岸、阿巴
卡文岛,到达苏哈儿,然后到达故临[②]并进入海尔肯德海郎迦婆鲁斯岛到箇
罗,再经潮满岛、奔陀浪山、占婆,穿"中国之门"进入"涨海",最后到达广州。
《道里邦国志》记录了从巴士拉经霍尔木兹、没来国、斯里兰卡、箇罗、婆罗
洲、爪哇、苏拉威西岛、香料群岛、占婆、龙编,到达广州的路线。三份史料都
说明唐五代时期,中国和波斯湾商舶可以沿海道直接通航,不用如汉代那样
经由克拉地峡陆地穿行。

宋、元时期海上贸易通道日趋成熟和高效。宋、元时期具体的成熟航线
为广州或泉州—三佛齐—马八儿—古里佛/故临—波斯湾。首先,三佛齐是
香料转运中心。赵汝适的《诸蕃志》记载了乳香的航运路线:"以象驮之至于
大食,大食以舟载易他货于三佛齐。故香常聚于三佛齐。"宋朝另一重要史
料《萍州可谈》称:"三佛齐舶赍乳香至中国。"可见三佛齐是中国和大食或波
斯香料贸易的中转站。其次,故临是中国与波斯湾海上贸易的集散中心。
元代汪大渊的《岛夷志略》的"小具喃"条中记载了东方商船与波斯湾的马船

---

① [宋]欧阳修、宋祁:《新唐书》卷43,《地理志》。

② 李庆新认为是斯里兰卡,参见李庆新:《濒海之地:南海贸易与中外关系史研究》,中华书局
2010年版,第72页;高荣盛认为故临是今印度西南的奎隆,参见高荣盛:《元史浅识》,凤凰出版社
2010年版,第178页。从《岛夷志略》记录的史料来看,故临比古里佛距波斯湾更近,可见后者更符
合历史实际。

的贸易交往：

> （商船）或风汛到迟，马船已去，货载不满，风汛或逆，不得过喃巫哩洋，且防高浪阜中卤股石之厄。所以此地驻冬，候下年八九月马船复来，移船回古里佛互市。①

可见宋、元时期，中国商船是在故临或古里佛与波斯湾的马船会合，进行交易，然后各自返回。马可·波罗的游记中也有记录：

> 船舶自极东来者，载铜以代沙石。运售之货有金锦、绸缎、金银、丁香及其他细货香料；售后就地购买所欲之物而归。此国输出之粗货香料，泰半多运往蛮子大州；另一部分则由商船西运至阿丹，复由阿丹转运至埃及之亚历山大，然其额不及运往极东者十分之一；此事颇可注意也。②

元朝末期，东西国际贸易通道被多方阻断。欧洲与东方的海上贸易通道长期因奥斯曼帝国的崛起受阻，地中海与印度洋的贸易通道被穆斯林控制，基督教的欧洲被封锁。正如西方学者所言，穆斯林"关闭了地中海"。元朝后期，中央政权日趋衰落，群雄并起，中亚以及波斯、东欧一带的四汗国，同中国也断绝了陆地贸易。同时，在西洋方面，突厥人兴起，东罗马被灭。以前欧洲人同东方相通不外三条大路：（1）取道埃及出红海；（2）由地中海东岸登陆，至幼发拉底河顺流出波斯湾；（3）由黑海取道美索不达米亚而出波斯湾。而此时，三条大路俱为突厥人所封锁，欧洲同东方的贸易，也为突厥人所垄断，同汉朝时候安息人阻隔中国和大秦的情形一样，东西的交通因此又阻隔了若干时候。③

明朝前期到葡人东来之前，中国西北陆上对外贸易通道被阻断。当时中亚处于战乱，日趋崛起的帖木儿帝国与明朝关系紧张。东南沿海地区，因倭患和张士诚、方国珍等地方势力的残余分子作乱，明朝实施了严厉的海禁政策。宋、元时期官方所支持和控制的海上贸易衰落，取而代之的是受到严格限制的规模十分有限的朝贡贸易。

---

① ［元］汪大渊：《岛夷志校释》，苏继顾校释，中华书局 2000 年版，第 321 页。
② ［意大利］《马可·波罗行纪》卷 3，《马八儿国》。
③ 向达：《中西交通史》，岳麓书社 2011 年版，第 41 页。

葡人东来以后,随着其贸易帝国的扩张,西欧与东方的好望角航线日益繁忙。在隆庆时期,太平洋、印度洋与大西洋的贸易航线已经将亚欧直接而紧密地联系在一起,东南海上贸易得以重新兴起。隆庆时期海上贸易有以下国际贸易通道。

1. 澳门为出海口岸的贸易航线

1554 年中国地方官员与葡萄牙加必丹索萨口头约定了双方的经贸协议。虽然该协议未经两国中央政府的批准,但自此一改敌对状态。1557 年葡萄牙被允许居留澳门。葡萄牙乘机在澳门建立了商站、防御工程和市政机构。到隆庆时期,葡萄牙管理的澳门垄断了中国广东对外的海上贸易。具体海上贸易通道主要有三条。一是"澳门—马六甲—果阿—里斯本"航线。这是葡萄牙获取中国的茶叶、瓷器、丝绸等产品的通道。二是"日本—澳门—马六甲"航道。这条航线的日本港口最早为嘉靖时期王直等中外海商立足的五岛,后来转移到长崎。葡萄牙利用这条通道垄断了中日海上贸易,并将中日海上贸易与东南亚紧密相连。三是澳门与东南亚其他港口的航线,包括澳门与马尼拉、占城、旧港、孟加拉湾及印度地区等贸易港口的贸易航线。这些国际贸易航线,多由葡萄牙的私人海商所经营。

2. 福建月港为出海口岸的贸易航道

以月港为中心的对外贸易由中国海商为主体经营。当时的政策为福建月港允许中国海商出海贸易,但不允许外国海商来港贸易。广州澳门的海上贸易在嘉靖后期为只允许外国海商来港贸易,不允许中国海商出海贸易。在隆庆时期,随着月港开放,广州实际上也允许中国海商出洋贸易。就月港对外贸易航道而言,主要有"月港—马尼拉"、月港到占城、马六甲、马八儿等东南亚及南亚贸易航线。同时西印度洋、孟加拉湾、东南亚都有众多相对短途的国际贸易通道。随后,西班牙人占领马尼拉,开辟了连接美洲与亚洲的大帆船贸易航线,即"中国—菲律宾—墨西哥—西欧"国际贸易通道。

四、东南海上贸易的主要商品

国际贸易商品是国际贸易的重要组成部分。明朝隆庆时期,葡人控制着东印度贸易,具体来说就是西欧绕好望角沿印度洋和太平洋的贸易。它不仅在印度洋沿岸和东南亚建立起控制贸易的一系列商站和堡垒,同时也垄断了中日贸易。葡萄牙著名史学家徐萨斯描述了当时葡人主导的国际贸易通道上的主要商品：

> 远东与欧洲的贸易为葡萄牙王室所垄断。一支王家船队每年从里斯本起航，通常满载着羊毛织品、大红布料、水晶和玻璃制品、英国造的时钟、佛兰德造的产品，还有葡萄牙出产的酒。船队用这些产品在各个停靠的港口换取其他产品，船队由果阿去科钦，以便购买香料和宝石，再从那里驶向满剌加，购买其他品种的香料，再从巽他群岛购买檀香木。然后，船队在澳门将货物卖掉，买进丝绸，再将这些连同剩余的货物一起在日本卖掉，换成金银锭。这是一种能使所投资本两倍或三倍增长的投机买卖。船队在澳门逗留数月后，从澳门带着金、丝绸、麝香、珍珠、象牙和木雕艺术品、漆器、陶器回国。①

当时贸易通道上的主要商品：一是欧洲的羊毛织品、玻璃制品、时钟和葡萄酒等工业产品；二是非洲的黄金、宝石、象牙；三是印度洋沿岸印度科罗曼德尔的棉布、马拉巴尔沿岸的香料、东南亚的香料和胡椒；四是中国的丝绸、茶叶、瓷器；五是日本的白银。

第二节　葡人东来对东南海上贸易的影响

亚、非、欧三大洲虽联为整体，但在历史上，因为地理、政治和文化的诸多原因，各区域往往相互隔绝。阿尔泰山、天山、帕米尔高原、青藏高原及其间的大漠和山岭将中国与亚欧大陆隔开。中国只能通过西北陆上丝绸之路或东南海上航线与欧亚联系。因为政治和文化的原因，中西方仅有的陆地贸易路线往往被中亚和西亚的相关政治力量阻断。汉朝的匈奴、唐朝的突厥、宋朝的辽金夏、明朝的帖木儿帝国，都曾阻碍甚至隔断中国与西方的陆上贸易。而西亚波斯帝国或阿拉伯帝国往往成为阻断亚欧大陆，或者说印度洋和地中海的贸易的政治力量。明朝时期，无论是帝国的西北边疆，还是印度洋与地中海的贸易都受到阻隔。因此，地中海和印度洋缺乏直接的国

---

① ［葡］徐萨斯：《历史上的澳门》，黄鸿钊译，澳门基金会 2000 年版，第 40 页。

际贸易。威尼斯和热那亚商人通过与埃及马穆鲁克帝国的合作实现对欧洲的香料垄断。

明朝中后期，葡萄牙、西班牙、荷兰、英国等西方殖民帝国先后东来，进入中国海域。本书之所以只对葡人东来对中国海上贸易及相关法律制度的影响进行研究，是因为明代隆庆时期对中国东南沿海贸易有直接影响的只有葡萄牙。1571 年西班牙占领马尼拉，1574 年西班牙的菲律宾殖民者建议西班牙国王由墨西哥与马尼拉直接贸易，1575 年西班牙主导的马尼拉与墨西哥阿卡普尔科之间的大帆船贸易才正式开始。隆庆期间，西班牙人尚未对中国东南沿海的贸易产生实质性影响。因为葡萄牙的阻拦和明朝对外贸易的保守，导致在隆庆期间，西班牙人对中国的海上贸易的影响几乎可以忽略。另外，隆庆之后，西班牙、荷兰、英国东来及与中国的贸易互动，只是改变了西方几个殖民国家的利益格局，其在明朝时期，对中国的贸易性质和实质没有什么改变。

一、葡人东来的动力

葡萄牙是伊比利亚半岛的小国，人口百万左右。因比利牛斯山的阻隔，葡萄牙一直被排斥在欧洲大陆文明之外。在欧洲大西洋沿岸国家和地区崛起之前，尽管葡萄牙位于直布罗陀海峡，但仍处于地中海文明的边缘，因此葡萄牙是一个经济贸易落后的国家。在反对摩尔人的殖民统治的过程中，该国逐步崛起，并拥有当时世界领先的造船技术，尤其是军舰上装配的一种后装回旋炮，在当时的海上拥有军事优势。该火炮被称为佛郎机，也成为东方人对欧洲人的称呼。景泰四年(1453 年)，奥斯曼土耳其帝国攻陷东罗马首都君士坦丁堡，封锁了欧洲去往东方的贸易通道。开罗的马穆鲁克王朝控制着来自东方的财富，通过亚历山大港和大马士革，以高额垄断价格兜售东方商品。威尼斯人和热那亚人从马穆鲁克王朝那里购买香料、丝绸和珍珠，垄断了东方商品在欧洲市场的销售。

15—16 世纪葡萄牙海洋帝国的建立具有深厚的欧洲历史、社会和宗教背景，这股殖民运动具有强大的内在动力。《葡萄牙简史》的作者、历史学家萨拉依瓦对葡萄牙海上探险的动力进行了如下分析：

虽然葡萄牙社会充满了矛盾，但是扩张符合社会各阶级的利益。对人民来说，扩张是一种移民的形式，可以追求较好的生活和摆脱压迫制度……对教士和贵族来说，扩张意味着传播基督教和占领土地……对商人来说，扩张意味着生意前景兴隆以及他们可以在海外的产地购买原料和高价转卖；对于国王来说，扩张是提高声望的机会，使贵族们有事可干，更重要的是可以开辟新的财源，特别是在国王财政收入大幅度下降的时刻更是如此。①

由此可见，葡人海上探险是社会各阶层的共同需要。尽管各阶层的人目的各异，但在海上探险的商业目的和宗教理想上是一致的。同时，葡人海上探险的成功与其有效的组织和激励制度有关。葡人海上探险在制度设置上惠及每一个人。这一点可以从史料上得到证明。

阿尔梅达是葡萄牙印度洋海上帝国的首任总督。1505 年正是葡人处于在疯狂的宗教热情的支配下对印度洋沿岸进行武力征服的高峰时期。表 1-1 列示了 1505 年根据阿尔梅达的御旨对战利品的分配。该战利品的分配表可以反映当时葡人在海上冒险的分配体制。从该表也可看出，葡人的海上探索是一项各阶层利益均沾的事业，因此可以有效激励各阶层人士，让冒险事业具有持续百年的凝聚力和民族热情。这和明初郑和下西洋形成了鲜明的对比。郑和下西洋，只是皇帝"耀威海外"的怀柔手段，只是为了获取皇室所需要的奢侈品，郑和下西洋船队的所有成员只不过是为皇权服务的臣民和仆役。

表 1-1　1505 年根据阿尔梅达的御旨对战利品的分配

分配人	百分比/%	备注
（a）分配		
总督	？	价值低于 500 克鲁扎多的珍宝等
国王	20	五分之一
国库	53.3	余下的三分之二
（b）余额分配（26.6）		

① 顾卫民：《从印度洋到太平洋：16 至 18 世纪的果阿与澳门》，上海书店出版社 2016 年版，第 40 页。

续表

分配人	百分比/%	备注
总督	25	
战船船长	10	
帆船船长	6	
商船船长和领航员	4	
商船船长	3	
领航员	3	
武装水手（每人）	1.5	
士兵（每人）	1.5	
其他	46	

资料来源：CAA(ii)：325—326 页，摘自桑贾伊·苏拉马尼亚姆《葡萄牙帝国在亚洲》第 72 页。

二、葡人印度洋海上贸易控制权的实现

（一）葡人对印度洋的征服

1500 年之前的印度洋是一个有着悠久历史的海上贸易中心。整个环印度洋地区，是一个自由开放的贸易体系。沿岸的国家和地区，无论任何国家或民族的商船，只要缴纳相关的税费，都可以登岸交易。英国学者罗杰对葡人到来前的印度洋贸易有过精彩的描述：

　　数千年来，印度洋一直是世界贸易的十字路口，商人们将货物运过遥远的距离，从广州到开罗，从缅甸到巴格达，并借助了一个由诸多贸易体系、航海风格、文化类型与宗教信仰，以及一系列中心交织而成的复杂网络。这些中心包括：马来半岛上的马六甲，它比威尼斯更大，是来自中国与更遥远的香料群岛的商品的集散地；印度西海岸的卡利卡特，它是胡椒市场；霍尔木兹，它是通往波斯湾与巴格达的门户；亚丁，它是红海的出入口和通往开罗的路径，也是伊斯兰世界的神经中枢。印度洋沿岸还有其他数十座小城邦。印度洋输送着来自非洲的黄金、黑奴和红树枝干，阿拉伯半岛的熏香和海枣，欧洲的金银，波斯的骏马，埃及的鸦片，中国的瓷器，锡兰的战象，孟加拉国的大米，苏门答腊岛的

硫黄，摩鹿加群岛的肉豆蔻，德干高原的钻石，以及古吉拉特的棉布。在印度洋，没有人能够形成垄断，因为它太庞大、太复杂，所以亚洲大陆的各个强国把海洋留给商人。印度洋有小规模的海盗，但没有奉行贸易保护主义的武装船队，也几乎没有领海的概念。印度洋是一个硕大无朋而相对安定的自由贸易区。[①]

葡人通过一系列的征服，实现了对印度洋海上贸易的垄断。从 1415 年征服非洲地中海沿岸的休达开始，在以后的近百年时间内，葡人先后探寻到几内亚、佛得角、好望角、斯瓦希里海岸、印度马拉巴尔海岸、霍尔木兹和亚丁，在沿途建立了一系列的军事堡垒和商站。1510 年，葡人占领印度马拉巴尔海岸的科钦，并以其为中心建立了葡萄牙的印度洋海上帝国，实现对西印度洋重要海域的军事封锁和贸易垄断。1511 年，由亚伯奎率舰队占领马六甲，控制了南海与印度洋的转口贸易中心。当时的马六甲是亚洲海上贸易的重要中心之一，连接了中国和印度尼西亚东部以及印度、波斯湾和红海。1517 年葡人与中国进行官方接触，经过 40 年与中国的冲突与磨合，于 1557 年取得在澳门的居留。

(二)葡人的印度洋政策调整

在 1510 年建立以科钦为中心的印度洋海上殖民帝国以后，葡萄牙海上征服的宗教狂热逐步降温。印度洋和东南亚的香料、中国的丝绸对他们更具有吸引力。他们的目标由军事主导转向贸易主导。印度学者桑贾伊认为：

> 葡人从西印度洋到北非以及从孟加拉湾和东南亚到非洲西海岸，是两种更早的模式。在前一种情况下，军事意义超过商业意义，上层贵族是主力军；而在后一种情况下，商业动力超过了军事动力，主力军是中下层贵族和普通人社会中的边际力量。1525 年到 1540 年的发展主要还是加强了这种区分。[②]

---

① ［英］罗杰·克劳利：《征服者：葡萄牙帝国的崛起》，陆大鹏译，社会科学文献出版社 2016 年版，第 198 页。

② ［印］桑贾伊·桑·苏布拉马尼亚姆：《葡萄牙帝国在亚洲（1500—1700）：政治和经济史》，何吉贤译，纪念葡萄牙发现事业澳门地区委员会 1997 年出版，第 83 页。

之所以会发生这样的变化，主要有以下几点原因。首先是葡萄牙海上力量构成的变化。海上力量以上层贵族为主，逐步转向由中下层贵族和平民构成。葡人上层贵族具有基督教骑士精神，他们的目的是通过海上探险联系传说中的印度约翰长老，共同实现对伊斯兰人的围剿。尽管达伽马的首次航行已经证明印度不存在传说中的约翰长老，但是他们剿灭伊斯兰异教徒的狂热没有褪去。1506 年接替第一任总督阿尔梅达的阿尔布开克更是一个狂热的基督教徒，他甚至想毁灭穆斯林先知的尸体，或者设法让尼罗河改道以毁灭埃及的马穆鲁克伊斯兰政权。其次是葡萄牙主权者的政策的转变。葡萄牙国王的政策是确保印度洋绕非洲好望角香料运输通道的畅通，以及香料的海上供应。英国学者博克塞描述说：

> 巨额的来自亚洲的商品一部分在亚洲大陆沿海的港口按以货易货的方式进行交易，其余的则被葡萄牙的船只运载着绕过好望角来到里斯本，在那里被重新分配运往地中海和大西洋地区，以此来交换金属、谷类、纺织品、航海用具和其他手工制品。里斯本由此成为一个海洋帝国的神经中枢。胡椒是来自东方的最大进口商品，银条则是从里斯本运往金色的果阿的最大的出口商品。最初的时候，所有来到里斯本的商人都可以购买到胡椒，但在 1530 年以后，所有进口的胡椒只能通过王室设立在里斯本的"印度房"的中介才能买到。"印度房"是葡萄牙王室主持与亚洲贸易的最为著名的机构，它的前身是设在葡萄牙南方拉戈斯的米纳和几内亚房，该库房原先属于航海家亨利王子的财产，主要负责向与非洲贸易的葡萄牙商人收税。①

另外，葡萄牙对海上贸易采用代理人制度。而这些代理人只对国王负责，他们可以不受总督的严格控制，而是直接与里斯本对话。这些贸易代理人的职责是负责里斯本的东方商品，尤其是香料的供应。他们认为在阿尔梅达和阿尔布开克两人军事占领成功并结束后，贸易成为主题和目标。尤其是 1530 年，有资料显示亚历山大和黎凡特香料贸易的衰落，也说明了葡人在印度洋香料贸易的成功，击败了以威尼斯人为主的欧洲竞争者。

---

① 顾卫民：《从印度洋到太平洋：16 至 18 世纪的果阿与澳门》，上海书店出版社 2016 年版，第 44 页。

（三）葡人与印度洋国家贸易合作模式的形成

葡萄牙是一个商品生产落后的国家。它没有具备竞争力的产品在印度洋或南海地区进行贸易，于是只能利用征服和垄断来积累资金和货源。因为葡萄牙是一个人口小国，其对印度洋漫长的海岸线缺乏足够的控制力，只能通过在印度洋沿岸建立有限的若干据点来维持航道安全和商品的获取。它更无力深入各重要口岸对应的腹地。这样一来，它无力从根本上改变印度洋的贸易格局。当葡人在印度洋上的政策由军事征服向商品贸易转变时，他们的主要角色就由残酷的军事征服者向贸易合作者进行转变。这个转变过程，当然也是印度洋沿岸各国文化对葡人的同化的过程。具体有若干证据可以证明。1511 年，葡萄牙占领马六甲时，第二任印度总督阿尔布开克恢复城市和平，没有抢劫，更没有屠城。在印度洋的马拉巴尔海岸，葡人与当地印度人的关系逐步融洽。当地人教给葡人许多通商的惯例。葡人则保留了原来苏丹政权的官吏，用他们来管理来自外国的商人和旅行者。1530 年，果阿取代科钦正式成为葡属印度首都。葡人维持了以前穆斯林统治时期的税收制度，但是废除了原政权对于商人的种种盘剥。

在果阿成为总督府所在地之后，葡人的商业被葡萄牙皇室垄断。葡萄牙开展了与印度洋沿岸国家及内地国家的贸易合作。皇室垄断着胡椒、姜、肉桂、肉豆蔻、豆蔻、虫胶、天然硼砂等香料和物品。葡属印度的第二任总督阿尔布开克占领果阿后，就让沿海各地所有通过这一海域的商船全部集中到果阿。果阿港口的税收不断增加，人口也不断增加。当时，不仅海上贸易在果阿逐步繁荣，就是印度内陆的商人也会带着各种商品来到果阿交易。葡人则从波斯和阿拉伯进口马匹，将它们与印度内陆的商队进行交易。印度的商队将马匹卖给印度各土邦王公大臣。果阿从事马匹交易收益颇丰。此外，果阿逐步取代了印度西海岸原先与霍尔木兹的主要贸易港巴特卡尔。这样，果阿控制了印度西海岸与霍尔木兹和红海其他口岸的贸易。正是贸易改变了一切，让印度洋海上恢复了和平。葡萄牙从军事征服向贸易主导的政策转变，也缓和了其与印度洋沿岸国家的紧张关系，逐步找到了合作的模式。

16 世纪下半叶，葡人以果阿为中心，逐步控制了所谓"北方省"。1535 年 10 月 25 日，驻果阿的第九任总督库尼亚与坎贝苏丹王贝度尔达成和平协议。根据协议，葡人帮助苏丹王驱逐沿海的海盗，巴辛地区则归葡人所有。葡人不失时机地在巴辛设立机构管理这块领土。根据协议，葡人还可以在第乌修建一个要塞，但是第乌港口的税收归印度人。这种模式，后来似乎都在澳门得到复制。

也就是说，葡人在印度洋上取得的经验，被用来在远东处理与中国的关系。尽管葡人海商在中国闽浙地区进行走私，但并没有如同倭寇或汪直等武装走私集团那样劫掠，而是通过帮助中国政府围剿海盗或平定叛乱、贿赂地方官员等手段取得贸易机会。也就是采用积极与政府合作的态度来解决问题。

三、葡人与中国的贸易冲突与合作

从 1517 年官方的首次接触到 1557 年成功居留澳门的 40 年中，葡人对中国经历了从无知到熟悉、从冲突到合作的过程。

（一）积极争取官方贸易的失败（1517—1523 年）

官方贸易是指葡萄牙官方与中国政府的贸易关系。1511 年，葡萄牙总督曾派人到广州东莞的屯门岛。1514 年，第一艘葡萄牙商船从马六甲到中国广东贸易，此次贸易中他们得到了他们想要的利润。他们得出结论："把香料运往中国和运往葡萄牙同样可获得巨利。"①

1517 年，葡王使者多默·皮列士搭乘费尔隆·伯列士·德·安德拉吉率领的葡萄牙舰队到广州。他们被破例允许上岸贸易。顾炎武的《天下郡国利病书》记载：至正德十二年（1517 年），有佛郎机夷人，突入东莞，时布政使吴廷举许其朝贡，为之奏闻，此不考成宪之过也。② 这次官方的接触基本可以说是成功的。首先，船长安德拉吉达到了贸易的目的。《明史·佛郎机传》记载"诏给方物之直遣还"。③ 其次，虽然双方没有建立正式的外交和贸易关系，但是明武宗同意双方进一步磋商。

1520 年，在广州等了两年多的葡王使者皮列士获准于当年 5 月在南京朝觐武宗。虽然皮列士在南京没有取得成果，但明武宗答应在北京接见他，双方仍有达成协议的可能。1521 年皮列士到北京期间，局势却发生巨大变

---

① ［英］博克舍：《十六世纪中国南部行纪》，何高济译，中华书局 2002 年版，第 2 页。
② ［明］顾炎武：《天下郡国利病书》卷 125。
③ ［清］张廷玉等撰：《明史》卷 325，《佛郎机传》。

化,导致双方关系急转直下。研究者往往将关系恶化的原因归结于葡人在广州的鲁莽行为,以及满剌加流亡政府使者向明朝控诉葡萄牙的侵占行为。但其实,还有一个更为重要的原因被忽略了。1521 年 2 月,葡使皮列士在北京朝觐武宗时,递交了三封信,一封是广东总督的,一封是舰长(又称甲必丹)费尔隆的,另一封是葡萄牙国王的。其中,葡王的信与舰长费尔隆的信在内容上有很大的差异。葡王没有表达臣服中国的意愿,这是明朝皇帝不可能接受的。在当时来看,双方的冲突是必然的。一个是新崛起的海上帝国,刚刚在印度洋成功实施一系列征服,无论是国王还是具有贵族身份和骑士精神的总督,都不可能向中国低头。而以天朝上国自居而且对海外贸易并无太大兴趣的明王朝,更无法接受双方平等的国家关系。这个才是双方关系必然恶化的根本原因。郑若曾的《筹海图编》对之有所记录:

> 刑部尚书顾应祥云:佛郎机国名也,非铳名也,正德丁丑予任广东金事,署海道事,蓦有大海船二只,直至广城怀远驿,称系佛郎机国进贡。其船主名加必丹,其人皆高鼻深目,以白布缠头,如回回打扮,即报总督陈四轩公金。临广城以其人不礼令于光孝寺习仪三日而后引见。查大明会典,并无此国入贡,据本参奏,朝廷许之。起送赴部,时武庙南巡,留会同馆者将一年,今上登极,以其不恭,将通事正典刑,其人押回广东驱之出境去讫,其人在广久,好读佛书。[①]

这份史料可以说明三点:一是葡人有着强烈的与中国贸易的意愿。甚至"以白布缠头,如回回打扮",可见葡人想以穆斯林人的形象博得明朝的认同。二是这次是葡萄牙官方与中国的正式接触。舰长和使者都有葡萄牙皇室赋予的权力和身份。虽然因为文化的差异,葡萄牙正式代表在广州制造了麻烦和误会,他们发射炮弹的行为被视为挑衅,但经过解释,得到广东地方官员的谅解。葡王使者实现了与朝廷的接触,正德皇帝先后同意在南京和北京会见他们。三是"今上登极",中葡关系急转直下。因为葡人在广州屯门的鲁莽行为和马六甲流亡政府向明朝皇帝申诉葡萄牙的侵占,葡萄牙特使在北京同朝廷的谈判进行过程中,满剌加的使者和广东地方官控诉葡人暴行的文书到达北京,这导致了中国与葡萄牙的早期合作失败。因为满

---

① [明]郑若曾:《筹海图编》卷 13,《兵船稍手》。

剌加是明朝的朝贡国,作为宗主国,中国必须明确维护满剌加的政治立场,更何况葡人在广州的行为让明朝感受到威胁。

（二）闽浙海上走私贸易（1523—1553）

在广州争取官方贸易机会失败后,一部分葡人沿海岸北上,到福建、浙江贸易,一部分在广东沿海寻找新的贸易点。这里需要注意三点历史事实。第一点,官方失败后,葡萄牙国王没有再进一步尝试与中国建立官方贸易。因为在当时,按朝贡关系,以"几内亚、埃塞俄比亚、阿拉伯、波斯和印度的征服、航行及通商的主人"①自居的葡萄牙国王是不可能接受藩属中国的条件的。而东来中国的葡人已经是强弩之末,面对一个仍具一定政治和军事实力的大国,其无力在中国沿海建立如同在印度洋沿岸那样的军事据点。第二点,葡人官方在广州的努力失败后,前来中国进行贸易活动的都是私人海商。包括后来在澳门居留并进行城市治理的市政机构,也是由私人海商组织构成的。第三点,随后葡人在广州的上川岛、浪白澳、濠镜澳等进行贸易,但这些中外私人贸易点并不是葡人开辟的,在葡人到来之前,这里的私人贸易就存在着。比如澳门在嘉靖十四年（1535 年）就成为私人海商贸易点。当时暹罗、占城、爪哇、琉球、渤泥诸国商人要求到澳门经商,"指挥黄庆纳税贿,请于上官,移于濠镜"。②

葡人在东南亚海的走私贸易可以分为两个阶段。1522 年到 1543 年,这二十多年是相对平静的时期。嘉靖二十二年（1543 年）走私的葡人被海道副使张一厚围剿,他们的海上走私贸易以失败告终。自此,葡人在双屿岛越冬及侨居。

早期通过华侨中介的商贸,规模相对较小,也相对安全。随着日本、葡人等在闽浙的贸易的规模越来越大,依靠华商的血缘和地缘关系支撑的海上贸易系统,已难以支撑其日益扩大的规模,于是就需要法律制度和公权力来维持贸易秩序。政府因海禁,无法提供贸易的制度规则,因此就出现了冲突,而海禁的加强,又加剧了私人贸易各方的冲突。海上贸易纠纷,也即所谓商欠,引发了私力救济。势要对海商进行欺诈和胁迫,引起海商集团的报

---

① 顾卫民:《从印度洋到太平洋:16 至 18 世纪的果阿与澳门》,上海书店出版社 2016 年版,第 44 页。

② ［清］张廷玉:《明史》卷 325,《佛郎机传》。

复,发生对势要的劫杀。官方的介入,引爆了所谓的"倭乱"。嘉靖二十六年(1547 年)明廷任命朱纨为浙江巡抚并提督福建五府军务。嘉靖二十七年(1548 年)双屿岛被围剿,葡人撤退,部分人因贸易未完尚停留在福建漳泉一带。嘉靖二十八年(1549 年)发生了对福建沿海葡人进行清剿的走马溪之战。闽浙严厉海禁,葡人又被迫转移到广州。英国著名的葡萄牙专家博克塞的著作也对在嘉靖元年(1522 年)到二十七年(1547 年)我国东南的私人贸易有所描述:

> 当这些事在宁波暗中进行了一个时期后,葡人步步前进,开始到泉州和广东海岛去做生意……事态发展到葡人开始在宁波诸岛过冬,在那里牢牢立身,如此之自由,以致除绞架和市标(作为市标及对犯人公开施笞刑的石柱)外一无所缺。随同葡人的中国人,及一些其他的葡人,无法无天到开始大肆劫掠,杀了些百姓。这些恶行不断增加,受害者呼声强烈,不仅传到了省里的大老爷处,也传到了皇帝处。他马上下旨福建省准备一支大舰队,把海盗从沿海,特别是从宁波沿海驱逐出去,所有的商人、葡人和那些中国人一样,都被算在海盗之内。①

针对闽浙沿海的私人贸易的清剿行动是由浙江巡抚朱纨策划和实施的。朱纨的军事行动,对于葡萄牙与中国的贸易具有重要的影响。一方面,葡萄牙认识到和政府合作的必要性。这是在官方谈判失败被驱逐和私人走私被清剿的两次沉痛教训下形成的理性认知。另一方面,明朝政府也认识到了葡萄牙的贸易目的和与其合作的必要。嘉靖二十八年(1549 年),朱纨被罢职。嘉靖二十九年(1550 年)七月,朱纨"疑祸及,草生志,饮鸩卒"。自此以后,"罢巡视大臣不设,中外摇手不敢言海禁事"。据《明史·佛郎机传》记载,"自纨死,海禁复弛。佛郎机遂纵横海上无所忌"。②

(三)形成贸易合作模式

1553 年到隆庆时期,葡萄牙通过与广东地方政府官员的谈判,先后取得与中国的稳定贸易和在澳门的居留。葡人能成功与中国地方开展贸易合作,通常学者们认为有三个原因:一是葡人帮助中方剿灭了海盗和兵乱;二

---

① [英]博客塞:《十六世纪中国南部行纪》,何高济译,中华书局 1990 年版,第 133 页。
② [清]张廷玉等:《明史》卷 325,《佛郎机传》。

是葡人贿赂地方官员,地方官员默认葡人以非佛郎机人身份进行贸易;三是葡人帮助官员获得了朝廷急需的龙涎香等奢侈品。当然,中国对于非朝贡国的葡萄牙之所以允许贸易,绝对没有这么简单。中国朝廷认识到葡人是为贸易而来,地方官员和乡绅通过直接与葡人接触,也可以认识到这一点。林希元的《与翁见愚别驾书》曰:

> 佛郎机之来,皆以其地胡椒、苏木、象牙、苏油、沈束檀、乳诸香,与边民交易,其价尤平,其日用饮食之资于吾民者,如米面猪鸡之数,其价皆倍常,故边民乐与为市,未尝侵暴我边疆,杀戮吾人民,劫我财物。①

贸易是对双方都有利的。明朝财政危机,地方官员的俸禄和军饷难以解决;朝廷担心"海禁严则商转为寇",怕葡萄牙与倭寇或海盗合作,甚至转变为海盗。此外,更重要的是,葡萄牙可以帮助朝廷剿灭海盗和制止兵变。

英国著名的葡萄牙历史专家博客塞对中葡从冲突走向合作有过详细的描述。他引述了葡人的史料:1554 年以后,在中国进行贸易是平静的和没有危险的。因为自 1554 年以来,葡萄牙索萨大船长和中国人订立条约说我们要向他们纳税,他们则让我们在他们的港口进行贸易。从此以后,我们便在中国第一港口广州做贸易……在上述日期之前,并在(西蒙)挑起事端之后,贸易受到很大的挫折,他们不容许一个葡人留在国内,又因为无比憎恶而把葡人称作"番鬼",意思是"魔鬼船的人"。那个时候他们不许用葡萄牙的名字跟他们交易,当我们同意纳税时也不许把这个名字报到宫廷,而实用"番人"的名字,那就是说,"另一个海岸"。②

隆庆三年,工科给事中陈吾德上疏提出"严私通、固内治"的策略,以杜绝葡人之害而收利权:

> 佛郎机、满咖剌诸夷,性之狡悍,器之精制,尤在倭奴之上……民夷杂居,将来祸变巨测,立法禁制,是不可不严其防也。夫弗利其有,绝而弗通,此上策也。若谓沿袭既久,聚恐生变,饷额所需,岁赖其入,则臣愚以为先固内治,欲固内治,先严私通之禁;欲杜私通,先严官军之令,

---

① ［日］藤田丰八:《宋代之市舶司与市舶条例》,魏重庆译,山西人民出版社 2015 年版,第 403 页。

② ［英］博客塞:《十六世纪中国南部行纪》,何高济译,中华书局 1990 年版,第 131 页。

盖各处把海澳,俱有官军,若非夤缘交通,彼固不能飞渡也。……下令严戢官兵把截,船不得通,路不得达,夷遂困服,自愿抽税,反倍于昔。此先于治内以收利权,可谓得其机括矣。[①]

上述陈吾德提出"先于治内以收利权"的对葡人居留澳门的策略,反映了隆庆时期明政府已经探索到与葡人合作的模式:政治上确保稳定,可以利用地利条件让葡人就范;同时严禁私人走私贸易,由官方管控与葡人的商舶贸易,从而获得税收之利。这虽然不是上策,但在"饷额所需,岁赖其入"的现实面前,无疑是理性务实的选择。

四、葡人东来的影响

(一)国际贸易格局的影响

葡人东来,改变了世界贸易格局,打通了东、西海上贸易之路,欧洲、地中海沿岸、印度洋贸易格局得以改变。首先,对欧洲、地中海的东西方贸易产生了影响。

葡人在构建东印度海上帝国的同时,致力于对控制红海的埃及马穆鲁克王朝的打击。"马穆鲁克王朝并非海军强国,而是像寄生虫一样,依赖印度洋上的穆斯林商人的私营贸易产生的税金而生存。"[②]1509年第乌战役,葡萄牙副王、印度总督阿尔梅达率领舰队剿灭了马穆鲁克王朝并远征印度洋,企图驱逐葡萄牙人的海军力量。"马穆鲁克苏丹的公信力被一劳永逸地彻底打破,穆斯林将葡萄牙逐出印度洋的希望也彻底破碎了。法兰克人将在印度洋常驻下去。"[③]而葡人封锁红海对马穆鲁克王朝也是致命的一击。

整个16—17世纪,果阿是连接东西方贸易的最重要的港口,它将包括里斯本在内的欧洲各地的产品分散到东方各地。从果阿,葡人将中国的丝和印度及印尼的香料运往霍尔木兹,以换取银和波斯的马,然后再辗转出口

---

① [明]陈吾德:《谢山存稿》卷1,《条陈东粤疏》,参见李庆新:《明代海外贸易制度》,社会科学文献出版社2007年版,第201页。

② [英]罗杰·克劳利:《征服者:葡萄牙帝国的崛起》,陆大鹏译,社会科学文献出版社2016年版,第200页。

③ [英]罗杰·克劳利:《征服者:葡萄牙帝国的崛起》,陆大鹏译,社会科学文献出版社2016年版,第268页。

到印度东部地区。产于古吉拉特和科罗曼德尔的纺织品在果阿被装船运往东非沿海以换取奴隶、黄金和象牙。锡兰人喜欢经由果阿运来的产于古吉拉特以及孟加拉群岛的银币、黄金、铜、棉花、纺织品及朱砂。从果阿到科钦再到班达群岛以及摩洛加群岛的舰队带走的主要是产于古吉拉特的棉花、铜制品、干货以及小装饰品，以此换取产于当地的丁香、肉豆蔻和肉豆蔻的干皮。葡人还从果阿和科钦将亚麻布、棉花纺织品、棉线以及其他棉织品带到马六甲和坎贝，将它们分散卖给当地人以后再转运到印度尼西亚、爪哇以及马来西亚。在马六甲，葡人将这些货物换取香料以及有香味的木料如檀香木，再将它们运到澳门换取生丝、丝织品、丝线、瓷器、麝香以及黄金。葡人最后到达的港口是长崎，这些货物被用来换取日本的银、漆器、储藏柜、画屏、和服、剑和长矛等武器。然后，葡人再回到澳门，用银来换取黄金和铜，以及更多的丝、麝香、瓷器、象牙和珍珠并最后回到果阿。

葡人到了印度洋意味着近50年来经由红海到地中海，再到威尼斯的贸易断断续续地大受打击。就威尼斯与黎凡特的贸易来看，从1496年到1506年的十年间，胡椒等香料的贸易数量直线下降，具体数据见表1-2。但到了16世纪下半叶，地中海的贸易恢复了以往的兴盛，和葡萄牙经由好望角的贸易并驾齐驱。因此，从1550年起，葡萄牙在国际贸易中的份额以及运往里斯本的贸易总量都在下降。17世纪，荷兰人占领了大部分香料的产地，从而能够比葡萄牙人实施更为有效的垄断。威尼斯的贸易及其留给葡萄牙人的贸易被彻底摧毁了。①

表1-2　威尼斯—黎凡特贸易的崩溃，1496—1506年

（平均每年，单位：吨）

地名	亚历山大		贝鲁特	
年份	1496—1498	1501—1506	1496—1498	1501—1506
胡椒	480～630	135	90～240	10
其他香料	580～730	200	150～180	35
总量	1060～1200	335	270～420	45

资料来源：韦克，1986年：633页，摘自桑贾伊·苏拉马尼亚姆《葡萄牙帝国在亚洲》第76页。

---

① ［新西兰］M.N.皮尔森：《葡萄牙人在印度》（新编剑桥印度史），邸菊译，云南人民出版社2013年版，第54页。

葡萄牙人打通了东方贸易通道,并从中谋取了巨额利润。新西兰学者皮尔森对此进行了描述:最近的一次估算表明,对每公担的胡椒和货物,葡萄牙人在马拉巴尔至多支付 6 克鲁扎多,而在里斯本售出的最低价为 22 克鲁扎多,利润高达 260%。假设每年从马拉巴尔至少出口 2.5 万公担货物,可赚年利润 41 万克鲁扎多。16 世纪后期的一个替换成本表明,扣除损耗许量、船舶失事损耗和运费,利润可达 152%。即使把胡椒出产地马拉巴尔要塞的费用包括在内,葡萄牙人在里斯本赚到的利润仍接近 90%。[①]

(二)对中国海上贸易的影响

1. 中国被引入全球贸易体系

葡人东来,对于隆庆开禁具有重要影响。葡人东来后,在嘉靖时期完成了与中国的冲突与合作的磨合,并且成功地找到符合双方利益的贸易合作模式,减少了中国对于朝贡体系衰落造成的恐慌和顾虑,甚至为隆庆开禁提供了样板和参考。"澳门—广州"模式,联结了世界贸易网络,使中国成为世界贸易体系中的具有重要影响的一环。

由于澳门的存在,从世界贸易体系诞生的第一天起,中国商品就是其中最重要的组成部分之一。葡人通过澳门—长崎、澳门—马尼拉—阿卡普尔科、澳门—马六甲—果阿—里斯本等航线,将中国货物与以白银为主的商品进行规模大、范围广、影响深的交换,兑换黄金,实现重商主义利益,推动世界贸易体系的运作和扩张。同时,以澳门为枢纽的海上贸易也通过广州渗透到中国腹地,使中国种植业、工商业中的某些成分与世界贸易体系发生联系,而不再与世隔绝。澳门在陆、海两个体系之间起着"钩"的作用,勾连一个真正的"世界"贸易体系。[②]

2. 加速中国朝贡贸易体系的崩溃

葡人东来,几乎可以说给难以为继的明朝朝贡贸易体系以最后的致命一击。"如果说 1510 年葡人占领印度果阿创建其东方帝国的大本营代表着西方势力正式侵入亚洲,那么,中华帝国的朝贡国满剌加 1511 年为葡人所

---

① [新西兰]M. N. 皮尔森:《葡萄牙人在印度》(新编剑桥印度史),邰菊译,云南人民出版社 2013 年版,第 55 页。

② 臧小华:《陆海交接处:早期世界贸易体系中的澳门》,社会科学文献出版社 2013 年版,第 11 页。

占,则是天朝中心解体的起点。"①

朝贡体系是以政治为目的。满剌加是明朝的朝贡国,中国作为宗主国有义务为其提供保护。满剌加使者在正德十五年(1520 年)就葡萄牙入侵之事向明朝进行了申诉,可明朝无能为力,无法解决。这就显示了明朝无力再维持这个体系。而且明朝逐步接受了葡萄牙占领的事实,并与葡萄牙建立了贸易合作关系。尽管这是地方官员逐步进行的,但也表明明朝认可了自己不能承担宗主国的责任。

3. 联结中日贸易

1557 年,三个葡人跟中国福建商船首次到日本,发现了长崎,开始了葡日贸易。英国历史学家博克塞将 1557 年至 1640 年划为最初的繁荣时期。当时的澳门是连接广州与日本长崎之间的贸易中转站和集散地,澳门的最初繁荣和葡萄牙与日本的贸易密切相关。1571 年葡萄牙舰长韦加第一个率舰队来长崎,该港口终于成为葡萄牙商船来日本的终点站。

葡人东来的影响主要是对中国的朝贡体系的冲击。南海各国,如满剌加、西洋古里、琉球等传统上是中国朝贡体系中的朝贡国。虽然在明朝中后期,朝贡贸易体系已经发生了变化,但各国为了商业利益,还在维持表面上的朝贡关系。葡萄牙人先后征服该地或控制朝贡航线。再就是,葡人东来对于琉球的直接影响。琉球到中国朝贡,其贸易所得可以到东南亚进行贸易,并成为连接中国与南洋的贸易通道。但葡人来后,琉球的通道逐渐衰落。

其中最为直接的影响表现在 1511 年葡萄牙对满剌加的征服以及随后对东南亚贸易的控制。马六甲是东南亚依靠中国力量崛起的国家,也是中国最为忠实的朝贡国之一。从第三次航海起,郑和归国就在满剌加待风。郑和船队在满剌加建立仓库,存储商品,以该港作为整个船队的集结地。这样一来,满剌加吸引了大批的南中国海与印度洋世界的商人,成为一个大商港。可见,满剌加的兴起,中国,尤其是郑和起到了重要作用。郑和下西洋协助新兴的小邦满剌加稳固政权,而满剌加亦高兴有中国的奥援,这对于对抗南向发展的暹罗尤其有用。满剌加于是成为最愿意执行"朝贡贸易"的海外邦国。葡人占领了马六甲,而中国对这种占领却无能为力,这大大影响了中国宗主国的形象,这对朝贡贸易体系的打击是致命的。

---

① 金国平、吴志良:《过十字门》,澳门成人教育学会出版社 2004 年版。

第三节　朝贡贸易体系的衰落

一、明朝的朝贡贸易体系

朝贡贸易是基于朝贡关系产生的贸易。早在商代，王与诸侯之间已经形成朝贡关系。《诗经·商颂·殷武》有歌道："昔有成汤，自彼氐、羌，莫敢不来享，莫敢不来王。曰商是常。"[①]周朝封建体制下，这种朝贡关系又进一步发展，并将朝贡关系向外番延伸。朝贡关系是中原王朝构建与四夷关系的政治秩序，从而形成统治天下的治理模式。朝贡关系主导天下秩序是在汉代完成的，是用来取代和亲体系的天下秩序模式。作为与四夷相处的秩序规则，朝贡体系从构建之初就体现出一种"厚往薄来"的外交原则。汉代的朝贡体系与和亲体系相比要向北方游牧民族提供更多的物质财富。汉朝以后，朝贡体系就成为中原王朝构建天下秩序的主要模式，被历代沿用。

朝贡贸易可以有两种理解。第一种理解是将朝贡关系视为中国皇帝与四夷君长之间的"纳贡—回赐"关系。朝贡体系形成的外夷君长的纳贡与中国皇帝的回赐关系，本质上就是一种交换。从最宽泛的意义上讲，贸易可以包含所有类型的交换，这些交换可以涉及一切有经济价值的东西。因此，韦伯把古代君主之间无偿的礼物交换视为一种贸易形式——"礼物贸易"。余英时先生认为，就传统中国而言，皇帝的礼物与胡族的纳贡之间的交换长期以来就被称为"通贡贸易"。[②] 第二种理解是将朝贡贸易视为除"纳贡—回赐"这层关系外，还包括朝贡国贡使及随从商人携带私物的交易。[③] 明朝的朝贡贸易通常是第二种理解，体现朝贡、海禁、贸易三位一体的天下关系运行体制。如果从宏观角度把握明朝的对外关系，这种理解是没有问题的。但是，如果研究海上贸易或海上贸易法律制度等具体贸易问题，这样理解显然是不合适的。对于明朝的朝贡贸易，应该将真正的贸易行为从朝贡体系

---

① 晁中辰：《明代海禁与海外贸易》，人民出版社 2005 年版，第 51 页。

② 余英时：《汉代贸易与扩张：汉胡经济结构关系研究》，邬文玲等译，上海：上海古籍出版社 2005 年版，第 13 页。

③ 晁中辰：《明代海禁与海外贸易》，人民出版社 2005 年版，第 50 页。

中剥离出来。因此，本书将朝贡贸易界定为基于朝贡关系所形成的官方认可和主导的具体商品买卖关系，而"纳贡—回赐"是政治外交行为，是朝贡关系的体现，不是贸易行为。

为了全面理解明朝的朝贡贸易，需要明确汉朝形成的朝贡体系。汉朝朝贡体系的实质就是用经济手段来解决政治问题，目的是想将蕃夷纳入帝国体系之内，实现持续的政治上的和平秩序。朝贡关系除物质交换外，同时存在几个特定的关系：第一，中国要求一名匈奴王子充当人质，作为他们臣服的保证；第二，单于或者代表单于的其他匈奴贵族到中国表示效忠；第三，匈奴应向中国进献贡品以报答帝国赐予礼物的优待。① 而且，朝贡体系的维持需要一定的条件。一方面是中国拥有优越的军事和经济力量，另一方面是胡族力量的削弱。否则朝贡体系很不稳定。②

明朝的朝贡贸易关系与汉朝的朝贡贸易有几点不同。首先，明朝的朝贡贸易与互市关系是绑定的，有朝贡才有互市，无朝贡就无互市。而汉朝的朝贡和互市是分开的。虽然汉朝的互市关系也受政治的影响，但是两者不是绑定的。其次，从内容上来看，广义的明朝朝贡贸易分为官方的购买和朝贡附带物品在会同馆或市舶司的民间交易。再次，汉朝与朝贡相关的"质子"关系，在明朝就很少出现。也就是说，明朝主要是利用简单的贸易手段来维持朝贡关系，尤其是朱元璋明确表示不征服蕃夷之国，甚至列举了十五个不征服国，贸易几乎成了非常单一的维持朝贡关系的手段。

我们可以利用郑和下西洋的案例来透视朝贡贸易。郑和下西洋是明朝朝贡贸易达到高潮的典型举措。让我们看一下郑和下西洋的人员配置。以第四次为例："永乐十一年，下西洋官校、旗军、勇士、通事、民稍、买办、书手通计二万七千六百七十名。官八百六十员。军二万六千八百名。指挥九十三员。都指挥二员。千户一百四十员。百户四百三十员。户部郎中一员。阴阳官一员。教谕一员。舍人二名。医官医士一百八十员。余丁二名。正使太监七员。监丞五员。少监十员。内官内使五十三员。"③

---

① 余英时：《汉代贸易与扩张：汉胡经济结构关系研究》，邬文玲等译，上海古籍出版社2005年版，第44页。

② 余英时：《汉代贸易与扩张：汉胡经济结构关系研究》，邬文玲等译，上海古籍出版社2005年版，第55页。

③ ［明］马欢：《明钞本〈瀛崖胜览〉校注》。

这份史料有助于理解明朝的朝贡贸易完全是政府行为。使团的成员由军人、官员和后勤服务人员构成，没有任何私人海商的存在。其交易行为也是为皇室采购，目的是利诱诸国来朝。正如赵翼《二十二史札记》卷 32《永乐中诸番来朝》所说："海外小国，贪利而来。是时内监郑和奉命出海，访建文踪迹，以重利诱诸番，故相率而来。"①从郑和下西洋的盛衰，可以管窥明朝的朝贡贸易的命运。

> 自成祖以武定天下，欲威制万方，遣使四处招徕……自是，殊方异域鸟语侏离之使，辐辏阙廷。岁时颁赐，库藏为虚。而四方奇珍异宝、名禽殊兽进献上方者，亦日增月益……然仁宗不务远略，践祚之初，即撤西洋取宝之船，停松花江造船之役，召西域使臣还京，敕之归国，不欲疲中土以奉远人。宣德继之，虽间一遣使，寻亦停止，以故边隅获休息焉。②

以郑和下西洋为鼎盛的朝贡贸易产生两方面的客观后果：一是皇室的奇珍异宝"日增月益"；而另一方面，导致明朝"库藏为虚"。结合余英时总结的维持朝贡关系的基本条件来看，该制度是一项自衰制度，其失败只是时间问题。

英国学者对此有以下论述：（郑和下西洋）尽管这些船队有足够的力量清剿海盗、废黜君主或运载货物以开展贸易，但它们不是军事冒险，也没有经济目的，而是精心安排的软实力展示。星槎远航是非暴力手段，目标是向印度和东非的沿海国家彰显中国的强大实力。他们没有尝试对所到之地实施军事占领，也没有阻挠自由贸易体系。他们是来给予而不是索取的，是为了向世人表明，中国地大物博，什么都不缺。当时的一份碑铭称："赍币往赉之，所以宣德化而柔远人也。"③

二、明朝中后期朝贡贸易体系的衰落

朝贡体系是不稳定的，维持朝贡体系需要中国具备政治、军事和经济上的优势。明朝初期，中国具备军事、政治和经济上的明显优势，为了有效解决

---

① ［清］赵翼：《二十二史札记》卷 32，《永乐中诸番来朝》。

② ［清］张廷玉等：《明史》卷 332，《坤城传》。

③ ［英］罗杰·克劳利：《征服者：葡萄牙帝国的崛起》，陆大鹏译，社会科学出版社 2016 年版，第 3 页。

倭寇等问题,这种"厚往薄来"的朝贡贸易关系得以维持。尤其是在永乐年间,郑和下西洋推动了这种朝贡关系的空前发展。但是,随着明朝军事力量的衰落,尤其是土木堡事变之后,北虏南倭长期困扰明王朝。而财政危机也因土地兼并、吏治腐败、战争消耗而日益严重,无力承担消耗巨大的朝贡贸易。

表1-3洪武至宣德期间海外诸国或地区朝贡贸易统计表、表1-4正统至嘉靖期间海外诸国或地区朝贡次数统计、表1-5隆庆时期至明末海外诸国或地区朝贡次数统计是李庆新在《明代海外贸易制度》一书中所进行的相关数据统计。

表 1-3　洪武至宣德期间海外诸国或地区朝贡贸易次数统计

（单位：次）

国家/地区	今所在地	洪武	永乐	洪熙	宣德
高丽（朝鲜）	朝鲜、韩国	20	6	1	
日本	日本	4	7		1
琉球	日本冲绳县	20	55	1	10
占城	越南中部	19	17	1	8
暹罗	泰国	20	18		7
真腊	柬埔寨	8	6		
吉兰丹	马来西亚吉兰丹州		1		
满剌加	马来西亚马六甲州		12		3
彭亨	马来西亚彭亨	1	3		
苏门答腊	印度尼西亚苏门答腊		12		4
南巫里	印尼苏门答腊北部班达亚齐		10		
三佛齐	印尼苏门答腊巨港		7		
阿鲁	印尼苏门答腊日里河流域	1	4		
刺泥	印尼西部古吉拉特邦		1		
碟里	印尼苏门答腊东北日里		1		
日罗夏治	印尼爪哇		1		
合猫里	印尼爪哇		1		
百花	印尼爪哇西部	1			
阇婆	印尼爪哇岛	1			
览邦	印尼楠榜省	1			

续表

国家/地区	今所在地	洪武	永乐	洪熙	宣德
千里达	印尼爪哇北岸井里汶		1		
婆罗	印尼加里曼丹，或文莱	2			
爪哇	印尼爪哇	9	17	1	4
渤泥	印尼加里曼丹	1	6	1	1
吕宋	菲律宾吕宋岛		1		
冯加施兰	菲律宾班丝省		2		
麻林	菲律宾棉兰老岛		2		
苏禄	菲律宾苏禄群岛		3		
古麻刺朗	菲律宾棉兰老岛，或民多朗		2		
榜葛刺	孟加拉国及印度西曼加拉邦		4		1
泥八刺	即尼波罗，今尼泊尔		1		
锡兰山	斯里兰卡		3		
溜山	马尔代夫群岛和拉克代夫群岛		3		
加异勒城	印度南部卡异尔镇		2		
琐里	印度科罗曼德尔海岸	1			
柯枝	印度西南岸亚柯钦		5		1
古里	印度喀拉拉邦卡利卡特		6		1
小葛兰	印度南部西海岸奎隆		1		
甘巴里	印度泰米尔纳邦西部因巴托尔		2		1
忽鲁谟斯	伊朗霍尔木兹岛		4		1
白葛达	伊拉克巴格达				1
阿丹	也门亚丁		4		1
刺撒	也门木卡拉		2	1	
祖法儿	阿曼西部多法儿		2		1
木骨都束	索马里摩加迪沙		2		
不刺哇	索马里东南布腊瓦		2		

资料来源：根据张廷玉等撰《明史》卷1至卷9，《太祖纪》《成祖纪》《宣宗纪》记录统计。①

---

① 李庆新：《明代海外贸易制度》，社会科学文献出版社2007年版，第56—58页。

表 1-4　正统至嘉靖期间海外诸国或地区朝贡次数统计

国家/地区	正统	景泰	天顺	成化	弘治	正德	嘉靖
朝鲜		1					
日本		1		3	1	2	3
琉球	12	6	6	19	9	8	23
占城	12	1	2	3	4	2	1
暹罗	5	3	2	6	4		3
满剌加	3	1	1	4			
苏门答腊				1			
爪哇	5	2					
榜葛剌	2						

资料来源：张廷玉等撰：《明史》卷 9 至卷 18,《本纪》。①

表 1-5　隆庆时期至明末海外诸国或地区朝贡次数统计

国家	隆庆	万历	天启	崇祯
安南		8	2	3
暹罗		6	6	4
琉球	4	20	3	5
大西洋		1		

资料来源：据张廷玉等撰《明史》卷 19 至卷 24,穆宗、神宗、熹宗、庄烈帝《本纪》记录统计。②

　　李庆新所统计的明朝时的朝贡国家和地区朝贡次数的数据能够直观呈现明朝时期朝贡贸易的兴衰状况。若按照方豪的明朝分期,则明朝初期的朝贡次数有 462 次,明朝中期有 96 次,明朝后期有 62 次。明朝初期仅洪武和永乐间的朝贡次数就占了明朝时的朝贡次数的 54%。如果从朝贡国家的数量来看,则初、中、后期分别累计国家数为 88 个、21 个、11 个,其中洪武、永乐时期的朝贡国累计数占总朝贡国累计数量的 45%。

　　就嘉靖时期的 45 年来看,仅 4 个国家朝贡,除琉球外,仅仅 7 次。从隆庆时期来看,仅有琉球国先后共计 4 次朝贡,别无他国。朝贡贸易已经名存实亡。

---

① 李庆新:《明代海外贸易制度》,社会科学文献出版社 2007 年版,第 168 页。
② 李庆新:《明代海外贸易制度》,社会科学文献出版社 2007 年版,第 280 页。

51

第四节　私人海上贸易的繁盛

明朝政府推行海禁政策,实质上为了利用朝贡贸易维护朝廷的政治和经济利益。到嘉靖末期,在两百年的"海禁"政策下,私人海上贸易却蓬勃发展。私人海上贸易为什么得以发展?

一、私人海上贸易繁盛的原因

(一)海防松懈,海禁虚设

海禁政策难以有效执行。从客观上来看,海禁政策执行难。东南海岸线漫长而岛屿众多,很难有效防止私人贸易。此外,更为主要的原因是明朝中后期,政府在海防管理上出了问题。由于经济困难和政治腐败,明初的海防政策很难有效执行,导致海防力量急剧衰退。海防主要依靠的基本作战要素是战船和士兵。战船损坏严重而没能及时修补,导致严重不足,兵力也严重不足。正统时期,海防松懈问题已经十分突出。孙原贞在《备倭》中指出:"缘比先沿海各卫所,原设战船,各有水寨,并守备官军常在船哨备,私擅回营者少。正统二年(1437 年),革散水寨,将船挈回,各卫所守备军官,回城近便,故多有弃船恋家。船只不修,器械不整。闻知巡海之司官来点阅,随即赴船听点,其远者雇人应名,视巡海官去,仍复前弊,只是以船只内有朽烂等项数多。"[①]

朱纨的奏疏称:"……又如战哨等船,铜心寨二十只,见在止有一只。玄钟澳二十只,见在止有四只。浯屿寨四十只,见在止有十三只。见在者俱称损坏未修,其余则称未造。""……又如巡检司在漳州沿海者九龙镇等处共一十三司,弓兵九百五十名,见在止有三百七十六名。在泉州沿海者,荦溪等处共一十七司,弓兵一千五百六十名,见在止有六百七十三名。"[②]

海防官兵战斗力衰退。嘉靖二年的"争贡之役"中,大内氏贡使瑞佐和宋素卿买通市舶太监赖恩,导致细川氏贡使宗设受到不公平对待。宗设带

---

① ［明］陈子龙等:《明经世文编》卷 24。
② ［明］陈子龙等:《明经世文编》卷 205 页。

领使团焚烧境清寺,劫掠市舶仓库,杀死瑞佐,烧毁贡船,追击宋素卿直至绍兴城下。宋素卿窜匿逃脱。宗设一帮回宁波,沿途杀掠西霍山洋和沿海地方,杀死明朝备倭都指挥刘锦、千户张镗、执指挥袁琎、百户刘思等,自宁波东郊育王岭杀奔小山浦,再害百户刘源。浙东震惊。一个日本使团,肆意杀掠后成功逃脱。可见当时海防之松懈,兵将战斗力之衰。夏言针对"争贡之役"奏疏对海防松弛进行了批评:

> 倭寇敢于中华肆行叛逆,各该地方官员先事不能防御,临变不能剿捕,漫无筹策,坐失机宜,以致荼毒生灵,占据城池,劫夺库藏,燔烧官府,戕害将臣,辱国损威,莫此为大……宗设所领倭夷不满百十余人,而宁、绍两郡军民何啻百万! 今乃仍被凶残,肆意攻略,竟无与为敌,尚谓国有其人![1]

根据嘉靖三十三年十月十三日关于倭寇的记录:"自余姚先渡钱塘江的流倭五十三人,经徽州、宁国、芜湖至南京,经溧水、宜兴、无锡北到常熟沿海,即赴柘林(现在上海市南部的沿海附近),转战三千余里,所向无敌。"[2] 可见明朝海防空虚,沿海卫所如同虚设。

(二)国内外市场的旺盛需求

中外市场对于海上贸易的巨大需求。历史形成的印度洋和南海经贸圈,自汉朝就已经开始繁盛。葡人东来,更增加了海外的需求。中国是该贸易圈的核心。外国对中国商品的需求包括丝绸、茶叶、瓷器等,这是其他任何国家都不可替代的。

沿海居民的生计需要,尤其是福建的漳州、泉州更是如此。福建巡抚陈子贞指出:"闽省土窄人稠,五谷稀少,故边海之民皆以船为家,以海为田,以贩番为命。"[3]福建巡抚谭纶指出:"闽人滨海而居者不知其凡几也,大抵非为生于海则不得食……今岂惟外夷,即本处鱼虾之利与广东贩米之商,漳州白糖诸货皆一切尽罢,则有无何所以相通,衣食何所从出,如之何不相率而

---

①　晁中辰:《明代海禁与海外贸易》,人民出版社 2005 年版,第 165 页。
②　[日]松蒲章:《中国的海贼》,谢跃译,商务印书馆 2011 年版,第 59 页。
③　《明神宗实录》卷 262。

勾引为盗也?"①万历二十年(1592年)福建巡抚许孚远上疏请开海禁:"看得东南边海之地,以贩海为生,其来久矣,而闽为甚。闽之福兴泉漳,襟山带海,田不足耕,非市舶无以助衣食,且民恬波涛而轻生死,亦其习使然,而漳为甚。"②

明朝政府的"海禁"政策导致海上贸易难以满足中外市场需求。例如对于日本和葡萄牙,限制或禁止官方贸易,导致日本人和葡人在闽浙沿海大量走私。对日勘合贸易规定10年一贡,船不过3艘,人数不能超过300人,刀剑不能超过3000把。而1523年"宁波争贡事件"发生后,中日朝贡贸易几近断绝。1522年中葡"西草湾"海战后,明朝政府拒绝葡人的贸易请求,甚至将安南、满剌加的官方海上贸易尽行阻绝。日本人和葡人成了推动东南沿海私人海上贸易的两股重要力量。

(三)私人海上贸易的巨额利润诱惑

私人海上贸易具有丰厚的利润。而且海禁越严,海上私人贸易的利润就越大,于是诱发私人海商铤而走险。至于东南海上贸易的具体利润情况,史料没有具体记载。据顾炎武的《天下郡国利病书》卷93记载:"私造大舡越贩日本者,其去也以一倍而博百倍之息,其来也又以一倍而博百倍之息"。③顾炎武的"百倍之息"是一种夸张的表述,并不是一种准确的记录,但许多资料给出一个大概的说法,一般获利大概是本金的十倍。何乔远的《闽书》卷146载:"其悍谲海上行劫,而实我奸民勾引之,奸民所阑出犯禁之物,得利十倍,走之如鹜矣。"俞大猷的《正气堂集》卷16载:"此二色大艘(指东莞之乌艚船,新会之横江船),及各县富户主造,在海营生,每得十倍之利。"王在晋的《海防纂要》卷8载:"趋利附势而不能以法绳之,则法不能与势利争,按法绳下而不以死愒之,则法亦不能与势利争,通番之律甚轻,而其获利也十倍。"明的文学作品对海上贸易的利润也有所描述。凌濛初的《初刻拍案惊奇》中有:"原来这边中国货物,拿到那边,一倍就有三倍价;换了那边货物,带到中国,也是如此,一往一回,却不便有八九倍利息!所以人

---

① 〔明〕谭纶:《谭襄敏奏议》卷2,《条陈善后未尽事宜以备远略以图治安疏》,参见《文渊阁四库全书》第429册,台湾商务印书馆1986年版,第632页。

② 〔明〕许孚远:《疏通海禁疏》,见《明经世文编》卷400,第4333页。

③ 〔清〕顾炎武:《天下郡国利病书》卷93。

都拼死走这条路。"①外国人的游记,也有对海上贸易利润的记录。平托的《远游记》在描述双屿港时说:"日本是两年前发现的,凡是运到那里的货物都可以获得三、四倍的钱。"②虽然是单程十倍还是往返十倍难以明确,甚至这里的"十倍"与顾炎武的"百倍之息"一样是模糊的夸大表述,但总之利润十分丰厚是毋庸置疑的。

另外,地方政府或者在中央政府的默许下,或者是地方官员的私自行为,为了增加财政收入,允许对商舶贸易进行抽分。这种行为助长了海上贸易的兴起,也助推了私人海上贸易。

二、私人海上贸易的盛况

(一)参与主体具有普遍性

沿海居民为生计铤而走险,直接进行私人海上贸易,或者对外国海商进行接济。据《明英宗实录》卷113,广东潮州府民濒海者,纠诱傍郡无赖五十五人私下海,赴爪哇贸易。其中有22人留居当地未归。其余的人回来后准备再次出海时被官府发现。据《明宪宗实录》卷130,成化八年(1472年),福建龙溪县29人下海贸易,结果在海上船被风浪打破。他们浮上岸后被抓捕,其中14人被杀,其余的人瘐死狱中。海商为巨额利润,贿赂官员进行海上走私。《明史》卷180《魏元传》:"元屡迁都给事中,出为福建右参政,巡视海道,严禁越海私贩。巨商以重宝赂,元怒叱出之。"《明宪宗实录》卷272记载:广东番禺的王凯父子"招集各处客商,交结太监韦眷,私出海洋,通番交易"。《明宪宗实录》卷97记载:成化年间,福建海商丘弘敏一伙私自出海贸易,先到满剌加,又到暹罗。他冒充中国使臣,谒见了暹罗国王和王后,并相互赠送许多礼物。他们一伙回国后被明军捕获,丘弘敏等人被处斩。

景泰四年(1453年),明朝派往占城的一个使团集体走私,数量颇为可观。"给事中潘本愚等奉使占城,回还,于船内搜出下番军镇、抚罗福等二百四十二人带回象牙、梳坯、乌木、锡、蜡等物,贡一千九百三十三金,俱应入官。"③成化十七年(1481年),行人司右副张瑾奉命出使占城,"多挟私货,以

---

① [明]凌濛初:《拍案惊奇》,杨洪杰、吴玉华注释,长春出版社2010年版,第6页。
② 廖大珂:《朱纨事件与东南亚海上贸易体系的形成》,《文史哲》2009年第2期。
③ 《明英宗实录》卷231。

图市利"。"又经满刺加,尽货其私物以归"。被告发,回国下狱。

太监利用外派提督身份,指使或包庇他人从事海上贸易。这里说的太监指成弘年间的韦眷。作为广东市舶太监,他操纵对外贸易 20 年。"常遣其党私与海外诸番通番贸易"①。尹守衡的《明史窃》卷 62《陈选传》在记录广东市舶太监韦眷处载:"与海外诸国相贸易,金缯、宝玉、犀象珍玩之积,郿坞不如也。"陈选的《奖贤文》谓:"广东市舶太监韦眷,招集无赖驵侩数百十人,分布群邑,专鱼盐之利,又私与海外诸番相贸易,金缯宝玉,犀象珍玩之积,郿坞不如也。"②

海防官兵利用职务之便进行海上贸易,或参与或纵容海上贸易。民间私人海上贸易也有沿海海防官军的参与。官军私自遣人进行走私贸易,甚至利用卫所管辖的海船走私贸易。洪武四年(1371 年),福建兴化卫指挥李兴、李春私自遣人出海行贾;宣德九年(1434 年)又有漳州卫指挥覃庸等私自到海外贸易,甚至连巡海都指挥张翥、都司都指挥金瑛、署都指挥佥事陶旺及左布政使周光敬等人均接受其走私货物的贿赂;正统五年(1440 年),福建永宁卫指挥佥事高畴利用所督海船出海,致使军士溺亡。③ 在弘治年间,崇明"附近卫所官子弟人多贼党与,假明公差,阴实为盗"。④

(二)番货在国内的广为流通

明朝条例有禁止番货流通的规定,但是番货在民间却广泛使用。比如,对日贸易的海禁是最为严厉的,但是,日本货物在中国依然流通广泛。嘉靖二十三年(1544 年)忽有漳通西洋番舶被风飘至彼岛(日本),回易得利,归告其党,转向传语。于是,漳泉始通倭。异时贩西洋恶少无赖,不事产业,今虽富家子及良民靡不奔走;异时惟漳缘海居民,习奸阑出物,虽往仅什二三得返,犹几幸少利,今虽山居谷汲,闻风争至;农亩之夫,辍耒不耕,赍贷子母钱,往市者,握筹而算,可坐至富也。于是中国有倭银,人摇倭奴之扇,市习倭奴之语,甚豪者佩倭奴之刀。⑤

① [明]尹守衡:《明史窃》卷 62,《陈选传》。
② [明]黄榆:《双槐岁钞》卷 9
③ 《明英宗实录》卷 74。
④ 《明孝宗实录》卷 221。
⑤ [明]洪朝选:《瓶台潭侯平寇碑》,见《芳洲先生文集》,华星出版社 2002 年版,第 262—263 页。

（三）进行海上私人贸易的船只的数量可观

朱纨巡视闽浙时，"革渡船，严保甲"。他在奏疏中记录了福建查抄的涉嫌走私的船只（见表1-6）。当然这一定只是其中一部分。一是势要的船只往往不在其中，因为这是由地方海防官员查处，而他们早已与势要就走私贸易有千丝万缕的联系，对于势要的船只往往不敢查或不愿查。二是海禁执行严格，私人海商被迫驾船出洋，逃至别国，难以找到。三是地方官员的瞒报。走私船只数量太多，无疑说明地方官员懒政，敷衍海禁政策的实施。即便在这种情况下，仅仅福建漳泉沿海短期内被朱纨下令查出的走私船只就有不下180只。

表 1-6　朱纨执行海禁查抄船只统计

地区	违法船只	备注
漳州	吴加盛、林国备、吴国忠、许二柯、孔恩、任居道、韩原明、陈子爱、林良材、庄宗显等大船 10 只；洪君相等 15 只驾船。	
	月港张仕船 1 只；海沧等澳没船：严伯等 9 只；海门等巡检司没官船堪用 9 只；安边馆堪驾 17 只；缺少工具的贝克火船 10 只；堪修船 2 只	
兴化	陈贵宪等大船	数量不详
泉州府	王复洪、尚宝、黄初、黄新五、洪常、陈仲览、洪宗、王端等大船 9 只； 陈荣 1 只； 陆鳌澳没官船：林三仔等 15 只； 陈坑、高浦二巡检司和料罗澳没官船 3 只； 铜山澳没官船：堪驾 10 只 玄铜澳：堪驾 5 只，见修 3 只 浯屿：见驾 15 只，见修 9 只 南日山：见驾 4 只，见修 7 只 小埕：见驾 6 只，绩发 1 只，见堪修 2 只 洪火门水寨：见驾 10 只，未到 3 只，见修 4 只	
合计	180 只	

注：根据《明经世文编》卷 206 朱纨《阅视海防事》整理统计。

三、私人海上贸易的影响

私人海上贸易在一定程度上反映了海商和沿海居民的正当利益需求。私人海上贸易的兴起，直接冲击了明朝海禁朝贡贸易体系。海禁朝贡贸易体系不能满足国内外海商的贸易需求，过度的压制形成倭寇和海盗。当海禁损害了沿海居民的生存时，海商与民众的结合所形成大规模的"倭患"与海禁政策产生对抗。对于嘉靖倭乱产生的原因和过程，徐光启在《海防迂说》中结合中日朝贡贸易和走私贸易进行了透彻的分析：

> ……三年一贡，限其人船，所易货物，岂能供一国之用，于是多有先期入贡。人船逾数者，我又禁止之，则有私通市舶者。私通者商也，官市不开，私市不止，自然之势也。又从而严禁之，则商转而为盗。①

海禁导致私人海上贸易走私兴起，而严厉的海禁导致海商集团的武装反抗。这种旷日持久的海上武装海商集团的反抗，消耗了明朝政府的政治和经济资源。而海商集团的力量向地方势要和地方政府渗透，一定程度上瓦解了"海禁"制度。朱纨海禁的失败证明了"剿海上之倭易，剿海内之倭难"。林希元等地方势力推动朝中官员，共同致朱纨于死地，导致朝野"摇手不谈海禁"。

第五节　两百年海禁政策的反思

一、隆庆之前的两百年海禁

(一)海禁的实质

什么是"海禁"？这个问题明确了才能对相关法律制度进行梳理。狭义的海禁仅仅禁止私人海上贸易。广义的海禁禁止包括私人海上贸易在内的通番的禁令，甚至扩大到禁止沿海居民下海，即"片板不许下海"。在特别严

---

① ［明］陈子龙等：《明经世文编》，卷488。

厉时甚至扩展到禁止销售和使用番货。本书采用广义的海禁定义,即禁止通过海疆对外进行的非法的贸易和交往。从这个层面理解海禁,才能进一步厘清海禁与朝贡贸易之间的关系。两者都是政治与经济相结合的制度,具体来说,就是政治的稳定或者维持一个稳定而安全的符合朝廷利益的朝贡体系,垄断海上贸易的利益,增加财政收入。

(二)明朝实施海禁的原因分析

明朝实施海禁的原因,研究者有不同的认识。有人认为是"海疆不靖"的政治原因,有人认为是自然经济对商业经济的抑制,有人认为是小农思想对海洋文化的排斥。海禁的原因的确是不一而足的,不同时期的主要原因应该进行具体的历史分析。在不同时期,实施海禁的主要原因是不同的,不可一概而论。明初实施海禁,主要出于政治原因,即防御倭寇和张士诚、方国珍余党等政治上的不稳定因素。明朝浙江仁和人张瀚(1510—1593 年)所著的《松窗梦语》卷 3《东倭纪》记载:我明洪武初,倭奴数掠海上,寇山东、直隶、浙东、福建沿海郡邑,以伪吴张士诚据宁、绍、杭、苏、松、通、泰,暨方国珍据温、台等处,皆在海上。张、方既灭,诸贼强豪者悉航海,纠岛倭入寇。[1]郑茂的《靖海纪略》所附《全城志》说:"国初,既降张士诚,灭方国珍,其余烬亡入海者,每诱岛倭入掠……高皇特遣重臣视要地,筑城严防戍。"[2]

从洪武初年(1368 年),尤其是在发生了舟山兰山和秀山岛民暴动事件之后,朱元璋出于政治目的,为防止沿海居民与倭寇及方、张余党的勾结,而实施海禁。洪武四年(1371 年),明太祖明确表示:"朕以海道可通外邦故尝禁其往来。"《明实录》称:"先是,上以海外诸夷多诈,绝其往来,惟琉球、真腊、暹罗许入贡。而缘海之人,往往私下诸番,贸易番货,因诱蛮夷为盗。令礼部严禁绝之,敢有私下诸番互市者,比实之重法。"[3]由此可见,海禁是明初基于政治原因而设立的法律措施。本来该政策是权宜之计,但是随着倭寇的不断侵扰,以及洪武期间对日本外交的失败。尤其是朱元璋将胡惟庸案与日本联系在一起后,海禁政策就越发不可收了。

如果仅仅将明朝海禁归因于政治,则倭寇及海上残余势力的叛乱似乎

①　[明]张瀚:《松窗梦语》卷 3《东倭纪》。
②　郑茂:《靖海纪略》附《全城志》。
③　《明太祖实录》卷 231。

也有问题。在洪武十七年（1384年）及二十一年（1388年），明廷先后派遣周德兴和汤和巡视东南沿海的海防，建起了强大的海防体系，将张、方的势力通过打击和签军的方式基本平息，为什么还不放开海禁呢？这个时候就回到朱元璋的治国理念，或者说他想要缔造怎样的一个理想社会。朱元璋重农抑商的治国理念，成为这一时期最为主要的海禁原因。所以说，海禁也是明朝专制统治的国家治理理念决定的。自然经济是基础，海上贸易是对自然经济的威胁。黄仁宇认为的农民治国，也是其中一个重要因素。至正二十六年（1366年），得天下的大局已定，朱元璋衣锦还乡时告诫邻里"父老幸教子弟力田，毋远贾"。① 专制统治需要重农抑商。而这种重农抑商的国家治理理念，正是基于小农经济而产生的。这里面自然包括经济和文化的因素。而洪武之后，主要是因为倭寇、海寇的侵扰和遵循祖制的原因而沿袭海禁。

二、海禁与嘉靖大倭患

（一）嘉靖倭患

明朝倭患，可以分为前期倭患和后期倭患。前期是真倭。日本南北朝时期，失败的武士在朝鲜和中国的沿海进行劫掠。他们人数较少，而且当时因为中国海防力量较强，基本能够有效遏制。比如，永乐时期的望海埚大捷对倭寇造成很大的打击。而且，明初的对日外交，尤其是在永乐时期取得了一定进展，通过影响日本当局有效地遏制了倭寇对我国沿海的侵扰。后期倭患就是嘉靖大倭乱。关于嘉靖倭乱诸多学者经研究后基本能形成共识：此次所谓的倭乱，其实就是沿海中国私人海商组织的武装反抗海禁的斗争，所谓的"倭寇"主要是中国人，而且多为闽浙沿海居民，尤其是漳泉地区的民众。

嘉靖二年（1523年）发生"宁波争贡之役"和广州"西草湾之役"，明朝政府拒绝了日本和葡萄牙的海上贸易。其后，葡萄牙和日本海商到东南沿海进行走私贸易。于是闽浙地区的双屿、月港等港口迅速发展成为当时的国际海上贸易中心。私人海上贸易是由中外海商集团主导的国际贸易，本身

---

① ［清］张廷玉等：《明史》卷1，《本纪第一·太祖一》。

存在高成本、高利润和高风险。因为海禁，私人海上贸易是违法的，政府不可能为海上贸易纠纷提供解决机制。这样，高成本、高利润、高风险的私人海上贸易出现的商业纠纷就得不到政府的权威裁决。当海上私人海商集团与沿海势要之间因贸易产生"商欠"争端时，势要就会利用海禁来威胁海商，这样海商只能通过私力救济来实现自己的利益诉求。当海商的报复酿成了血案之后，势要及地方官员又以倭乱上报中央，于是朝廷予以武力清剿。而已经迅速发展的国际贸易网络已经凝聚了相当强大的海商力量，他们不愿意放弃自己的利益，于是就出现轰轰烈烈的嘉靖大倭患。所以说，嘉靖倭患其实就是海商集团与政府在海上贸易利益上的对抗。嘉靖时期的大倭患可以体现在三个不同时期的不同力量上，即许栋、李光头集团、王直集团和嘉靖后期的月港洪迪珍等海商集团

1. 第一阶段：嘉靖二十六年（1547 年）到嘉靖三十一年（1552 年）

嘉靖之前，走私贸易规模比较小，其方式大概也就是如同《初刻拍案惊奇》中所描述的那种，若干小民合伙租船、造船进行海外贸易。其特点是人数少、规模小，缺乏武装抗争。嘉靖之前，走私船"各船各认所主，承揽货物，装载而还，各自买卖，未尝为群"。[①] 嘉靖二十六年（1547 年）之前，闽浙沿海的走私是相对平静的。《筹海图编》卷 4 对嘉靖二十七年正月海寇许二引倭入寇有所记录："倭寇之患自福建始乃内地奸民勾引之也。其时为嘉靖二十五年，祸尚隐而未彰，微而未大。"说的就是当时福建的私人海上贸易是"微而未大"。直到许栋、李光头为首的海商集团与日本、葡萄牙等国外海商盘踞的浙江双屿成为东方国际贸易中心近二十年，因海商与地方势要因"商欠"发生劫掠事件，明政府派朱纨清剿。嘉靖二十六年七月，明廷命朱纨为浙江巡抚，兼提督闽、浙两省军务，严行海禁。

在第一阶段，中国海商勾引、接济，佛郎机和日本海商为主的番商先后加入，形成了闽浙沿海的私人贸易中心。比如浙江的双屿岛、福建的月港和浯屿港。在第一阶段，海商武装力量是一种联合力量，外国商人尤其是葡萄牙海商相对处于主导地位。从史料来看，许栋等人不过是中介。因为不能交付货物或货款而害怕葡人的责难，他们需要借助葡人的经济和军事力量而立足。第一阶段倭患的产生是因为商业纠纷导致的有针对性的报复行为

---

① ［明］范表：《海寇议》，《四库全书存目丛书》集部，第 77 册，齐鲁书社 1996 年，第 618 页。

尚没有对沿海区域的市镇村子造成大范围的破坏。

葡人平托在《远游记》中记载,一个葡萄牙商人借给中国人一笔钱,这个中国人还不起而逃跑了。这个葡商因钱不得偿,无计可施,遂率领十几个葡人在夜里潜入数里外的华人村舍,劫掠十余家,不仅"夺其子女财货",而且"杀华人十三人"。地方官上报朝廷,明世宗遂命朱纨派兵进剿。①

在第一阶段,海商集团虽然有亦盗亦商的一面,但既没有进行大范围劫掠沿海的行为,也缺乏与政府进行武力对抗的能力和准备。因此,朱纨得以相对顺利地清剿双屿及月港。嘉靖二十七年(1548年)四月,朱纨命都指挥卢镗、副使魏一恭等进攻双屿,许栋、李光头集团覆灭。嘉靖二十八年(1549年)三月发生走马溪海战,葡人被逐出福建沿海。颇具戏剧性的是,私人海商集团与葡萄牙海商力量在第一阶段没有给朱纨造成太大的麻烦,反而是地方势要连同政要联合起来致朱纨于死地。嘉靖二十八年(1549年)四月朱纨自杀。自此以后,"罢巡视大臣不设,中外摇手不敢言海禁事"。②

2. 第二阶段:嘉靖三十一(1552年)年到嘉靖四十一年(1562年)

朱纨事件对私人海上贸易产生了重大影响。《明史·佛郎机传》记载:"自纨死,海禁复弛。佛郎机遂纵横海上无所忌。"《明史·朱纨传》记载:"浙中卫所四十一,战船四百三十九,尺籍尽耗。纨招福清捕盗船四十余,分布海道,在台州海门卫者十有四,为黄岩外障。副使丁湛尽散遣之,撤备弛禁。未几,海寇大作,毒东南者十余年。"

在第二阶段,以汪直为首的海商集团崛起,掀起声势浩大的"嘉靖大倭患",与朝廷直接展开武装对抗。汪直、徐海、陈东等海商集团对东南沿海进行肆意破坏,也对明政府的统治产生了重大的冲击。嘉靖三十一年到三十六年(1552—1557年)是汪直势力最盛时期。嘉靖"大倭患"自嘉靖三十一年(1552年)开始,史称"壬子之变"。《明史》卷322《日本传》记载:汪直、徐海、陈东、麻叶等起,而海上无宁日矣。嘉靖三十二年(1553年)三月,汪直勾诸倭大举入寇。连舰数百,薮海而至。浙东西,江南、北,滨海数千里,同时告警,破昌国卫。③ 嘉靖三十六年(1557年),右都御史胡宗宪总督浙直福

① 张维华:《明清之际中西关系简史》,参见晁中辰:《明代海禁与海外贸易》,人民出版社2005年版,第178页。

② [清]张廷玉等:《明史》卷325,《佛郎机传》。

③ [清]张廷玉等:《明史》卷322,《日本传》。

建,设计逮捕汪直。

在第二阶段的倭乱中,中国海商具有明显的主导地位。这个阶段的倭患因为有大量的沿海居民加入,规模空前,远超过第一阶段。例如,势力最大的汪直海商集团有着自己的固定根据地、稳定的组织和对海上的实际控制力。汪直在日本萨摩州的松浦津建立贸易根据地,并与日本地方建立稳定的合作关系,自称"徽王","凡三十六岛之夷,皆其指使"。范表的《海寇议后》对汪直纠集内外势力入寇沿海有这样的记录:"蔽海而来,浙东西、江南北、滨海数千里,同时告警。"第二阶段的倭患具有巨大的破坏力,直接威胁到明朝政府的统治,也引发了前所未有的重视,王忬、李天宠、张经、胡宗宪等相关人物先后因此被杀。政府调动客兵和募集地方军力进行围剿。

3. 第三阶段:月港海盗和海商

第三阶段的所谓"倭患"是由漳、泉地区海商主导的私人海商的武力反抗海禁。其中影响最大的是张维、洪迪珍海商集团。张维、洪迪珍都是漳泉本地私人海商,在海禁的压制下他们走上了武力抗争之路。乾隆《海澄县志》对洪迪珍的记载能够反映第三阶段倭患的形成:

> 洪迪珍初止通贩,嘉靖三十四、三十五年载日本富夷泊南澳得利,自是岁率一至,致富巨万,尚未有引倭为寇实迹;或中国人被倭掳掠,辄以物赎之遣还,其人人颇德之。戊午(嘉靖三十七年),复来浯屿,诸恶少群往接济,络绎不绝,官府不能禁,设八桨船追捕,竟无一获。又妄获商船解官,于是迪珍轻官府,官府又拘系其家属,迪珍始无反顾之期,与倭表里为乱。

由此可见,洪迪珍起初仅是普通海商,甚至有一定操守而"人人颇德之",只是在海禁政策和无能无德官员的逼迫下才走上了武装走私之路。张维、洪迪珍等嘉靖后期的海商集团主要是以福建沿海海商和沿海居民为主构成的,为在海上谋生而被逼上梁山。如果说第一、第二阶段倭患主要是以外国海商和徽商等福建以外的海商为主导的话,那么第三阶段的"倭患"则主要是以福建本地海商为主导的海商与海禁进行的斗争。福建巡抚谭纶正是基于对福建本地居民为生计而自发斗争的认识才提出开放月港的"鼠穴论"。就是在这个背景下,先后形成了靖海馆、安边馆和海防馆。当然,第三阶段的海商集团不只张维、洪迪珍集团。傅衣凌的《明清时代商人及商业资本》指出:"福建的海商大贾,通番世寇,如阮其宝、李大用、谢和、王清溪、严山老、许西池、张维,以及二十四将、四十八宿等,差不多都为漳州月港人。"①

(二)嘉靖倭乱中海盗与海禁的关系

邓钟的《筹海重编》提及郑若曾云:贡舶者王法之所许,市舶之所司,乃贸易之公也;海商者王法所不许,市舶之所不经,乃贸易之私也。日本原无商舶,商舶乃西洋原贡,诸夷载货泊广东之私澳,官税而贸易之;既而欲避抽税,省陆运,福人导之改泊海仓、月港;浙人又导之,改泊双屿;每岁夏季而来,望冬而去,可与贡舶相混乎?……自嘉靖三年,岁凶,双屿货壅,而日本贡使适至,海商遂贩货以随售,倩倭以自防,官司禁之勿得,西洋船原回私澳,东洋船遍布海洋,而向之商舶悉变为寇舶矣。②

海禁导致嘉靖倭乱的原因主要有三个方面。第一个原因,东南沿海,尤其是福建漳泉地区的沿海居民以海为生,海禁断了他们的谋生来源。他们被迫从事走私,甚至沦为海盗。朱纨曾在奏疏中提到:"以海为家之徒,安居城郭既无剥之灾,棹出海洋,且有同舟之济,三尺童子,亦视海贼如衣食父母,视军门如世代仇雠。"③谭纶在《谭襄敏公奏疏》的《善后六事疏》中提出"宽海禁":闽人滨海而居,非往来海中,则不得食。自通番禁严,而附近海洋鱼贩一切不通。故民贫而盗愈起。宜稍宽其法。④

明人陈子贞指出:"自一旦禁之,则利源阻塞,生计萧条,情困计穷,势必啸聚。况压冬者不得回,日切故乡之想,佣贩者不得去,徒兴望洋之悲。万一乘风揭竿,扬帆海外,无从追捕,死党一成,勾连入寇,孔子谓:谋动干戈,不在颛臾也。"⑤

都司戴冲霄主张应尽快在福建漳泉开禁通市。"闽中事体与浙、直不同,惟在抚之得宜而已。该寸板不许下海之禁,若行于浙、直,则海滨之民有渔盐之利可以聊生,而海洋即为之肃清。若福建漳、泉等处多山少田,平日仰给全赖广东惠、潮之米,若海禁严急,惠、潮海舶不通,米价即贵矣!民何

---

① 傅衣凌:《明清时代商人及商业资本》,人民出版社 1980 年版,第 107 页。
② 方豪:《中西交通史》(下册),岳麓书社 1987 年版,第 670 页。
③ [明]陈子龙等:《明经世文编》卷 205。
④ [明]陈子龙等:《明经世文编》卷 322。
⑤ 《明神宗实录》卷 262。

以存活？愚闻漳、泉人运货至省城，海行者每斤脚价银不过三分；陆行者价增二十倍，觅利甚难。其地所产鱼盐比浙又贱，盖无从发卖故也。故漳、泉强两狡猾之徒，货贷通番愈通愈炽，不可胜防，不可胜杀。为倭向导者官府及其家属，不敢生还，岁岁入寇。是外寇之来皆由内寇纠引之也。福建之乱何时已乎？福乱不已，浙、直之患何时而靖乎？"①

第二个原因，海禁使私人海商集团的海上贸易通道被切断，同时走私贸易产生的贸易纠纷得不到合适的解决。无论是许栋时期的"倭患"，还是汪直时期的"倭患"，都是因海禁导致贸易争端更为复杂化，激化了矛盾，形成了恶性循环。再者，因为无人接济，海商集团在海上难以为继。通过劫掠得手，则进一步诱发他们以海盗方式获取财富。

第三个原因，朝贡之路的断绝。日本和佛郎机的贸易通道关闭后，明朝为海疆安全，也停止了与其他东南亚国家的朝贡贸易。经济学家的"商品不越过边界，士兵便越过边界"的道理，在嘉靖时期的"倭患"中得到充分体现。明朝的有识之士对此已经有深刻的认识。唐顺之在《唐荆州文集》中认为：

> 祖宗以来，给予日本金印勘合，十年一贡，船不得过三只，人不得过百名。既申远夷慕义之情，远夷亦得交易中国之货以为利。而中国亦以羁縻远夷，使常驯服不为寇贼。……嘉靖二十六年，正使周良等坐船只复贡，议者计方九年之期有违事例，径直阻回，从此贡路不通……先时陕西总制论西夷事，以谓能绝其入贡之路，不能绝其入寇之路。②

海禁使海上贸易的商业纠纷恶性循环。严禁私人海上贸易，导致朝廷无法为其贸易纠纷提供相关制度和权威的解决机制。贸易纠纷直接引发武装冲突，而地方官员以剿灭倭寇邀功，则引发中央政府加强海禁。明人沈德符明确指出了海禁与倭祸的关系：我朝书生辈不知军国大计，动云禁绝通番。不知闽广大家正利官府之禁，为私占之地。如嘉靖间，闽浙遭倭祸，皆起于豪右之潜通岛夷。始不过贸易牟利耳，继而强夺其宝货，靳不与直，故称愤称兵。③

————————

①　[明]郑若曾：《筹海图编》卷4，《福建事宜》。
②　[明]陈子龙等：《明经世文编》卷260。
③　[明]沈德符著：《万历野获编》，侯会选注，北京燕山出版社1998年版，第134页。

海上贸易是无法禁止的。唐枢在《复胡梅林论处汪直》中提出："华夷同体，有无相通，实理势之所必然。中国与夷，各擅土产，故贸易难绝。利之所在，人必趋之。"①唐枢还指出："严禁商道，不通商人，失其生理，于是转而为寇。"因此，他建议开海通市，这样既可消除祸源，朝廷又可征税，公私两便，一举两得。②

海禁导致海商转变为海盗。海禁的"国家驱遣弃地"，为私商聚集提供了场地。海禁导致私人贸易发展，为倭乱和海盗提供了人员力量。没有政府的法律制度的供给，导致海上贸易纠纷的解决机制的缺失，从而引发商欠和纠纷，进而形成势要与海商集团的冲突。而朝廷继续严推"海禁"，最终导致嘉靖"倭患"。

三、"禁海"与"开海"之争

（一）"开海"派主要观点

明朝"海禁—朝贡"体制，很早就引发开明之士的质疑。早在弘治年间（1488—1505年），大学士邱濬依据宋元时期政府的海上贸易开放模式提出了开海建议。邱濬的观点具有一定的高度和代表性。他认为，置市舶司之名，应与宋、元时期旧制事体相称，官府应允许中国商民出海，"当今滨海之处，有欲经贩者，先期赴告舶司，审勘无碍，即许自陈造船若干料，收贩货物若干种，经行某国何时回还。并不许私带禁物，透漏情事。待其回帆，差官封检；抽分之余，方许变卖。如此，则岁计常赋之外，未必不得其助，亦足国用之一端也。"③

邱濬提出开放海禁，允许私人海商出海贸易，同时加强贸易管理制度的制定。他以宋、元时期海上贸易为模板，提出贸易许可、审验、封检、抽分等具体制度措施。邱濬能在弘治年间提出这样的开海建议，难能可贵。后来正德、嘉靖年间的诸多建议很少有出其右者。

嘉靖时期，人们主要是围绕解决"倭患"问题而提出如何开放海禁。王世懋提出开放海禁用以消除倭寇之患。"商货之不通者，海寇之所以不息

---

① ［明］陈子龙等：《明经世文编》卷 270。
② ［明］陈子龙等：《明经世文编》卷 270。
③ 邱濬：《大学衍义补》卷 25。

也;海寇之不息者,宜其数犯沿海及浙东、西,而循至内江也。"因此,他主张沿海普遍设立市舶司,管理中国商民的出海贸易,"有货税货,无货税舡"。①明朝长期的海禁政策是倭寇和海盗产生的根源,开放海禁才能禁止海盗。沿海普遍设立市舶司,也就是沿海开放若干多个对外贸易港。

谭纶认为开放海禁可以分化敌人,目的是通过开禁而有效地执行"海禁"。开禁的目的,就是为了瓦解海盗,将商人那部分从海盗集团中分离出来。谭纶的保守的开海方案,可以称为"鼠穴论"。嘉靖四十三年(1564年),时任福建巡抚谭纶在其《条陈善后谓尽事宜以备远略以图治安疏》中指出:"闽人滨海而居者,不知其凡几也,大抵非为生于海则不得食。海上之国方千里,不知其凡几也,无中国绫绵丝帛之物,则不可以为国。御之逾严,则其值愈厚,而趋之愈众。私通不得,即攘夺随之。弊源如鼠穴,也须留一个,若还都塞了,好处俱穿破。意正如此。"如果"一切禁罢,则有无何所于通,衣食何所从出。如之,何不相率而勾引为盗也?"因此,他请求朝廷允许福建人在近洋与外通商,这样,"既是为贼者半,为商者半;或为商者十之七,为贼者十之三,则彼之分数既减,而我之致力亦易,不尤愈于相率而共为盗乎。"②因为谭纶是明朝穆宗皇帝的重臣,其策略在隆庆时期的月港开放中得以体现。

胡宗宪等在《筹海图编》中对海禁激发大规模的倭乱有更深入的分析。日本贡舶、西洋商舶和本国从事海上贸易的私人海商,三者原本均无为寇之念,只因"争贡之役"后海禁严厉,致使日本贡舶与其他二者进行非法交易,终使三者皆成寇舶;对以海为生的濒海之民而言,"官法愈严,小民杀其身,而通番之念越炽也",此时如果朝廷"律以通番死罪,罪未必及,而乱先激矣"。因此主张"商贩贸易,姑听其便,但一方之责,皆系于汝,一方有倭变,即汝一人之咎也。彼以利为命者,利既不失,而又不峻绳以法,则感恩畏威,必不偾事矣。一面修吾海防,不容倭舶近岸贩货。出海者,关口严加盘诘,勿容夹带烟硝等项违禁之物。载货入港者,官为抽税,以充军需。岂不华彝两利,而海烽晏如也哉!此之谓以不治治之也。现广东市舶司,处西洋人用此法,若许东洋岛人亦至广东互市,恐无不可"。③

---

① 〔明〕王文禄:《策枢》卷 1。
② 〔明〕谭纶:《海寇已宁比例陈情疏》,《谭襄敏公奏议》卷 2。
③ 〔明〕郑若曾:《筹海图编》,卷 12 下《开互市》。

（二）禁海的主要观点

当然对于弛禁开禁主张，朝野一直都有反对的声音。反对开海的理由无外乎华夷有别、开海启衅、有违祖制。

归有光认为："议者又谓宜开互市，弛通番之禁，此尤悖谬之甚者。百年之寇，无端而至，谁实召之？……纷纭之论，乃不察其本，何异扬汤而止沸，某不知其何说也。唯严为守备，雁海龙堆，截然夷夏之防，贼无所生其心也。"[①]归有光提倡禁海的理由是老生常谈的"夷夏之防"，强调传统的"严为守备"。不能不说这是无视当时的东南沿海的实际局势的保守言论。

嘉靖三十五年（1556年）五月，都察院行文粤闽浙三省勘议通番舶以资物货时，正在福建任职的冯璋便明确反对。"今若贪顾目前，一旦开税，华夷无限，山海路通，此往彼来，略无阻禁。番人狡狯，凶悍难测，万一乘机生事，扰乱地方，与祖宗建置军卫、颁示律条、杜患防微之意，甚不相同……今若大开纳税之门，直启交通之路，生人混淆，华夷无别，其害将不可收也。"[②]冯璋反对开海的理由是开海"华夷无限"和有悖祖制。明初设置卫所、制定海禁律例严防海上交通不假，但是嘉隆时期，海防已经松弛，今非昔比。在海禁已经难以有效执行的情况下，还在空谈海禁于事无补。

王忬认为："迩来漳泉等处奸民，倚结势族，私造双桅大船，广带违禁军器，收买奇货，诱博诸夷，日引月滋，倭舟联集，而彭亨、佛郎机诸国相继煽其凶威，入港则佯言贸易，登岸则杀掳男妇，驱逐则公行拒敌，出洋则劫掠商财，而我内地奸豪，俨然自以为得计……非独有损国体，而将来之祸，更有不可言者。"[③]王忬洞察了当时海上走私贸易的诸多弊端和危机，但无视走私贸易兴起的根源，一味强调海禁，结果其本人也成为海禁的牺牲品。

南京兵部尚书张时彻指出："今之寇边者，动以千万计，果能一一而与之市乎？内地之商闻风胆落，果能驱之而使之市乎？既以市招之，而卒不与市，将何词以罢遣之乎？夷以百市，兵以千备，夷以千市，兵以万备，犹恐不足以折其奸谋，我之财力果足以办此乎？"[④]张时彻的见解很深入，如果放开海禁，中外贸易兴起，需要足够的政治和军事力量进行海防和贸易环境的维

---

① ［明］陈子龙等：《明经世文编》卷295。
② ［明］陈子龙等：《明经世文编》，卷280。
③ ［明］陈子龙等：《明经世文编》卷433。
④ ［明］郑若曾：《筹海图编》卷12下，《开互市》。

护。"夷以百市,兵以千备,夷以千市,兵以万备"。开海后确保政治安全对军事力量的需求和养兵的军饷需求是十分庞大的,这是危机四伏的明朝政府难以承受的。想必张时彻的观点对隆庆开禁产生了实际的影响。明朝政府之所以仅仅开放月港,而没有扩展到闽浙的其他港口,显然是因为考虑到维护安全所需的军事和财政问题。

历史地分析"开海"和"禁海",两派观点都有充分的道理。在嘉靖大倭患之前,"禁海"派处于主导地位。这一点,从正德四年(1509 年)到嘉靖九年(1530 年)关于"抽分"问题的讨论可见一斑。在嘉靖大倭患之后,禁海派依然具有重要的影响力,这也是隆庆开禁只是有限范围"开禁"的原因所在。但总体上,隆庆皇帝及其官僚集团已经理性地看到开海势在必行。

第二章　隆庆时期海上贸易法律思想

第一节　官方海上贸易法律思想

隆庆时期海上贸易法律制度的变革受当时的海上贸易法律思想的影响。海上贸易法律思想主要基于对海上贸易的认识和看法,从而产生的对海上贸易法律制度的认识和看法。隆庆时期海上贸易法律思想主要表现为官方海上贸易法律思想和民间海上贸易法律思想。这里需要注意的是海上贸易法律思想与海禁思想的不同。海上贸易法律思想针对的是对海上贸易法律制度的认识,包括对朝贡贸易、商舶贸易的观点和态度。而海禁思想是一种政治理念,是以军事政治安全为目的的,这种海禁思想影响到朝贡贸易和商舶贸易。

一、影响隆庆时期海上贸易法律思想的主要因素

（一）明代之前的海上贸易实践

明代政府海上贸易法律思想自然会受到历代海上贸易政策及其实施效果的影响。明代之前政府的海上贸易实践整体上可以分为三种管理体制:宋之前的地方主导海上贸易体制;宋代海上贸易禁榷体制;元代官本船运营体制。

1. 宋之前的地方主导贸易体制

虽然秦汉时期皇帝已经垂涎南越海上奇珍异宝,并因之对岭南用兵,但

中央对地方的控制有限。从秦汉至唐开元时期,历代朝廷对东南海上贸易一般采用地方主导的贸易管理体制。对此《隋书·食货志》有所论述:"晋元帝寓居江左,岭外酋帅因生口、翡翠、明珠、犀、象之饶,雄于乡曲,朝廷多因而署之以收其利。历宋、齐、梁、陈,皆因而不改。"朝廷对东南海上贸易主要采用两种方式分一杯羹:一是外国或地方进奉;二是朝廷派遣宫市使到东南贸易港口直接进行采购。

尽管唐朝开元二年之前,朝廷派出市舶使进行海上贸易管理,强化了中央对海上贸易的监督和管理,但是仍然以地方主导的格局没有根本改变。对此《进岭南王馆市舶使院图表》可资证明:

> 圣恩以臣谨声教,固物情,严为防禁,以尊其生。由是梯山航海,岁来中国;镇安殊俗,皆禀睿图。伏以承前虽有命使之名,而无责成之实,但拱手监临大略而已,素无簿书,不恒其所。自臣亲承圣旨,革划前弊,御府珍贡,归臣有司,则郡国之外,职臣所理。……今年波斯古逻本国,二舶,顺风而至,亦云诸蕃君长,远慕望风,宝舶荐臻,倍于恒数。臣奉宣皇化,临而存之,除供进备物之外,并任蕃商,列肆而市,交通夷夏,富庶于人。

可见市舶使起初"虽有命使之名,而无责成之实",只是"拱手监临大略而已"。甚至没有稳定的办公场所。即便市舶使强化管理之后,也只是负责确保"供进备物"能解送朝廷而不落入地方。李肇的《唐国史补》对市舶使的主要职权有明确记录:

> 南海舶外国船也,每岁至安南、广州。师子国舶最大,梯而上下数丈,皆积宝货。至则本道奏报,郡邑为之喧阗。有蕃长为主领,市舶使籍其名物,纳舶脚,禁珍异,蕃商有以欺诈入牢狱者。①

由此可以证明市舶使管理制度下,东南海上贸易管理和政策制定及执行还依靠地方。尤其是在安史之乱后,中央集权进一步衰落而地方权力进一步做大,地方主导体制越发突出。

---

① ［唐］李肇:《唐国史补》卷下,上海古籍出版社 1957 年版,第 63 页。

2. 宋朝禁榷体制

宋朝建立初期朝廷就认识到海上贸易利润丰厚,可以"以资国用"。宋朝逐步健全市舶司管理体制,强化中央对海上贸易的控制。其中最为典型的就是实施重要舶货的禁榷制度。宋朝的禁榷管理机构包括市舶司、转运使、地方官员、榷易院,形成了收市、进奉、纲运、榷易一条龙国家垄断经营体制。就市舶司而言,有市舶提举、市舶监官、专库、手分等官吏,相对于唐朝市舶使仅仅配备判官等属役,宋朝的市舶司机构设置和人员配备十分完备。同时,宋朝禁榷形成了复杂的制度体系。在收市、进奉、储存、纲运、出售的基本运作制度的基础上,后来又衍生出海上货物经营的"入中"制度。市舶司在"掌蕃货海舶征榷贸易"之外,又发展出"来远人通远货"的推动海上贸易的职能。在国家垄断经营海上贸易的基础上,又发展出海上贸易激励制度。另外,宋朝禁榷形成了健全的刑罚制度体系。唐朝对于违反"禁珍异"缺乏明确的刑罚制度。虽然也有蕃商因为欺诈入狱,想必是参照律令的裁决。而宋朝禁榷有明确的刑罚种类和具体的量刑标准。刑罚种类包括杖刑、肉刑、流刑。刑罚轻重以明确的涉案金额为标准,"据所犯处时估价纽足陌钱"即定罪断遣,比如"二千以下、百文以上决臂杖二十四","二十千以上决脊杖二十,大刺面押来赴阙"。而且违反禁榷法律规定的,明确规定遇赦不免,按规定的审判程序和期限断遣,不得淹延。①

宋朝的禁榷制度固然实现了政府对有利可图的舶货的专卖权,但是政府实施禁榷制度成本高昂,劳役民力,而最终政府所得实际利润相当有限。更为重要的是,在政策执行过程中,海商受到盘剥,不予配合,往往设法规避抽解,甚至导致海上贸易严重受阻。因此,宋朝不得不减少禁榷舶货的种类和实施范围。

3. 元朝官本船贸易

元朝在海上贸易方面最大的制度特色在于官本船贸易。所谓"官本船贸易",就是政府"具船给本,选人入番贸易诸货,其所获之息,以十分为率,官取其七,所易人得其三"②。这种制度是大蒙古国时期(1206—1271 年)的斡脱商人制度在元朝的演化。该制度是卢世荣在至元二十二年(1285 年)

---

① 《宋会要》职官四四之二。
② [明]宋濂等:《元史》卷 205《奸臣传·卢世荣》。

建议设立的,目的是政府垄断海外贸易利润。与之前宋朝的禁榷制度不同,元朝的"官本船"侧重于垄断海上航运和贸易,禁止私人海商"泛海"。尽管随着卢世荣的倒台,元朝官本船制度一度被取消,但很快在大德二年(1298年)得以恢复。

虽然元朝官本船制度设置的目的是政府垄断海上贸易利润,但是在执行过程中却出现了海上贸易垄断世家。元朝出现了朱清、张瑄、澉浦杨氏、沙不丁、蒲寿庚等具有官方背景的集航运、贸易于一体的航运贸易集团。

4. 明代隆庆之前的海上贸易实践

明初朱元璋曾沿用宋、元市舶司制度,但由于方国珍等残余势力叛乱和与日本关系的紧张,洪武七年罢三地市舶司,实施海禁。朱元璋逐步打造了"海禁—朝贡"贸易体制,将朝贡和贸易进行捆绑,而且对朝贡贸易进行严格的次数和规模的限制。明成祖时期明朝加强了对外交往和贸易。其动机十分复杂,但基本没有脱离朝贡贸易的本质,民间的商舶贸易依然延续明太祖朱元璋的海禁。尽管其后海禁一直有效,但随着财政需要及沿海防控的放松,成弘之际私人海上贸易已经习以为常。正德时期几度变革,海禁时严时松。嘉靖长期实施最为严厉的海禁,但私人海上贸易已经难以遏制,终于爆发旷日持久的"大倭患"。

(二)影响海上贸易法律思想的政治观念

1. 天下观

中华传统帝国的几个重要政治理念对海上贸易法律思想有着重要影响。首先是"中华帝国"的"天下观",即"普天之下莫非王土,率土之滨莫非王臣"。"中华帝国"的王或皇帝是天子,按照上天的旨意管理天下。

皇帝既然是天子就要德化天下,要营造万国来朝的外交氛围以证明其政权的合法性。这种政治理念历朝传承,每一个新王朝成立后都会向四面八方的各国派出使团,督促其前来称臣纳贡。如果仅仅是政治上称臣对海外各国来说不具有吸引力,于是"中华帝国"以军事和经济实力为后盾进行恩威并施。经济上的举措就是"厚往薄来"的朝贡贸易,或者允许双边贸易。

2. 华夷观

中国传统政治思想中的"华夷观"即"内华夏而外夷狄"。历代王朝对外策略是"以夏变夷","远人不服,修德以来之","既来之则安之"。同时,对夷狄进行积极防御,尤其是对非朝贡国家,更是进行严格的边防管理。在不同历史时期"中华帝国"的帝王所主导的"华夷观"不同,导致对外政治、经济交往的政策有所不同。汉唐时期,"中华帝国"的文治武功能够君临四方,采用夷狄捍边,设置大量的羁縻府州,吸纳大量的外族人才进入官僚集团。尤其是在唐朝,皇帝自太宗李世民始被称为"天可汗",既是中国的皇帝,也是广大北方夷狄的可汗。唐朝在外交上提倡"华夷一体"。当然,"中华帝国"在大部分时期的"华夷观"都是趋于保守的。

"中华帝国"的"华夷观"对朝贡贸易和普通的商人贸易都会产生重要影响。一方面,它会影响到是否开放边市和沿海港口以进行与四夷的贸易;另一方面,它会影响到具体贸易的次数、规模、模式和具体的交易制度。

3. "海洋观"

"海洋观"指一个国家传统上是大陆性国家还是海洋性国家,会影响到其政治和经济上的对外态度和开放程度。比如东南亚、印度马拉巴尔沿岸、地中海沿岸、西欧大西洋沿岸的国家往往是海洋性国家,传统上实施积极开放的政治和经济政策。而传统上的大陆性国家,往往采取较为封闭的对外政策。当然,是大陆性国家还是海洋性国家不单单是由地理位置决定的,还受该国家或地区的资源状况、历史文化传统的影响。"中华帝国"虽然有着极其漫长的海岸线,但作为资源丰富的农业大国,自然经济处于主导地位,因此"中华帝国"对待海上往来往往采取消极的态度,是一个传统意义上的大陆性国家。

黑格尔认为,(中国)"他们自己也是以海为界","在他们看来,海只是陆地的中断,陆地的天限;他们和海不发生积极的关系"。[①] 事实上,中国自古以来都是传统意义上的大陆性国家,除明朝郑和下西洋昙花一现的积极海洋政策之外,大部分时间,海洋被视为天然的"长城"。

(三)国家政治组织结构特征

国家政治组织结构决定着政治权力的分配,从而对官方的法律思想产生直接的影响。中国古代国家政治组织结构有两次较大的变革。一是秦朝建立起中央集权的专制政府。先秦时期,王和诸侯之间的分封关系是国家

---

① 黑格尔:《历史哲学》,王造时译,三联书店1956年版,第135页。

政治结构最为显著的特征。各诸侯国有自己的政治、经济和军事力量。王与诸侯之间是典型的宗主与藩臣之间的封贡关系。秦王朝建立了君主专制的统一帝国,诸侯国不再存在,实施执行皇帝治国策略的是郡县。地方政府的官员由中央任免。先秦时期,皇帝和诸侯之间的关系是帝国政治结构的核心。秦朝之后,皇权和相权的关系成为帝国政治结构的核心。

第二次政治结构变革是在唐、宋时期产生的一次重大变革。这就是由日本学者内藤湖南等提出并被学界广泛关注的"唐宋变革论"的重要内容之一。大致来说,国家组织结构整体上最核心的关系是皇权和相权的关系。古代中国在宋朝之前,相权地位较高,号称"君臣共治"。至唐朝,宰相还拥有较大的政治、经济甚至军事权力。宋朝立国后,吸取唐朝藩镇之祸的教训,宋太祖先是"杯酒释兵权",削减了掌握兵权的重臣的权力,随后逐步消减宰相的政治权力。李焘的《续资治通鉴长编》记载了北宋乾德二年(964年)所发生的宋太祖削减宰相地位和权力的举措:

> 宰相范质、王溥、魏仁浦等再表求退……以质为太子太傅,溥为太子太保,仁浦为左仆射,皆罢政事。先是,宰相见天子必命坐,有大政事则面议之,常从容赐茶而退。自余号令除拜,刑赏废置,但入熟状,画可降出即行之。唐及五代,皆不改其制,犹有坐而论道之遗意焉。质等自以前朝旧臣,稍存形迹,且惮上英武,每事辄具劄子进呈,退即批所得圣旨,而同列署字以志之。尝言于上曰:"如此,则尽禀承之方,免妄误之失矣。"上从之。由是,奏御浸多,或至旰昃,赐茶之礼寻废,固弗暇于坐论矣。后遂为定式,盖自质等始也。[①]

这份史料中记录的只是宋太祖对相权削减的形式上的表现。这种形式上的削减表现在两个方面:一方面,先前的"坐而论道"的君臣议政方式改变了,宰相不仅无位可坐,而且也没有了赐茶的待遇。另一方面,先前君臣议政达成共识后,"画可降出即行之"。至宋初,宰相每事要"具劄子进呈",还要"退即批所的圣旨,而同列署字以志之"。由此可见,君权与相权此消彼长。实质上国家政治组织结构在悄然发生变化,君权专制日趋严重,而相权

---

① ［宋］李焘:《续资治通鉴长编》,上海师范大学古籍整理研究所、华东师范大学古籍整理研究所点校,2004 年第 2 版,第 118 页。

则日益衰落。到了明朝,朱元璋干脆利用"胡惟庸事件",直接取消了宰相职位的设置。

二、隆庆时期国家海上贸易法律思想

皇帝是最高立法者和司法者,其海上贸易法律思想直接决定着海上贸易法律制度的制定和存废。而中国历代王朝都有遵循"祖制"的传统,决定"祖制"的开国君主或有巨大成就的先帝的思想和理念往往被其继承者所遵循。明太祖和明成祖是两位有着绝对影响力的皇帝,但在海上贸易方面两者又有着迥异的思想和理念。通观明朝,朱元璋的思想和理念在海上贸易领域具有绝对的主导地位。明太祖时期的海上开放和郑和下西洋是例外,在洪熙和宣德年间就逐步被变更。

明朝朱元璋海上贸易的"海禁—朝贡"体制是前所未有的保守的海上贸易法律思想的体现。这一"祖制"及其体现的思想在明朝历代传承。虽然在不同时期,严格或松弛的程度不同,但有明一代都不曾有根本的改变。隆庆时期,基于国内外特定的历史环境,海上贸易思想有所变化。尤其是在嘉靖时期与葡人的交往和冲突中,官僚阶层的海上贸易思想有所改变。

第二节　隆庆时期民间海上贸易法律思想
——基于"三言两拍"的研究

明朝实施海禁,私人海上贸易在大部分时间和地区都是非法行为。史料关于私人海上贸易的记录不多,士大夫的笔记往往只言片语。宋、元、明时期,以话本和拟话本为代表的通俗文学得以迅速发展,其中很多故事涉及工商业者。本书以"三言两拍"中的商人故事为研究对象,用以论证隆庆时期民间海上贸易法律思想。

在此需要先说明用"三言两拍"工商业者的法律思想论证隆庆时期民间海商贸易法律思想的可行性。首先,"三言两拍"以大量传奇故事生动地讲述了唐宋元明时期的工商业者的故事。工商业群体是海上贸易的利益相关者,他们的观点和态度能够集中体现民间海上贸易法律思想,或者说至少是民间海上贸易法律思想最有影响力的类型之一。民间海上贸易法律思想,

主要是老百姓对海上贸易法律的认识、看法和态度。中国古代利用户籍制、保甲制、巡检制、过所制等一系列禁锢制度对士农工商各色臣民进行严格的居住和出行限制。普通百姓对于海上贸易法律的认知往往受政府的支配，而与海上贸易息息相关的沿海居民和商人群体的观点和看法更能体现民间海上贸易法律思想，因为他们是海上贸易的主体或推动者。"三言两拍"对商人群体的认识和态度，则能够反映出整个社会对于商业和商人的观念和态度。"三言两拍"是编纂者和书商迎合社会民众的文化需求和偏好而成的。其次，"三言两拍"能够体现明朝中后期民间的海上贸易法律思想。"三言两拍"的传奇故事是明朝末期冯梦龙和凌濛初两位文学家和思想家编纂的。在成书的过程中，两人都对流传的宋元话本、拟话本进行了改编，其中甚至有相当数量的传奇故事是由他们直接创作的。两位编纂者的编书动机都是"导愚适俗"，这就决定了"三言两拍"如同《红楼梦》一样具有一定的"写实性"。正如"两拍"的序言所说："因取古今来杂碎事可新听睹、佐谈谐者，演而畅之，得若干卷。其事之真与饰，名之实与赝，各参半。文不足征，意殊有属。"①而"两拍"在"凡例"中也再次论及编纂宗旨为"事类多近人情日用，不甚及鬼怪虚诞"②。这里的"写实性"不是说故事是真实的，而是说其故事情节与社会实际在一定程度上是一致的，是合情合理的。无论"三言两拍"中的故事发生在唐、宋、元哪个时期，经过两位编纂者的加工处理，其故事的思想和情节与明朝中后期的社会实际是相容的，因此，故事中工商业者们的思想能够反映隆庆时期的相关法律思想。最后，"三言两拍"故事能体现隆庆时期的海上贸易法律思想。"三言两拍"描述的是唐、宋、元、明时期的工商业者的经营故事，其中涉及明朝的传奇故事大多是成化、正德、嘉靖和万历时期的。就民间海上贸易习惯来说，南海—印度洋经济贸易圈是以传承为主的，即便葡人东来，改变了印度洋的贸易格局和贸易规则，但对远东贸易习惯的影响有限。不是葡人改变了南海的贸易习惯，而是葡萄牙私人海商融入了南海的贸易习惯。澳门的市政管理是以葡萄牙的私人海商为主的，他们一直排斥来自里斯本或果阿的行政干涉。总之，"三言两拍"的故事，尤其是明朝时期的商人传奇是可以用来说明明朝隆庆时期民间海上贸

---

① ［明］凌濛初：《初刻二刻拍案惊奇·原序》，岳麓书社 1988 年版，第 1 页。
② ［明］凌濛初：《初刻二刻拍案惊奇·凡例》，岳麓书社 1988 年版，第 2 页。

易法律思想的。

一、商人和商业得以正名的文化思潮

"三言两拍"共计编纂了两百多个传奇故事,大量涉及工商业者,其中有
19 个故事是以商人为主人公或者详细描述了商人的生存和经营状态。表
2-1 对这 19 个商人故事的概要和具体出处进行了描述和记录。本书以这
19 个案例为主要研究对象,考察隆庆时期民间海上贸易法律思想。

表 2-1 "三言两拍"中主要描述的商人故事一览表

序号	所在卷标题	描述商人故事概要	出处
1	蒋兴哥重会珍珠衫	明朝成化年间,湖广襄阳府枣阳县人蒋兴哥从小跟父亲走熟广东,做客买卖。而其外公罗家已经三代到广州经商,那边的客店牙行都与罗家相熟,如自己亲眷一般。蒋兴哥在广东贩珍珠、玳瑁、苏木、沉香之类,到苏州发卖。 另一徽州新安商人陈商,走襄阳贩米。	《喻世明言》第一卷
2	新桥市韩五卖春情	宋朝临安丝绸店商人吴山。其家经营模式是在家中收丝,然后发到铺中卖。	《喻世明言》第三卷
3	穷马周遭际卖䭔媪	唐太宗时期长安万寿街赵卖䭔家的寡妇,后来嫁给朝中重臣马周。故事结尾编纂者总结一句"时人不具波斯眼,枉使明珠混俗尘",能够反映出当时海上贸易货物甄别的难度,说明专业舶牙的重要性。	《喻世明言》第五卷
4	杨八老越国奇逢	元代西安商人杨复,祖上在闽、广为商,凑些资本,买办货物,往漳州商贩,图几分利息,以为赡家之资。其经营模式是在漳浦收买番禺货物,然后再回当地销售。该故事描述当时客商在家和在经商地分别娶妻妾,所谓"两头大"习俗。	《喻世明言》第十八卷

续表

序号	所在卷标题	描述商人故事概要	出处
5	两县令竞义婚孤女	五代南唐江州德化县商人贾昌被诬人命官司入狱,被县令石璧平反昭雪。他知恩图报,在县令石璧摊上官司后,收养其女月香。故事描述了当时官卖奴婢由政府判价,并出具"朱批的官票"。而买卖有专门的牙婆负责。	《醒世恒言》第一卷
6	卖油郎独占花魁	南宋临安卖油郎秦重对风尘女子重情重义,终得善果。	《醒世恒言》第三卷
7	钱秀才错占凤凰俦	故事描述了太湖洞庭商人善于货殖,八方四路,去为商为贾。所以江湖上有个口号,叫作"钻天洞庭"。故事反映洞庭商人的一种经营态度和惯例。比如高赞年轻时惯走湖广,贩卖粮食。后来家道殷实了,开起两个解库,托着四个伙计掌管,自己只在家受用。	《醒世恒言》第七卷
8	刘小官雌雄兄弟	河北一开小酒店的刘公急人所困,先后收养了两个义子。两义子帮其经营,对其尽孝,并将小酒店改为收益颇大的布店。	《醒世恒言》第十卷
9	施润泽滩阙遇友	明朝嘉靖年间江苏府吴江县盛泽镇丝绸商人施复,自己加工丝绸到镇上出售。该故事描述了太湖流域在明朝中后期丝绸业的繁荣景象。男女勤谨,络纬机杼之声,通宵彻夜。那市上两岸丝绸牙行,有千百余家,四方商贾来收买,蜂攒蚁集,挨挤不开,路途无伫足之隙;乃出产锦绣之乡,积聚绫罗之地。另外描述了当时外地客商来盛泽镇收购丝绸由牙行主持的具体交易模式。冯梦龙在故事中称颂商人贬低士人。所谓"衣冠君子中,多有见利忘义的,不意愚夫愚妇倒有这等见识"。	《醒世恒言》第十八卷

续表

序号	所在卷标题	描述商人故事概要	出处
10	张廷秀逃生救父	苏州大商人王朝奉经营多种买卖。	《醒世恒言》第二十卷
11	十五贯戏言巧祸	写南宋临安小生意人刘贵和卖丝小商贩崔宁的故事。	《醒世恒言》第三十三卷
12	吕大郎还金完骨肉	江南常州府无锡县的吕玉，往太仓嘉定一带经商，手携棉花布匹，各处贩卖。	《警世通言》第五卷
13	宋小官团员破毡笠	写明朝正德年间，苏州府昆山宋敦与船户刘顺泉的故事，描述了客商的经营模式。宋敦的儿子宋金，发迹后到南京开店做生意，从南京到昆山"下个有名的主家"上货。交易完毕后，"宋金留家童三人于王店主家发布取账"。这种派遣代理人长期驻守贩卖的经营方式，与东南亚、欧洲等地的代理商模式有类似之处，值得关注。	《警世通言》第二十二卷
14	转运汉巧遇洞庭红，波斯胡指破鼍龙壳	写明朝成化年间苏州长洲县小商贩文实到东南亚经商走运发大财的故事。故事描述了当时海外贸易的盈利状况。"原来这边中国货拿到那边，一倍就有三倍价。换了那边货物，带到中国也如此。一往一回，却不便有八九倍利息。"记录了海外交易模式，众人多是做过交易的，各有熟识经纪、歇家、通事人等，各自上岸找寻发货去了。描述了福建口岸歇家牙行的经营模式。故事中的波斯胡经营酒店、丝绸铺等业务的同时，也是舶牙，负责商品的收购和销售。当时波斯人的商业文化对福建已经产生影响，比如就餐座次以货物价值高低排序。大额珍贵货物交易有严格的程序和书面契约。	《初刻拍案惊奇》卷一

续表

序号	所在卷标题	描述商人故事概要	出处
15	乌将军一饭必酬，陈大郎三人重会	苏州王生出生于商贾人家，父母早亡，由姆娘抚养长大。长大后经商，屡遭劫难。姆娘坚定不移地全力支持他重新站起。反映了明朝中后期成熟的商人文化和商业精神，比如"男子汉千里经商，怎说这话！""我的儿，大胆天下去得，小心寸步难行。"	《初刻拍案惊奇》卷八
16	恶船家计赚假尸银，狠仆人误投真命状	明朝成化年间，湖州卖姜的小商贩吕大为苏州秀才王生仗义洗冤。	《初刻拍案惊奇》卷十一
17	李公佐巧解梦中言，谢小娥智擒船上盗	写唐代元和年间，商人之女谢小娥为父、夫复仇擒杀强盗的故事。记录了女仆买卖签订书面契约。谢小娥在埠头一个认得的经纪家里，借着纸墨笔砚，自写了佣工文契，写邻人作了媒人，交与申兰收着。	《初刻拍案惊奇》卷十九
18	程朝奉单遇无头妇，王通判双雪不明冤	写明朝成化年间，徽州府岩子街，卖酒的李方哥的故事，描述了当时小商贩的经营状况。卖酒"度得夫妻两口便是好了"，"若有得一两、二两盈余，便也留着些做个根本，而今只好绷绷拽拽，朝升暮合过去，那得盈余？"	《二刻拍案惊奇》卷二十八
19	叠居奇程客得助，三救厄海神显灵	写明代徽州商人程宰的故事，描述了徽州风俗，以商贾为第一等生业，科第反在次着。徽人因是专重那做商的，所以凡是商人归家，外而宗族朋友，内而妻妾家属，只看你所得归来的利息多少为重轻。得利多的，尽皆爱敬趋奉；得利少的，尽皆轻薄鄙笑，犹如读书求名的中与不中归来的光景一般。	《二刻拍案惊奇》卷三十七

（一）"三言两拍"描述的商人兼具典型性和普遍性

首先，从"三言两拍"所讲述的商人居住地和营业场所来看，其地域分布比较广泛，主要以江南和华南地区为主。具体分布在广东、福建、徽州、新安、临安、太湖洞庭、江苏吴江、常州府无锡、苏州府昆山、苏州长洲县、湖州、福建漳州、吴江盛泽镇、江州德化县、湖广襄阳府枣阳县、临安、西安、河北等。从商人的经营空间来看，除在居住地经营外，其长途经营多半到京城、闽广或以太湖为中心的江南地区。例如《喻世明言》第一卷"蒋兴哥重会珍珠衫"中的商人蒋兴哥家住湖广襄阳府枣阳县，其外公家祖上三代和其父亲都是到广东"做客买卖"，即行商广东。该故事中的另一商人陈商家在徽州新安，却常到苏州和襄阳贩米。这也说明，在明朝已经由"苏杭熟，天下足"转变为"湖广熟，天下足"。太湖流域工商业和经营性农业发达，其粮食需求反而需要从闽广和湖广地区输入。《喻世明言》第十八卷"杨八老越国奇逢"中商人杨复祖籍西安，祖上一直在闽、广为商。其继承祖业，到漳州商贩。①

其次，"三言两拍"描述了江南和华南商业和贸易的繁盛。江南和华南是东南海上贸易的重要腹里，并由此与全国各地的商业要地相联通。《醒世恒言》第十八卷"施润泽滩阙遇友"中讲述了嘉靖年间江苏吴江盛泽镇丝绸业的繁荣：

> 镇上居民稠广，土俗淳朴，俱以蚕桑为业。男女勤谨，络纬机杼之声，通宵彻夜。那市上两岸绸丝牙行，有千百余家，远近村坊织成绸匹，俱到此上市。四方商贾来收买，蜂攒蚁集，挨挤不开，路途无伫足之隙；乃出产锦绣之乡，积聚绫罗之地。江南养蚕所在甚多，惟此镇处最盛。②

《初刻拍案惊奇》卷一"转运汉巧遇洞庭红，波斯胡指破鼍龙壳"则描述了成化年间私人海商到东南亚海上贸易的盈利情况和贸易往来常态化：

> 原来这边中国货物拿到那边，一倍就有三倍价。换了那边货物，带到中国也如此。一往一回，却不便有八九倍利息，所以人都拼死走这条路。众人多是做过交易的，各有熟识经纪、歇家、通事人等，各自上岸找

---

① ［明］冯梦龙：《喻世明言》，许政杨校注，人民文学出版社1999年版，第163页。
② ［明］冯梦龙：《醒世恒言》，顾学颉校注，人民文学出版社1999年版，第211页。

寻发货去了。

文若虚等太湖洞庭商人众人合伙到东南亚贸易都如此轻车熟路，可见沿海闽浙粤的海商更是如潮涌动。

再次，"三言两拍"对商人群体进行了正面赞扬和歌颂。《初刻拍案惊奇》卷十一"恶船家计赚假尸银，狠仆人误投真命状"讲述了湖州卖姜的小商贩吕大为苏州秀才王生仗义洗冤的故事。《醒世恒言》第三卷"卖油郎独占花魁"讲述了临安城卖油郎秦重对风尘女子重情重义终得善果的故事。《醒世恒言》第十卷"刘小官雌雄兄弟"讲述了明代宣德年间在河北开酒店的刘德好心收养穷困无依的两个孤儿，两孤儿为其养老送终并将小饭店发展为大买卖的慈孝故事。①《醒世恒言》第一卷"两县令竞义婚孤女"讲述五代南唐江州德化县的商人贾昌，曾被人诬陷，被判死罪下狱。县令石璧为其昭雪。后来石县令摊上官司家破人亡，贾昌知恩图报，赎回石县令被卖的幼女抚养。《初刻拍案惊奇》卷十九"李公佐巧解梦中言，谢小娥智擒船上盗"讲述了商人之女谢小娥为父、为夫擒杀强盗的复仇故事。通常在中国传统社会政府抑商的大环境中，商人往往被认为是势利、奸诈、没有信仰和道德的群体。"三言两拍"则对商人群体的品质进行了正面评价和赞扬。如在《醒世恒言》第十八卷"施润泽滩阙遇友"中冯梦龙直言："衣冠君子中，多有见利忘义的，不意愚夫愚妇倒有这等见识。"②另外，"三言两拍"描述的商人都是不同行业的私商。无论卖油郎秦重、织布商施润泽、丝绸店商韩五、商人贾昌、布商吕大郎、洞庭小商贩文实、卖酒的李方哥等，都是小本经营，勉强度日而已。即便是累世经商的蒋兴哥、杨八老、高赞等地方富豪，也都是依靠长期经营积累财产，并没有官方背景借助权势而富。因此，"三言两拍"描述的是民间私商，他们的商业思想和观念能够体现或用以论证海上贸易法律思想。

二、商业文化和商人进取精神

（一）商业文化

"三言两拍"描述了商业较为发达地区或者商人群体中商业文化和进取

---

① ［明］冯梦龙：《醒世恒言》，顾学颉校注，人民文学出版社 1999 年版，第 117—127 页。

② ［明］冯梦龙：《醒世恒言》，顾学颉校注，人民文学出版社 1999 年版，第 212 页。

精神。首先,经商被视为正途。《二刻拍案惊奇》卷三十七"叠居奇程客得助,三救厄海神显灵"在介绍徽州风俗时说:"以商贾为第一等生业,科第反在次着。"与这一风俗相对应的是与精英文化不同的商业文化。

> 徽人因是专重那做商的,所以凡是商人归家,外而宗族朋友,内而妻妾家属,只看你所得归来的利息多少为重轻。得利多的,尽皆爱敬趋奉;得利少的,尽皆轻薄鄙笑,犹如读书求名的中与不中归来的光景一般。①

虽然故事在此只是介绍徽州地方风俗,实际上江南和华南地区商业发达的市镇都有这种以营利多少为目的和标准来评价个人的地位和价值的观念。《初刻拍案惊奇》卷一"转运汉巧遇洞庭红,波斯胡指破鼍龙壳"也描述了福建沿海胡人商业文化对华人饮食文化的影响。波斯胡对文若虚一行人餐桌上座次排序的依据是商人货单的价值高低。具体操作如下:

> 原来波斯胡以利为重,只看货单上有奇珍异宝值得上万者,就送在先席。余者看货轻重,挨次坐去,不论年纪,不论尊卑,一向做下的规矩。船上众人,货物贵的贱的,多的少的,你知我知,各自心照,差不多领了酒杯,各自坐了。

波斯商人风俗与徽州等地的商业文化氛围异曲同工。很难说这种以盈利多少为标准衡量个人价值的文化是受波斯人等海洋文化的影响,还是我国商业发达地区自发形成的内在观念。但是,这种文化与当时的官方文化和价值迥然不同。

(二)商业进取精神

"三言两拍"描述了商人在经商过程中不畏艰难险阻的进取精神。这种精神不同于普通商人的人为财死逐利观念,而是一种大无畏的人生境界,是一种值得尊敬的生活态度。《醒世恒言》第七卷"钱秀才错占凤凰俦"中描述太湖洞庭商人在江湖上有"钻天洞庭"的称号。因为他们"善于货殖,八方四路,去为商为贾。"②《初刻拍案惊奇》卷一"转运汉巧遇洞庭红,波斯胡指破鼍龙壳"讲述的就是洞庭商人在东南亚经商故事。而《初刻拍案惊奇》卷八"乌将军一饭必酬谢,陈大郎三人重会"中描述的苏州商人王生的经历生动

---

① [明]凌濛初:《初刻二刻拍案惊奇·原序》,岳麓书社1988年版,第821页。
② [明]冯梦龙编:《醒世恒言》,顾学颉校注,人民文学出版社1999年版,第78页。

体现了商人大无畏的进取精神。苏州商人王生父母早亡,由婶娘抚养。长大后,婶娘提出:"待我凑成千两,你到江湖上做些买卖,也是正经。"①王生欣然前往,却在半路被劫匪打劫。王生十分沮丧,婶娘却劝导:"儿啊,这也是你的命。又不是你不老成花费了,何须如此烦恼?且安心在家两日,再凑些本钱出去。"王生对长途风险有所畏惧说:"以后只在近处做些买卖罢,不担这样干系远处去了。"婶娘教育他:"男子汉千里经商,怎说这话!"②好不容易再凑钱,到扬州做买卖,再次被抢劫。婶娘并无半点埋怨,并鼓励他:"我的儿,大胆天下去得,小心寸步难行。"③该故事通过商人世家"婶娘"这一人物形象塑造了商人千里经商不畏险阻不惧生死的拼搏进取的品质。这也反映了明朝中后期一些商业发达地区的商业文化和精神已经成为坚实的社会文化基础。

三、商人贸易中遵守习惯和契约

"三言两拍"描述了商人在经商过程中尊重习俗、惯例和契约的观念和态度。无论是在本土现场以手易手的交易,还是远在东南亚的异国他乡的海上贸易,商人都按照既定规则进行交易。

《醒世恒言》第十八卷"施润泽滩阙遇友"描述了太湖流域丝绸业发达的盛泽镇的丝绸交易的习惯模式:

> 只见人烟辏集,话语喧阗。施复来到相熟行家来卖。见门口拥着许多卖绸的,屋里坐下三四个客商。主人家站在柜身里,展看绸匹,估喝价钱。施复分开众人,把绸递与主人家。主人家接来,解开包袱,逐匹翻看过,将秤准了一准,喝定价钱,递与一个客人道:"这施一官是忠厚人,不耐烦的,把些好银子与他。"那客人真个只拣细丝称准,付与施复。施复自己也摸出等子来准一准,还觉轻些,又争添一二分,也就罢了。讨张纸包好银子,放在肚兜里,收了等子包袱,向主人家拱一拱手,叫声有劳,转身就走。④

---

① ［明］凌濛初:《初刻二刻拍案惊奇·原序》,岳麓书社 1988 年版,第 76 页。
② ［明］凌濛初:《初刻二刻拍案惊奇·原序》,岳麓书社 1988 年版,第 77 页。
③ ［明］凌濛初:《初刻二刻拍案惊奇·原序》,岳麓书社 1988 年版,第 78 页。
④ ［明］冯梦龙:《醒世恒言》,顾学颉校注,人民文学出版社 1999 年版,第 211 页。

　　这里的"主人家"就是镇上的牙行,可能是在官方登记的官牙,也可能是私人设立未经官方批准的牙行。牙行是买卖双方交易的场所,牙人负责评定丝绸的质量和价格,并负责称重。"三四个客商"是外地到镇上收取丝绸的丝绸商人。买卖双方都可以自由选择自己"相熟行家"或信得过的牙行进行交易。不仅国内这种通过牙行进行交易是一种常见的习惯,海外贸易也是如此。《初刻拍案惊奇》卷一"转运汉巧遇洞庭红,波斯胡指破鼍龙壳"中描述的洞庭商人在东南亚"吉零国"也是通过牙行、歇家和通事实现贸易的,即"各有熟识经纪、歇家、通事人等,各自上岸找寻发货去了"。

　　在"三言两拍"中描述的商人交易中对较大额或特殊的买卖则要签订书面契约。《醒世恒言》第一卷"两县令竞义婚孤女"中县令石璧摊上官司,女儿月香要找牙婆官卖为奴进行赔偿。负责官卖的李牙婆持有"朱批的官票"。这个"朱批官票"上面写明官方"判价"。"养娘十六岁,只判三十两。月香十岁,倒判五十两。"[①]通常奴婢买卖要有书面合同,因为该案是偿还官方损失,可能这个"朱批官票"本身就有合同效力。当商人贾昌将月娘和其养娘买回时,故事中没有提及书面的契约。而《初刻拍案惊奇》卷十九"李公佐巧解梦中言,谢小娥智擒船上盗"中谢小娥将自己卖给强盗申兰时,小娥"在埠头一个认得的经纪家里,借着纸墨笔砚,自写了佣工文契,写邻人作了媒人,交与申兰收着"。[②] 可见当时奴仆买卖是必须有书面契约或手续的。而贵重货物买卖也需要书面契约。《初刻拍案惊奇》卷一"转运汉巧遇洞庭红,波斯胡指破鼍龙壳"中描述洞庭商人文若虚与波斯胡签订售价五万两白银的买卖,不仅书面契约详细写明交易内容,而且需要中人签字,买卖双方当事人画押。

---

　　①　[明]冯梦龙编:《醒世恒言》顾学颉校注,人民文学出版社1999年版,第3页。
　　②　[明]凌濛初:《初刻二刻拍案惊奇·原序》,岳麓书社1988年版,第190页。

第三章　隆庆时期东南海上贸易法律渊源

　　什么是法律渊源？这是一个十分复杂但又必须予以明确界定的基本概念。为什么说法律已经是一个"恼人的问题"①，因为法律概念难以界定。哈特只能对法的核心要素予以界定。法律渊源是在法律概念的基础上的一个相关概念，其复杂程度绝不亚于法律概念本身。法律渊源概念的模糊性早为法学家所熟知。英国分析法学家霍兰德（Thomas Ersking Holland）指出："整个法律来源的主题以及习惯、法官判决和成文法的相互关系，包含着模糊性，这很大程度上归因于渊源术语使用的模糊性。"②凯尔森（Hans Kelsen）甚至认为因法律渊源概念的极端模糊否定其价值。③　这里只能根据论文研究的需要而选择诸多定义中的适当的一个。

　　法律渊源，简称法源，从词源上来说来自罗马法的 fonts juris，意指法的源泉、来源、源头，可见是一个借用水源的画像性而形成的法学概念，属于一种利用生活中具象的存在来比喻概念性的抽象存在的表达方式。④　可能正是采用隐喻手法形成概念的方式导致法律概念的模糊性，因此不同法学流派对该概念有不同的界定。当前的通说认为，法律渊源即法的形式渊源，即被承认具有法的效力、强制力即权威性的法的表现形式。⑤　法律词典将

---

　　①　［英］哈特：《法律的概念》，许家馨、李冠宜译，法律出版社 2006 年版，第 4 页。

　　②　Thomas Ersking Holland：*Jurisprudence*，13th ed，Oxford University Press，1924，p. 55.

　　③　［奥］凯尔森：《法与国家的一般理论》，沈宗灵译，中国大百科全书出版社 1996 年版，第 149 页。

　　④　黄茂荣：《法学方法与现代民法》，中国政法大学出版社 2001 年版，第 1 页。

　　⑤　葛洪义：《法理学》（第四版），中国人民大学出版社 2015 年版，第 255 页。

法律渊源界定为具有法的效力作用和法的外在表现形式。^① 也就是说法律渊源包括法律效力和法律形式。其实,以一定形式存在的法律,自然具备相应的法律效力。

本书的写作目的是对明朝隆庆时期海上贸易法进行研究,无意纠缠于法律渊源或法律的概念分析。法律渊源是一个西方语境的法律概念,正如何勤华老师指出的,由于它对司法实践中适用的法律规范具有正确的概括力和抽象表述的能力,所以我们在研究中需要使用这一基本概念。^② 考虑到中国古代的法律特殊性,按照西方法律概念和理论进行分析,本身就存在难以对号入座的麻烦。

通常将法律渊源这一表述的起源归于西塞罗。西塞罗对于法律渊源的观点对于法律渊源的界定和适用具有一定的借鉴意义。西塞罗在《国家篇·法律篇》中说:"在我们的全部对话中我的意图是,尽我所能,联系我们的谈话将涉及的每一部门法来研究我们的市民法的相应分类;但我的讨论将只限于指明这种划分的每一部门的渊源。"^③对西塞罗的话可以有三点理解:一是法律渊源是在司法层面使用,因为《法律篇》中西塞罗的谈话多涉及对于具体案件的裁判问题;二是法律渊源与法律的分类,具体就是与部分法对应;三是法律渊源作为法律形式,一般"只限于指明这种划分的部门",也就是法律渊源在司法中只是大致确定所在法律部门。

第一节　隆庆时期海上贸易法的刑事法源

一、《大明律》

大明律是明朝主要的刑事法源,其最早来源于《法经》。商鞅引律入法,经秦汉、魏晋南北朝,至唐成熟。"律以正刑定罪,令以设范立制,格以禁违

---

① 中国社会科学院法学研究所《法律词典》编委会:《法律词典》,法律出版社 2003 年版,第 314 页。

② 何勤华:《清代法律渊源考》,《中国社会科学》2001 年第 2 期。

③ [古罗马]西塞罗:《国家篇法律篇》,沈叔平、苏力译,商务印书馆 1999 年版,第 210 页。

止邪,式以轨物程事"①朱元璋将《大明律》确立为"万世不刊之典",并留下祖训"已成之法,一字不可改易"。②"群臣有稍议更改,即坐以变乱祖制之罪"。③《大明律》涉及海上贸易法的主要有以下律条。

《大明律》卷八户律五课程的"舶商匿货"条:"凡泛海客商,舶船到岸,即将物货尽实报官抽分。若停塌沿港土商牙侩之家不报者,杖一百;虽供报而不尽者,罪亦如之。物货并入官。停藏之人同罪。告获者,官给赏银二十两。"④

《大明律》卷八户律五课程的"匿税条"规定:"凡客商匿税,及卖酒醋之家不纳课程者,笞五十。物货酒醋一般入官。于入官物内,以十分为率,三分付告人充赏。务官、攒拦自获者,不赏。入门不吊引,同匿税法。"

《大明律》卷十户律七市廛"私充牙行埠头"条规定:"凡城市乡村,诸色牙行,及船埠头,并选有抵业人户充应。官给印信文簿,附写各商船户,住贯姓名,路引字号,物货数目,每月赴官查照。私充者,杖六十,所得牙钱入官。官牙埠头容隐者,笞五十,革去。"⑤

《大明律》卷十五《兵律·关津》"私出外境及违禁下海"条规定:"凡将马牛、军需、铁货、铜钱、段皮、绌绢、丝绵私出外境货卖,及下海者,杖一百;挑担驮载之人,减一等,物货船车并入官。于内以十分为率,三分付告人充赏。若将人口、军器出境及下海者,绞;因而走泄事情者,斩。其拘该官司及守把之人,通同夹带,或知而故纵者,与犯人同罪;失觉察者,减三等,罪止杖一百,军兵又减一等。"⑥

二、《问刑条例》

尽管明初的刑事法律渊源形式多样,但到洪武末期,明朝的刑事法律渊源逐步向律与例两种主要形式发展。洪武三十五(建文四年,1402 年),朱元璋在《御制大明律序》中明确指示:"其递年一切榜文禁例,尽行革去,今后

---

① 《新唐书》刑法志。
② 杨一凡:《中国珍稀法律典籍续编》第 3 册,黑龙江人民出版社 2002 年版,第 483 页。
③ [清]张廷玉等:《明史》卷 93,《刑法志一》。
④ 怀效锋点校:《大明律》,法律出版社 1999 年版,第 80 页。
⑤ 怀效锋点校:《大明律》,法律出版社 1999 年版,第 84 页。
⑥ 怀效锋点校:《大明律》,法律出版社 1999 年版,第 119—120 页。

法司只依律与大诰议罪。"而随着永乐之后政治相对平稳,大诰作为治乱世的峻刑逐步被搁置。明代制度明确规定:"凡律例外有殊旨、别旨、诏例、谤议,非经议请著令者,不得引比。"①明朝中后期,刑事法律渊源主要就表现为《大明律》和《问刑条例》。明朝律例之间的关系是律主例辅,相辅相成。舒化在《重修问刑条例题稿》中十分贴切地论述了明朝律例之间的关系。"盖立例以辅律,贵以律以定例。律有重而难行,故例常从轻,不无过轻而失之纵;律有轻而易犯,故例常从重,不无过重而失于苛。"②

明朝中后期,随着经济社会的发展,《大明律》已经很难完全适应治国的需要。到弘治时期,朝廷颁行的刑例数量特别巨大。如此繁多的刑例,司法官员难以掌握,而各刑例之间相互冲突,导致"一事三四其例者有之"。③《问刑条例》是《大明律》之外最重要的刑事法律。弘治十三年(1500年)颁布弘治《问刑条例》。该条例是对刑律的补充。正如成化十年(1474年)六月,兵部给事中祝澜上疏请求制定《问刑条例》时说:

> 我祖宗酌古准今,制《大诰》,定律令及《诸司职掌》、《洪武礼制》等书,颁布中外,俾臣民遵守。然民生日繁,庶事百出,制书有未备载者,或朝廷有所施行,臣下有所建请,遂因之以为条例。故事同而援引或异,罪一而议拟各殊,官司得以任情迁就,吏胥得以高下其手。如文武官品同而其父母、妻葬祭殊例,愬(同"诉")冤之人同而给引与递送科异。乞敕在京文武大臣,备查内外新旧条例,务归至当,以类相从,编集奏闻,取旨裁决,定为见行条例,刊板印行,则天下皆可遵守而无惑矣。④

尽管祝澜请求制定《问刑条例》的奏请没有得到批准,但他的奏疏有助于理解《问刑条例》。从这份史料可以得出以下几点结论:第一,条例是在律、诰、令及制书"未备载者",予以补充的新规定。或者是尽管上述法律制度有规定,但是在适用中出现争议,经过臣下的奏请和皇帝的批准后形成的

---

① [明]王圻:《续文献通考》卷168,《刑考》。

② 怀效锋点校:《大明律》,《重修问刑条例题稿》第335页。

③ 戴金:《皇明条法事类纂》卷48,《陈言干碍法司条例须要会议例》,见《中国珍稀法律典籍集成乙编》,科学出版社1994年版。

④ 《明宪宗实录》卷129。

新的解决方案。第二，条例不全是刑例，还有行政例，比如材料中提到的官员家属的葬祭就是行政方面的问题。第三，条例越来越多，在适用中出现诸多弊端，官员或无所适从，或故意借以舞弊徇私。第四，《问刑条例》是将内外新旧条例按照"务归至当，以类相从"标准编集而成，并经皇帝裁决后颁布的。而《问刑条例》作为刑例是专门的刑事法律渊源。在兵部尚书祝澜之后，又经过刑部尚书何乔新、刑部尚书彭韶等大臣的多次呼吁，弘治十三年（1500 年）《问刑条例》终于得以颁行。弘治《问刑条例》在嘉靖二十九年（1550 年）重修。其后，万历十三年（1585 年）第三次修正。

《问刑条例》中关于海上贸易的规定主要是违禁下海条例。万历年间修正的《问刑条例》涉及海禁的有六条。其中三条是嘉靖修正版的《问刑条例》加的。《兵律三·关津》"私出外境及违禁下海条例"中的"违禁下海条例"有大概六条。

三、榜例

榜例作为法律形式始于明初。榜文是由皇帝颁布或者中央各部院及其他衙门、地方长官奉旨颁布的。朱元璋在其当政的 31 年内，颁布了大量的榜文。尽管朱元璋在洪武二十八年（1395 年）润九月颁布的《皇明祖训》中明确指示"以后子孙做皇帝时，止守《律》与《大诰》"，但其继承者也屡屡使用榜例对相关特定问题进行规范。自明初到明末，榜例作为重要的法律形式被累朝沿用，从未中断，其中也有涉及海上贸易的榜例。

永乐时期礼部奉旨颁布相关海禁榜例：洪武三十五年（建文四年，1402 年）十一月初二日，为禁约事，奉圣旨：近有军民人等私自下番贩卖番货，透诱蛮夷为盗，走透事情。恁礼部将洪武年间诸番入贡禁约事理申明，教各处知道。犯了的，照前例罪他。不问官员军民之家，但系番货番香等物，不许存留贩卖。其见有者，限三个月销尽。三个月外，敢有仍前存留贩卖者，处以重罪。

宣德六年（1431 年）夏四月丙辰颁宣德榜例：上闻濒海居民有私下番贸易及出境与夷人交通者，命行在都察院揭榜经纪。①

《明宣宗实录》卷 103 记载，宣德八年（1433 年）秋七月乙未申明前禁榜

---

① 《明宣宗实录》卷 78。

谕:沿海军民有犯者,许诸人首告。得实者,给犯人家赀之半。知而不告及军卫有司纵之弗禁者,一体治罪。①

景泰三年(1452 年)六月,出榜禁约福建沿海居民,毋得与琉球国货物交易。②

弘治五年(1492 年)十月丙辰:"户部会议各处巡抚都御史所陈事宜……乞行广东布政司出给榜文,于怀远驿张挂,使各夷依限来贡。如番舶抵岸,先赴布政司比对勘合字号相同,贡期不违,然后盘验起送。庶沿海人民不得常与外夷交通,以致起衅招寇……议上,俱从之。"③

《明神宗实录》卷 496 记载:"万历四十年六月戊辰,抚臣以盘获通倭船犯并擒海洋剧盗奏言……乞敕法司将前项走倭者,出本者,造舟与操舟者,窝买装运与假冒旗引者,以及邻里不举、牙埠不首、关津港口不盘诘而纵放者,并馈献倭王人等以礼物者,酌分首从辟遣徒杖,著为令。部覆如议以请。上是之,并谕:新定条例与旧例并行,永为遵守。仍着抚按官刊榜晓谕:有违犯的,依例中处,不得纵容。"④

第二节　隆庆时期海上贸易法的行政法源

一、《大明会典》

会典始于唐玄宗时期纂修的《唐六典》,宋、元时期出现会要,明朝在此基础上发展成会典。一般认为会典是行政法典。日本学者织田万认为"所谓会典,即会要典章之意,就行政的准则规定的必须永远遵行的纲领。所以,从朝廷百官的组织,到其处理事务的规程,总括所有无遗。"⑤可见,明朝的会典是关于政府机关的职权职责及行政准则的纲领性文件。

---

① 《明宣宗实录》卷 103。
② 《明英宗实录》卷 217。
③ 《明孝宗实录》卷 68。
④ 《明神宗实录》卷 496。
⑤ [日]织田万:《清国行政法》,第 1 卷上,临时台湾旧惯调查会,大正 3 年印刷,第 7 页,转引自苏亦工:《明清律典与条例》,第 63 页。

明朝第一部会典是弘治时期的《大明会典》。因累朝典制散见于简册卷牍之间，百司难以查阅，于弘治十年（1497 年）编制大典。弘治十五年（1502 年）成书。正德四年（1509 年）重校刊行。万历四年（1576 年）重修，到万历十五年（1587 年）成书，称《重修会典》，共二百二十八卷。《大明会典》以六部管制为纲，分述各行政机构的职掌和事例。在每一官职之下，先记载有关的律令，次载事例，若无适当的律令，则只载事例。所以《大明会典》就其内容、性质与作用来看，仍然属于调整封建国家各机关权力职责的行政法典。①

《大明会典》实际上是一部法律汇编，收录的法律是当时各政府机构正在奉行的律例规章。弘治十年（1497 年）编修《大明会典》的宗旨是"以本朝官职、制度为纲，事物、名数、仪文等级为目，类以颁降群书，附以历年事例，使官领于其属，事职于官，以成一代之制"②。因此它本身是一种特殊形式的法律渊源。《大明会典》搜集的海上贸易法律制度主要为朝贡贸易管理法律制度。

二、则例

梁启超认为从唐至清，我国有两大法典。所谓律者，即刑法也；所谓会典者即行政法也。而明清两代之会典，实并律之所规定悉收于其间。故会典之于律例，实为全部法与一部法之关系。故研究会典之性质，实重要中之重要也。③ 会典其大纲法而则例其细目法也。行政法之以例辅典，犹以例辅律也。④ 则例之对比于典，与条例之对于律，其关系全相同。⑤

则例是由中央政府各部就本部门的行政事务随时作出处置的实例，经由有关人员审议通过，交由皇帝批准生效的单行法规。例如史料记载了三个"旧例"，应该是单行法，但是经皇帝诏令的。

旧例一：《明武宗实录》卷 123 记载，正德十四年（1519 年）四月丙午，礼部复巡抚广东御史高公韶谓：旧例，岭南诸番入贡，其所附货物，官税其半，余偿之直；其不以贡来者，不许贸易，与之交通者罪至死。后以中人镇守，利其入，

---

① 蒲坚：《中国法制史》（第 2 版），光明日报出版社 1999 年版，第 194 页。
② ［清］夏燮：《明通鉴》卷 38。
③ 梁启超：《梁启超论中国法制史》，商务印书馆 2012 年版，第 116 页。
④ 梁启超：《梁启超论中国法制史》，商务印书馆 2012 年版，第 118 页。
⑤ 梁启超：《梁启超论中国法制史》，商务印书馆 2012 年版，第 119 页。

稍弛其禁。

旧例二：成化期间，浙江市舶太监林槐获得提督海道的权力。嘉靖四年（1525 年），提督浙江市舶司太监赖恩，"比例乞换敕谕，兼提督海道，遇警得调官军"。①

旧例三：正德四年（1509 年）三月乙未，市舶太监熊宣向朝廷提出要求兼理西洋诸国商舶抽分，结果为礼部所劾，斥其"妄揽事权"，熊宣被勒令回南京管事。正德五年（1510 年）七月，新任太监毕真援引所谓"熊宣旧例"，再次提出兼理商舶事务：

> 旧例泛海诸船俱市舶司专理，迩者许镇巡及三司官兼管，乞如旧便。礼部议：市舶职司进贡方物，其泛海客商及风泊番船，非敕旨所载，例不当预。奏入，诏如熊宣旧例行。宣，先任市舶太监也，尝以不预满剌加等国番船抽分，奏请兼理，为礼部所劾而罢。刘瑾私真，谬以为例云。②

这次争议的焦点在商舶的贸易税收。市舶太监认为应该由宦官专理，礼部认为贡舶属太监，商舶归地方。刘瑾掌权，武宗批准了毕真的要求。

另如隆庆时期的商税则例。隆庆六年（1572 年），郡守罗青霄"以所部雕耗，一切官府所需倚办，里三老良苦"，首次提出议征商税的建议。万历三年（1575 年），海防同知沈植条海禁便宜十七事，被明政府采纳，"著为令"。虽然十七条的全文没有保存下来，但其主要内容保存在张燮的《东西洋考·饷税考》。

第三节　隆庆时期海上贸易法的民事法源

一、民法

这里的民事法律渊源，包括民事法律渊源和商法渊源。首先看制定法是否有民商法。这个是历来有争议的问题。这里涉及两个问题。问题一，

---

① ［明］王世贞：《弇州史料前集》卷 15，《中官考》。
② 《明武宗实录》卷 65。

中国律典中关于户婚的规定的内容是不是民法。民法学家胡长清认为：
"《大清律例》……户律分列七目,共八十二条,虽散见杂出于刑律之中,然后
所谓户役、田宅、婚姻、钱债者,皆民法也。谓我国自古无形式的民法则可,
谓无实质的民法则厚诬矣。"①问题二,我国古代礼制之中是否有民法问题。
史尚宽认为："吾国法书,本以辅翼礼教,礼教所不能藩篱者,然后以法律正
之……而私法关系,大抵包括于礼制之中。然亦有私法关系为法书规定之
内容者。如所谓户律、婚律、户婚、户役、田宅、婚姻、钱债等篇目是也。此中
法条之规定,且有随时代增详之趋势,可谓皆民法也,不过混杂于刑法之中,
且未见其发达尔。谓我国无形式的、完善的民法则可,若谓无实质的民法,
则厚诬矣。"②胡、史两位法学大家在这两个问题上的观点是一致的：混杂于
刑律中的户婚、田土、钱债等法律是民法。户律中的规定是不是民法,这里
结合《大明律》的户律来谈。

什么是民法？民法指调整平等主体之间的人身关系和财产关系的法律
规范。民法的最大特点是设置私人权利。其责任形式主要是民事责任。宗
旨是恢复原状、赔偿损失。《大明律》户律的主要条目见表 3-1。

表 3-1　《大明律》户律的主要条目

户律	条数	内容
户役	15	脱漏户口；人户以籍为定；私创庵院及私度僧道；立嫡子违法；收留迷失子女；赋役不均；丁夫差遣不平；隐蔽差役；禁革主保里长；逃避差役；点差狱卒；私役部民夫匠；别籍异财；卑幼私擅用财；收养孤老
田宅	11	欺隐田粮；践踏灾伤田量；功臣田土；盗卖田宅；任所置买田宅；典买田宅；盗耕种官民田；荒芜田地；弃毁器物稼穑等；擅食田园瓜果；私借官车船
婚姻	18	男女婚姻；典雇妻女；妻妾失序；逐婚嫁女；居丧嫁娶；父母囚禁嫁娶；同姓为婚；尊卑为婚；娶亲属妻妾；娶部民妇女为妻妾；娶逃走妇女；强占良家妻女；娶乐人为妻妾；僧道娶妻；良贱为婚姻；蒙古色目人婚姻；出妻；嫁娶违律主婚媒人罪

①　胡长清：《中国民法总论》,商务印书馆 1933 年版,第 14—15 页。
②　史尚宽：《民法总则释义》,上海法学编译社 1937 年版,第 41 页。

续表

户律	条数	内容
仓库	24	钞法;钱法;收量违限;多收税粮斛面;隐匿费用税粮课物;揽纳税粮;虚出通关朱钞;附余钱粮私下补数;私借官物;挪移出纳;库秤雇役侵欺;冒支官粮;钱粮互相觉察;仓库不觉被盗;守支钱粮及擅开官封;出纳官物有违;收支留难;起解金银足色;损坏仓库财物;转解官物;拟断赃罚不当;守掌在官财物;隐瞒入官家产
课程	19	盐法;监临势要中盐;阻坏盐法;私茶;私礬(同"矾");匿税;舶商匿货;人户亏兑课程
钱债	3	违禁取利;费用受寄财产;得遗失物
市廛	5	私充牙行埠头;市司评物价;把持行市;私造斛斗秤尺;器用布绢不如法

从《大明律》户律的 95 个条文来看,很难找到现代民法的因素。从规范的社会关系来看,它主要是政府与臣民的垂直关系,要么政府要求臣民如何实施相关行为,要么是禁止臣民实施相关行为。从规范设立的目的来看,它是为了维护相关社会和经济秩序,而不是授权当事人可以实施设置民事关系的权利。从规范的法律责任来看,违反这些户律的规定要承担的是刑事责任,而不是以赔偿为主的民事责任。《大明律》与历代刑律对应的户律或户婚律的规定大同小异,很难看到现代民法的痕迹。尽管其中婚姻和钱债涉及私人之间的关系,如家庭关系和财产关系,但是从规范的目的和内容来看,并不是民法法律关系。正如同哈特在论及原始法时的一个比喻,好比是认为原始人穿着隐形的现代人的服装,认为中国的律典中包含现代意义的民法的观点十分牵强。如同苏亦工所指出的,发掘中国传统民法资源,必须从律典以外着眼。①

总之,《大明律》或其他条例规定户婚、田土、钱债之类的内容为刑法,而真正调整现代民事法律关系的规则为民间习惯法。

---

① 苏亦工:《明清律典与条例》,中国政法大学出版社 2000 年版,第 50 页。

二、习惯法

东南海上贸易自古有之,宋元时期最为繁荣。作为南海贸易经济圈的重要组成部分的东南沿海地区,在长期的海上贸易中形成了相对稳定的贸易习惯,包括私人海上贸易的组织形式(贸易主体)、交易程序和形式等。这里的私人贸易既是中国民间的贸易,也是宋元以来国际贸易的组成部分。因此海上贸易是中国民间贸易与国际惯例结合的产物。这里称之为海上贸易习惯法。

海上贸易习惯法具体可以分为几个部分。一是海上商舶贸易的主体构成,它们的类型和出资方式。二是海上贸易的贸易模式。在嘉靖时期其是由华侨中介到势要中介,由小规模的私人海商,到武装海商集团。尤其是葡人东来后,和日本贸易的开通,导致海上贸易模式更加错综复杂,同时加大了贸易的风险。三是海上贸易的具体内容,包括贸易方式、担保和纠纷解决等。

1. 习惯法

习惯法的概念有多种界定。有人认为习惯法是指国家虽然认可其有法的效力,但未以文字符号形式表现出来的法律。[①] 有人认为习惯法即判例法,是通过法院判决所创制的法律,即"法官造法"。有人认为"习惯法"是在特定意义上使用的,是专门与制定法相对的一个概念。昂格尔将习惯法界定为反复出现的、个人和群体之间相互作用的模式,同时,这些个人和群体或多或少地明确承认这种模式产生了应当得到满足的相互的行为期待。[②]

习惯法是以习惯形式表现出来的法源,但并非所有的习惯都能成为习惯法的内容,一个习惯必须具备两个条件才能转化为习惯法或者作为法律渊源被引用。第一个条件是该习惯长期被遵守,这种遵守不是出于暴力。第二个条件是该习惯是确定的、合理的,不与制定法相矛盾,不违反公序良俗。[③]

---

① 沈宗灵:《法理学》(第四版),北京大学出版社 2014 年版,第 260 页。

② [美]R. M. 昂格尔:《现代社会中的法律》,吴玉章、周汉华译,译林出版社 2001 年版,第 46页。

③ 葛洪义:《法理学》(第四版),中国人民大学出版社 2015 年版,第 257 页。

2. 国际习惯法

法律渊源中,海上贸易是国际贸易,因此,国际条约和国际惯例是两个重要的法律渊源。

国际条约是国际习惯法的主要渊源之一。在朝贡贸易中,中国与其他朝贡国之间的关系是否可以视为国际条约有待进一步明确。当然这种关系从现代国际法的角度来看,的确不是国际法,自然也不是国际法的法律渊源。但是,这是从西方角度的定义,从中国的实际来看,这种关系是跨国关系。调解这种关系的法律规范,应该构成国际法。明朝时期我国与日本的朝贡贸易的相关规则,被日本学者称为"永乐条约"和"宣德条约",其是我国与其他朝贡国的贸易关系的基础,也可以视为"国际条约"。依据明朝皇帝颁布的诏令,按照中国古代的传统,朝贡国是中国的外臣。但是,明朝不同于汉唐。在汉唐,都护府或羁縻府州制度对朝贡国能进行有效的管理。而从明朝的华夷关系来看,朝贡关系仅仅停留在名分上,实质上就是一个国际关系。这种关系不是垂直的隶属关系,而是通过特殊的协商方式建立的关系。它不是以征服为基础的,而是由明朝使臣"招徕"的。从明朝与渤泥等国的关系可以看出,明朝的朝贡国使团是中国使臣请来的,中间自然有协商和谈判的过程,贡期、贡道、贡品都是可以谈的。从后来番国若对买价不满还可以讨价还价来看,的确存在协商机制,甚至可以说是实质上平等的协商。

另外,就是国际习惯法。这种国际习惯法,当时在印度洋沿海和太平洋沿岸是国际社会普遍存在的贸易规则。我们平时只说朝贡贸易主导对外贸易,实质上,走私贸易是更主要的方式。毕竟朝贡贸易是有诸多限制的。要知道,私人海上贸易在明朝之前并不是走私贸易,是官方允许的。唐朝不允许,但是宋朝允许,而元朝大部分时间是完全开放的。在明朝以外的国际社会,普遍是开放的。即便葡人东来,它也需要一个开放的国际贸易体系,只是将其改造为葡人能在一定程度上施加影响的国际贸易。葡人没有能力完全控制或垄断国际贸易,即便是在印度洋的马拉巴尔海岸,它也只能垄断特殊的某一类或几类商品,比如黄金、象牙、香料等。

第四节　隆庆时期海上贸易法律冲突

隆庆时期的海上贸易法律可以分为海禁法律制度、朝贡贸易法律制度、商舶贸易法律制度、私人海上贸易习惯法四类法律制度。但是这些法律制度之间存在几个层面的冲突。一是制定法与习惯法的冲突。海禁制度和朝贡贸易制度是制定法，与私人海上贸易法律制度是水火不容的。"海禁"和朝贡贸易是以禁止或严格限制私人海上贸易为目的的。这是专制统治的贸易垄断与海商的贸易自由的冲突。二是制定法内部的冲突。明朝以律、诰、条例、榜例等不同法律形式对海上贸易进行规范。从《大明律》的"商舶匿货"条来看，它是允许私人海上贸易的，这与条例和榜例规定的严苛的海禁制度是冲突的。再如，隆庆时期漳泉地区的"月港"体制，是利用行政例来突破"海禁"这一基本制度的。三是制定法与条约的冲突。制定法规定了严格的海禁和朝贡贸易法，从这些制度来看，葡萄牙是明朝的非朝贡国，与之任何形式的海上贸易都是非法的。但是，在隆庆后期，葡萄牙取得了澳门的居留权，并形成了公开贸易的"广中事例"。这一贸易体制是以双方的条约为基础的。而这个条约是由广东地方官员与葡萄牙的舰长索萨签订的，甚至这个条约只是口头的。至少在隆庆之前，该条约没有得到朝廷的公开确认。如何合理解释隆庆时期的这些法律渊源的相互冲突，是研究隆庆时期的海上贸易法必须面对的问题。在上述提到的法律冲突中，第一种和第三种法律冲突涉及明朝对内和对外政治的复杂问题。本书在此主要分析明朝朝廷自己制定的法律之间的冲突。

一、隆庆开禁与律例的冲突

《大明律》与《问刑条例》，对海禁都有明确规定。而弘治新例、正德抽分、嘉靖时期的"广中事例"和"隆庆开禁"都不同程度地认可商舶贸易，都是与海禁法和朝贡贸易法相互冲突的。在没有废除，或者根本不敢废除先皇尤其是洪武和永乐两个时期的相关海禁法的情况下，中后期的"新政"或实际的开禁或抽分，都是违反明朝的《大明律》或《问刑条例》。从形式上来看，它们都具有法律效力，都是依据一定的法律程序制定的。这些法律是明朝法律体系的组成部分,都是关于对外贸易的法律规范。但是,实际上它们是相互冲突,甚至是对立的。这里该如何看待或合理解释这种法律冲突呢?

事实上,明朝法律在贸易法领域的这种冲突是明朝法律普遍存在的现象。就拿刑事法律渊源来说,明初的刑事法源非常庞杂紊乱,除了被视为"国之常经"的律典以外,诰、榜文、例、令等在一定意义上都发挥着法源的作用。其中最典型的是大诰。合计四编的大诰主要由案例、峻令和明太祖的"训诫"组成,所体现的基本精神是"律外用刑"和"重点治吏"。因此,对于明朝海上贸易领域的法律冲突就可以转变为如何理解明朝"常经之法"与"权宜之法"的冲突问题。

二、法律冲突原因分析

(一)法律思想

1. 朱元璋治国信奉朱熹的思想

朱熹的思想对朱元璋的法律思想有着重要的影响。朱熹反对"以宽为本,而以严济之"的政策,主张"以严为本,而以宽济之"。如果需要,可以用重刑,而不必"守先王之正道"。尤其是对于"以下犯上,以卑犯尊""地客杀地主"和侵夺地主豪户财产的行为,主张坚决镇压,绝不姑息。他劝谏皇帝要"深于用法""果于杀人""惩其一以戒百,使之无犯"。

2. 法律的工具性价值

无论是儒家的"无讼",还是法家的"刑期无刑",都是以法律为必要的治理工具,最高境界是藏而不用。"法律是辅助治民工具",中国古代法律有着深远的虚无主义渊源。朱元璋提出的法律思想为"明刑弼教",法律的工具性价值愈加突出。朱元璋的法律思想奠定了明朝法律思想的基调。

(二)"常经之法"与"权宜之法"结合的立法原则

若全面分析有关明初法制的资料,不难看出,主张轻刑的明太祖与强调"刑用重典"的明太祖,实际上并不矛盾,它正是朱元璋明初法制建设中采取"常经"之法与"权宜"措置并用的双轨法制方略的真实反映。[①] 朱元璋对皇

---

① 杨一凡:《明大诰研究》,社会科学文献出版社 2009 年版,第 434 页。

孙朱允炆说"吾治乱世,刑不得不重。汝治平世,刑当自轻,所谓刑罚世轻世重也。"①

实践中,明代"常法"与"权宜之法"是并存的。朱元璋说:"法令者,防民之具,辅治之术耳,有经有权。律者,常经也;条例者,一时之权宜也。"②《明史·刑法志》云:"盖太祖用重典以惩一时,而酌中制以垂后世,故猛烈之治,宽仁之诏,相辅而行,未尝偏废也。"③

《明太祖实录》记载了户部与嘉兴府通判庞安围绕"贩卖私盐"是依律还是依例予以判决的争论:

> 洪武二十四年九月乙巳,嘉兴府通判庞安获私鬻盐徒送京师,而以盐赏其获者。户部以其为例罚赏,盐入官,且责取罪状。安上言:律者万世之常法,例者一时之意旨,岂可以一时之例,坏万世之法……今之律即古所谓法,国家布大信于天下者也。例者,即古所谓敕,出于一时之命也。今欲以例而行,则于律内非应捕人给赏之言自相违背,是大失信于天下也。上然其言,诏论如律。④

这说明,朱元璋自己也是不确定的。因其言,才"诏论如律"。更不要说执行法律的官员了。例是辅律而行,但是如果针对特定的事例,按照什么样的原则呢?实质上就是有利于王朝统治的原则。

三、海上贸易法冲突的解释

海禁是禁止私人贸易,只允许官方的朝贡贸易,实质上是官方可控制的贸易。而开禁是官方控制下的私人贸易。其实二者并不冲突。从海禁的法律规定来看,禁私人出海贸易、禁违禁物品、禁制造大船、禁下海捕鱼,并没有说是禁止贸易。如同禁止外国私人来华贸易,但是商舶依然可以附带私人贸易。

明朝不是禁止贸易,而是怕失控的贸易,本质上就是防止引发政治上的

---

① ［清］张廷玉等:《明史》卷94,《刑法二》。
② 《明太祖宝训》卷3,明万历三十年秣陵陵周氏大有堂刊《新镌官校皇明宝训》本,转摘自杨一凡:《明大诰研究》,社会科学文献出版社2009年版,第435页。
③ ［清］张廷玉等:《明史》卷94,《刑法二》。
④ 《明太祖实录》卷212。

不稳定因素,和经济利益的流失。官方主导下的月港贸易,其实与朝贡贸易没有本质的不同,都是为了维护明朝的政治利益,使政权稳定,并获得经济利益。

　　实际上这就是对于法律条文的目的的解释问题。官方一方面禁止私人到海外贸易,另一方面,又在月港允许私人出海贸易。这的确是在一定程度上对于"海禁"的变通,尤其是在朝贡贸易衰落的情况下的被动的变通。但其本质没变,还是为了维护皇朝的政治稳定和财政收入。而且,相对于朝贡贸易,这也是一种进步。虽然这样一来,从现代法律体系的协调性来看,存在法律冲突,也就是"海禁"法律与隆庆的开海法律有冲突。但这种冲突可以从朱元璋时期的立法原则中得到合理解释。"于通之之中,寓禁之之法。"目的是维护朝贡贸易和制止私人贸易,以维护政治稳定和经济利益。月港开洋,只是海禁政策的局部调整。月港开禁的目的:一是维护海禁;二是确保政治安全;三是增加财政收入,通过税收以解决财政和军饷危机。

第四章　隆庆时期的海禁法律制度

在理解明朝的"海禁"政策时，我们不妨将"中华帝国"北方的长城与东南沿海的海域进行对比分析。中国历史上的中原王朝，都想在北部边疆建设一道防护墙，用于隔离汉民族与北方游牧民族。美国著名的研究中国北方边疆历史的学者拉铁摩尔关于长城提出了自己独到的见解。长城本身是历代相传的一个伟大政治努力的表现，它要保持一个界线，以求明确地分隔可以包括在中国"天下"以内的土地与蛮夷之邦。拉铁摩尔认为：

> 简言之，这儿所讨论的帝国边界，不只是划分地理区域及人类社会的界限，它也代表了一个社会发展的最大限度。换句话说，一个被认为是防御性的、用以隔绝少数民族的帝国界线，实际上有两种作用：它不但防止外面的人进来，也阻止里面的人出去。[①]

海禁就是在东南沿海的制度层面的"长城"与东南海域的地理上的"长城"的一种结合。也有着拉铁摩尔所说的"长城"的意义。一方面，它阻止海上外夷进入；另一方面，它防止中国人"出洋"。中国的东南海疆，实际上就是一道天然的长城，事实上它也在很长时间内，在统治者心目中发挥着北方长城实际上没有发挥的作用，防止海外敌对力量的入侵和帝国内部居民的外流。虽然通过大海的对外交流一直存在着，而且自古以来海贼就不断在沿海出没，但是从来没有造成北方边疆那样直接的威胁。《明经世文编》所收录的唐枢的《复胡梅林论处汪直》记载：

> 念华夷同体，有无相通，实理势之所必然。中国与夷各擅土产，故

---

① ［美］拉铁摩尔：《中国的亚洲内陆边疆》，唐晓峰译，江苏人民出版社 2005 年版，第 164 页。

贸易难绝,利之所在,人必趋之。本朝立法,许其贡而禁其为市。夫贡
必持货与市兼行,盖非所以绝之。律款通番之禁、下海之禁,止为自治
吾民,恐其远出以生衅端。至其公同验实,则延礼有银,顿贮有库,交贸
有时。督主有提举,有市舶,历历可考。又例观广、福通商行税,在王者
有同仁之政,在吾人无独弃之情。

从唐枢的这份材料可见,相对于北部边疆,东南沿海对中国的意义表现
在三个方面:一是华夷互通有无,进行贸易。这种贸易不同于北方更为典型
的"厚往薄来"的朝贡贸易。二是东南海禁的"自治吾民"与北方长城相比,
更侧重于防止国民出洋,即"恐其远出以生衅端"。实质上是防止人口外流,
影响帝国的统治基础,要知道农业社会是以民为本的。三是中国可以通过
东南沿海海上贸易增加税收。可见相较北方,东南沿海的危机在可控之中,
而获益又远远大于北部边疆。

第一节　隆庆之前的"海禁"法律制度

一、隆庆之前海禁法的制定

隆庆"开禁"只是在特定范围内对私人海上贸易的开放。隆庆之前历代
的海禁制度依然有效。因此,对隆庆之前的海禁法的制定、实施进行梳理是
十分必要的,以明晰海上贸易制度的变化。隆庆时期依然有效的海禁制度
主要有《大明律》《问刑条例》《大明会典》及相关的榜例等(见表 4-1)。

表 4-1　隆庆时期的海禁法一览

序号	颁布时间	法律内容	备注
1	洪武四年(1371年)十月	禁濒海民私通海外诸国。	
2	洪武四年(1371)十二月	仍禁濒海民不得私出海,是(方)国珍余党多入海剽掠故也。	《明太祖实录》卷70

续表

序号	颁布时间	法律内容	备注
3	洪武十四年（1381）十月	禁濒海民私通海外诸国。	《明太祖实录》卷 139
4	洪武十七年（1384 年）正月壬戌	禁民人入海捕鱼，以防倭故也。	《明太祖实录》卷 159
5	洪武二十三年（1390 年）十月乙酉	今两广、浙江、福建愚民无知，往往交通外番，私易货物，故严禁之。沿海军民官司纵令私相交易，悉治以罪。	《明太祖实录》卷 250
6	洪武二十七年（1394 年）正月甲寅	朱元璋发布诏令：禁民间用番香番货。……凡番香番货，皆不许贩鬻，其见有者，限以三月销尽。民间祷祀，止用松柏枫桃诸香，违者罪之。	《明太祖实录》卷 231
7	洪武三十年（1397 年）四月乙酉	申禁人民不得擅出海与外国互市。	《明太祖实录》卷 252
8	洪武三十年（1397 年）五月	"私出外禁及违禁下海"条。	《大明律》卷 15 "兵律三关津"
9	洪武三十年（1397 年）十月	诏"申禁出海互市"。	
10	洪武三十一年（1398 年）四月	今后不问军民，但私自下海的人，问他往何外国买卖，通诱消息，若拿有实迹可验的，就全家解来，赏原拿人大银两个，钞一百锭。若把守官军不肯用心巡拿，与犯人同罪。有能告首者，一体给赏。①	《广东通志》

---

① ［明］郭棐:《广东通志》卷 6,《藩省志·事纪五》。

续表

序号	颁布时间	法律内容	备注
11	建文三年（1401年）十一月	建文帝诏："不问官员军民之家，但贡番货番香等物，不许存留贩卖。其现有者，限三个月销尽。三个月外仍前存留贩卖者，处以重罪。"	《广州通志·前事略》
12	建文四年（1402）五月（建文四年）七月	缘海军民人等，近年以来，往往私自下番，交通外国，今后不许。所司一遵洪武事例禁治。	《明太宗实录》卷10上
13	永乐元年（1403年）	缘海军民人等，今年以来往往私自下番交通外国，今后不许。所司一遵洪武事例禁治。	《明太宗实录》卷10上
14	永乐二年（1404年）	禁民下海……郡县以闻，遂下令禁制民间海船，原有海船者悉改为平头船，所在有司防其出入。	《明太宗实录》卷27
15	永乐五年（1407年）六月癸未	不许军民人等私通外境，私自下海，贩鬻番货，违者依律治罪。	《明太祖实录》卷68
16	宣德六年（1431年）四月	上闻濒海居民有私下番贸易及出境与夷人交通者，命行在都察院揭榜禁戢。	《明宣宗实录》卷78
17	宣德八年（1433年）七月己未	命行在都察院严私通番国之禁……尔宜申明前禁，榜谕缘海军民，有犯者许诸人首告，得实者给犯人家资之半。知而不告，及军卫有私自弗禁者，一体治罪。	《明宣宗实录》卷130
18	宣德八年（1433年）八月丁未	敕漳州卫指挥同知石宣等，严通番之禁。	《明宣宗实录》卷104

续表

序号	颁布时间	法律内容	备注
19	宣德十年（1435年）七月己丑	严私下海捕鱼禁……宜下浙江三司谕沿海卫所严为禁约，敢有私捕及故容者悉治其罪，从之。	《明英宗实录》卷7
20	正统十四年（1449年）六月	……旧例，濒海居民私通外夷，贸易番货，漏泄军情，及引海贼劫掠边地者，正犯极刑，家人戍边，知情故纵者罪同。比年民往往嗜利忘禁。上（英宗）命刑部申明禁之。	《明英宗实录》卷179。
21	景泰三年（1452年）六月	命刑部出榜禁约福建沿海居民，勿得收贩中国货物，制造军器，驾船交通琉球国，招引为寇。	《明英宗实录》卷217
22	景泰年间	外夷经过处所，务要严加体察，不许官员军民铺店之家与交易货物，夹带回还，及通同卫所，多索车杠人夫，违者全家发海南卫充军。①	《典故纪闻》
23	成化十二年（1476年）二月己亥	宜令云南、两广镇守总兵、巡抚诸臣严守备，缮城池，巡军马，申通番之禁。	《明宪宗实录》卷150
24	弘治六年（1493年）十一月乙卯	南京的一个官员奏称："……今后商货下海者，请即以私通外国之罪罪之。经都察院复奏，从之。"	《明孝宗实录》卷82。

---

①　［明］余继登：《典故纪闻》，顾思点校，中华书局1981年版，第225页。

续表

序号	颁布时间	法律内容	备注
25	正德九年（1514年）六月丁酉	广东布政司参议陈伯献奏：近许官府抽分，公为贸易。遂使民数千驾造巨舶，私置兵器，纵横海上，勾引诸夷为地方害。宜亟杜绝事。下礼部议，令抚按等官禁约番船，非贡期而至者，即阻回，不得抽分，以启事端。奸民仍前勾引者治之。报可。	《明武宗实录》卷113
26	正德年间	凡沿海去处获下海船只除有票号文引，许令出洋外……前往蕃国买卖，潜通海诚，同谋结聚，及为向导，劫掠良民者，正犯比照谋叛已行律处决，仍枭首示众，全家发边卫充军。 凡守把海防武职官员，……许令货船私入，串通交易，遗患地方，及引惹蕃贼，海寇出没，害我臣民，除真犯死罪外，其余俱问受财枉法罪名，发边卫永远充军。①	《大明会典》
27	嘉靖三年（1524年）四月	刑部复御史王以旂议：……今宜严定律例：凡番夷贡船，官未报视，而先迎贩私货者，如私贩苏木、胡椒千斤以上例；交结番夷，互市称贷，给财构衅，及教诱为乱者，如川、广、云、贵、陕；私代番夷收买禁物者，如会同馆内外军民例；揽造违式海船，私鬻番夷者，如私将应革军器处境因而事泄例。各论罪。	《明世宗实录》卷38

---

① ［明］李东阳等撰，申时行等重修：《大明会典》卷167，《刑部·私出外境及违禁下海》。

序号	颁布时间	法律内容	备注
28	嘉靖四年（1525年）八月	下兵部议：行浙、福二省巡按官，查海船但双桅者，即捕之。所载即非番物，以番物论，俱发戍边卫。官吏军民知而故纵者，俱调发烟瘴。	《明世宗实录》卷54
29	嘉靖四年（1525年）	将沿海军民私造双桅大船尽行拆卸，如有仍前撑驾者即便擒拿，检有松杉板木枝圆藤靛等物，计其贯数，并硫黄五十斤以上，俱比照收买贩卖苏木、胡椒至一千斤以上，不分首从，并将接买牙行及寄顿之人，俱问发边卫充军，船货入官。其把守之人，并该管里老官旗，通同故纵，及知情不举者，亦比照军民人等私出境钓豹、捕鹿等项，故纵隐蔽例，俱发烟瘴地面，民人里老为民，军丁充军，官旗军吏带俸食粮差操。仍给榜文，通行浙、福二省海道地方，常川张挂，晓喻禁约。	《大明会典》
30	嘉靖八年（1529年）十二月	禁沿海居民毋得私充牙行，居积番货，以为窝主。势豪违禁大船，悉报官拆毁，以杜后患。违者一体重治。	《明世宗实录》卷108
31	嘉靖十二年（1533年）九月	一切违禁大船，尽数毁之。自后沿海军民，私与贼市，其邻舍不举者连坐。	《明世宗实录》卷154

序号	颁布时间	法律内容	备注
32	嘉靖二十九年（1550年）	各该省沿海省份，凡系守把海防武职官员，有犯听受通番土俗哪哒报水分利金银，至一百两以上，名为买港，许令船货入港，串同交易，贻患地方，及引惹番贼海寇出没，戕杀居民，除真犯死罪外，其余俱问受财枉法满贯罪名，比照川广云贵陕西等处汉人交给夷人，问发边卫永远充军。子孙不许承袭。 凡夷人贡船到岸，未曾报官盘验，先行接买番货，及为夷人收买违禁货物者，俱发边卫充军。若打造违式海船，卖与夷人图利者，比依私将应禁军器下海因而走泄事情处斩，仍枭首示众。 官民人等擅造二桅以上违式大船，将带违禁货物下海，前往番国买卖，潜通海贼同谋结聚，及为向导，劫掠良民者，正犯处以极刑，全家发边卫充军。若止将大船雇与下海之人，分取番货，及虽不曾造有大船，但纠通下海之人，接买番货者，俱问发边卫充军。其探海听下海之人，番货到来，私下收买贩卖，若苏木、胡椒至一千斤以上者，亦问发边卫充军，番货入官。	《嘉靖重修问刑条例》①
33	嘉靖三十三年（1554年）	有将双桅大船下海，及沿海居民遇夷船乘风漂泊私送水米者，俱坐通番重罪。	《大明会典》

资料来源：收集整理《大明律》《问刑条例》《大明会典》及相关史料而成。

---

① 怀效锋点校：《大明律》，法律出版社1999年版，第399页。

二、海禁法律制度的特征

从史料来看,隆庆之前两百多年,明朝皇帝以律、条例、榜文等形式先后颁布 33 份海禁律例(具体见表 4-1)。这些海禁法律制度具有三个特征。第一,虽然不同时期海禁的严厉程度不同,往往时而严厉时而松弛,但是海禁法律制度的颁布具有连续性。从洪武到隆庆的近两百年内,除洪熙和天顺年间皇帝没有颁布海禁法外,其他各朝均有颁布。其中洪武年间和嘉靖年间最多,洪武年间颁布了 10 个海禁律例,嘉靖年间颁布了 7 个海禁律例。洪武、永乐时期,因为倭寇不断骚扰,海禁十分严厉,成弘之际,因为日本政局的相对稳定,倭寇侵扰减少,海禁有所松弛。嘉靖时期,因为倭患又起,海禁就越发严厉。海禁自洪武时期制定之后,作为祖制就不曾废止,而且明朝历代皇帝基本上都坚持海禁,不断重申海禁诏令。即使是隆庆时期一定程度的"开禁",也不是废除海禁。

第二,形成不同层次的严密的海禁法律制度体系。既有中央制定的《大明律》《大诰》《问刑条例》,也有地方政府执行海禁的"便宜处置"。表 4-1 收集的只是由皇帝颁布的海禁律例,而地方官员在执行海禁法的过程中也制定大量适用于地方的禁止性规定,甚至比中央制定的律例更为严厉。比如皇帝颁布的海禁法往往禁止私人海上贸易,禁止沿海居民制造违禁海船,禁止使用番香番物等,但通常对于沿海居民近海捕鱼等谋生行为大部分时间都是允许的。即便最为严苛的嘉靖海禁法对于沿海居民近海捕鱼打柴也是许可的。《嘉靖问刑条例》规定"若小民撑使单桅小船,于海边近处,捕取鱼虾,采打柴木者,巡捕官旗军兵不许扰害。"而地方官在执行海禁时,却往往基于"便宜行事"会制定比中央律例更严厉的法律。例如,洪武十七年,"信国公汤和巡视浙江、福建沿海城池,禁民入海捕鱼"。[①] 景泰年间,为杜绝海上走私,福建漳州知府谢骞在濒海地区实行牌甲法。此法大体同保甲法,只是更加严厉。按居住地随地编甲,数甲为一总,每总置牌。本总下民户一般每 5 天带牌赴官府点校。若 5 天未去点校,就要被怀疑是出海走私去了。当地官府按牌进行约束,一人走私,同甲之人有告发的义务,若知情不告,事

---

① 《明太祖实录》卷 159。

发后就要受到连坐治罪。① 朱纨在巡抚闽浙时实施"革渡船,严保甲,搜捕奸民"等更为严厉的海禁制度。

第三,在倭寇或海盗猖獗时,海禁法律制度整体上逐步严厉,禁止的范围逐步扩大,在嘉靖时期达到顶点。《大明律》卷15《兵律》"私出外境及违禁下海"条规定,"私出外境货卖及下海者,杖一百","若将人口、军器出境及下海者,绞","因而走泄事情者,斩"。但《问刑条例》的海禁法就比大明律明显加大刑罚力度。第一,嘉靖时期的《问刑条例》的海禁法的刑罚更重,具体表现为:

> 沿海居民或势要,私造双桅船即违禁,所载货物不是番物也按番物治罪。嘉靖四年八月,明世宗又批准了浙江巡按御史潘倣的奏请:漳、泉等府黠猾军民,私造双桅大舡下海,名为商贩,实出剽劫,请一切捕治之事。下兵部议:行浙、福二省巡按官,查海船但双桅者,即捕之。所载即非番物,以番物论,俱发戍边卫。官吏军民知而故纵者,俱调发烟瘴。②

第二,嘉靖时期朝廷发布榜文销毁沿海势要的违禁大船,甚至严厉到销毁一切违禁大船,并实行连坐。嘉靖八年(1529年)十二月,明世宗颁诏令:令(浙江)巡视于时亲诣地方勘审。……并给出榜文:禁沿海居民毋得私充牙行,居积番货,以为窝主。势豪违禁大船,悉报官拆毁,以杜后患。违者一体重治。③ 嘉靖十二年(1533年)九月,明世宗颁发了一道更加严厉的禁令:兵部其亟檄浙、福、两广各官,督兵防剿:一切违禁大船,尽数毁之。自后沿海军民,私与贼市,其邻舍不举者连坐。④

第三,嘉靖时期的海禁罪刑更重。"守把海防武职官员"的"串通交易"等罪行,由正德时期"除真犯死罪外,其余俱问受财枉法罪名,发边卫永远充军",修改为"除真犯死罪外,其余俱问受财枉法满贯罪名,比照川广云贵陕西等处汉人交给夷人,问发边卫永远充军。子孙不许承袭。"嘉靖问刑条例之前,对于"揽造违式海船,私鬻番夷者,如私将应革军器出境因而事泄例",

---

① 晁中辰:《明代海禁与海外贸易》,人民出版社2005年版,第131页。
② 《明世宗实录》卷54。
③ 《明世宗实录》卷108。
④ 《明世宗实录》卷154。

刑罚为绞首，而嘉靖问刑条例的刑罚为"处斩，仍枭首示众"。

第二节　海禁法的评价

一、海禁法律制度的历史分析

（一）明初沿用唐宋边疆禁令

对于海禁制度应该历史而全面地分析和评价。明初的海禁是适当的，建立海防体系是必要的。唐、宋、元，或者说历朝历代都有一系列的边防禁令。即便在现代，一般主权国家为了国家安全也会如此。《唐律疏议》第88条明确规定："诸越度缘边关塞者，徒二年。共化外人私相交易，若取与者，一尺徒二年半，三匹加一等，十五匹加役流；［疏］议曰：缘边关塞，以隔华、夷。其有越度此关塞者，得徒二年……若其化外蕃人私相交易，谓市买博易，或取蕃人之物及将物与蕃人，计赃一尺徒二年半，三匹加一等，十五匹加役流。"[①]《宋刑统》卫禁律"诸越度缘边关塞者"条规定：诸越度缘边关塞者，徒二年。共化外人私相交易，若取与者，一尺徒二年半，三匹加一等，十五匹加役流。私与禁兵器者绞，共为婚姻者流二千里。未入，未成者，各减三等。即因使私有交易者，准盗论。[②] 该条基本沿用了唐朝的规定。唐、宋时期，为了确保国家安全和经济利益，都对对外贸易，包括海商贸易给予一定的禁止。

《大明律》"违禁下海"条规定："凡将马牛、军需、铁货、铜钱、缎匹、䌷绢、丝绵私出外境货卖，及下海者，杖一百。挑担驮载之人，减一等。物货船车，并入官。于内以十分为率，三分付告人充赏。若将人口军器出境及下海，绞。因而走泄事情者，斩。其拘该官司及把守之人，通同夹带，或知而故纵者，与犯人同罪。失觉察者，减三等，罪止杖一百。军兵又减一等。"[③] 这个规定，其实就是对海疆的通常的管理。禁止特定物资和商品的流出，防

---

① ［唐］长孙无忌等：《唐律疏议》，刘俊文点校，中华书局1983年版，第177页。
② ［宋］窦仪等：《宋刑统》，吴翊如点校，中华书局1984年版，第134页。
③ 怀效锋点校：《大明律》，法律出版社1999年版，第119—120页。

止情报外泄。目的与唐宋没有实质的区别。

(二)明初允许商舶贸易

《明史·食货志》记载:

> 明初,东有马市,西有茶市,皆以驭边省戍守费。海外诸国入贡,许附载方物与中国贸易。因设市舶司,置提举官以领之,所以通夷情、抑奸商,俾法禁有所施,因以消其衅隙也。洪武初,设于太仓黄渡,寻罢。复设于宁波、泉州、广州。宁波通日本,泉州通琉球,广州通占城、暹罗、西洋诸国。琉球、占城诸国皆恭顺,任其时至入贡。惟日本叛服不常,故独限其期为十年,人数为二百,舟为二艘,以金叶勘合表文为验,以防诈伪侵轶。后市舶司暂罢,辄复严禁濒海居民及守备将卒私通海外诸国。

上述《明史·食货志》史料表明,在洪武七年之前,朱元璋政府并没有将"海禁"作为国策,基本上是权宜之计,用来稳定政局。而洪武七年(1374年)之前,明政府频繁出兵清剿残余势力,平定四方不稳定因素。军事行动需要数目庞大的军费开支,而海上贸易的税收是重要的筹集军费的途径,由此可见明初允许商舶贸易是有现实需要的。这一点《大明律》"船舶匿货"条也可以印证。《大明律》"舶商匿货"条:"凡泛海客商,舶船到岸,即将物货尽实报官抽分。若停塌沿港土商牙侩之家不报者,杖一百;虽供报而不尽者,罪亦如之。物货并入官。停藏之人同罪。告获者,官给赏银二十两。"[1]明人邱濬在对该条解读时说:"臣考大明律于户部有舶商匿货之条,则是本朝固许泛海为商,不知何时始禁?"[2]由此可见,邱濬也认为《大明律》"舶商匿货"条证明,明初是允许商舶贸易的。不仅弘治时期的邱濬这样认为,嘉靖时期主持筹海大讨论的通政使唐顺之也有类似看法。《筹海图编》卷12"开互市"记载:

> 通政唐顺之云:国初浙福广三省设三市舶司。在浙江者专为日本入贡,带有货物许其交易。在广东者则两洋番船之辏,许其交易,而抽

---

① 怀效锋点校:《大明律》,法律出版社1999年版,第80—81页。

② [明]邱濬:《大学衍义补》卷25。

分之。若福建既不通贡又不通舶，而国初设市舶之意漫不可考矣。①

唐顺之的话有几点值得注意：一是日本朝贡贸易，对于附带货物允许贸易不抽分。二是广州朝贡贸易，也存在商舶贸易，而且对商舶贸易进行抽税。不需要朝贡就可以进行贸易，而且是商人的贸易。这种贸易是外来商人来华贸易。这就可以印证唐枢给胡宗宪的信所说海禁是禁本国公民的。三是福建市舶司设立时，当时没有贡舶及附于朝贡的市舶，显然是应对商舶贸易的。这种商舶可能主要是中国私人商舶出洋贸易进行管理的。明初，市舶司是继承的元制，而元朝是允许私人出洋贸易。唐顺之这里用"国初设市舶之意漫不可考"，是在嘉靖朝严行海禁的背景下，不便明说的一种隐晦表达。

（三）从权宜之计到国家战略

海禁是明初对于东部沿海的猖獗的倭寇所采取的对策，为防止沿海地区的居民与倭寇勾结，影响地区的安定，而产生出来的防御政策。因此，与其说海禁是一项对外政策，倒不如把它看作是为了国内的统治，为了维持内部治安的一种政策。

海禁法律制度并不是自明朝开国就作为"国家战略"而存在的。只是随着朱元璋专制统治的加强，在海禁方面有所加强。而朱元璋的管理制度又作为"祖制"被其继承者沿用。只有认识到这一点，才能更好地理解隆庆开禁，才能理解隆庆时期海上贸易法律制度的冲突与协调。

二、海禁法存在合理性

首先，海禁法是明朝海防制度中的一部分。明朝海防是个系统工程。海禁法的实施与卫所、迁海、海防船只、海防官兵、屯兵制度等紧密相关。在明朝前期，明政府拥有强大的军事力量和经济实力，海防系统工程是能够有效运转的。随着军事力量的衰落和财政危机日益严重，整个海防系统就难以维系了。海禁法的执行力量衰退，实施效果自然受到影响。

其次，海禁法是"海禁—朝贡"体制的重要组成部分，而"海禁—朝贡"体制是明政府对外政策的体现。嘉靖时期朝贡贸易已经衰落，而葡人东来又

---

① ［明］郑若曾：《筹海图编》卷12下，《开互市》。

给朝贡贸易致命一击。朝贡贸易衰落，而中外官方和民间的贸易需求却在急剧增加。于是中外走私贸易兴起，而且出现了武装走私，势必增加了海禁法的执行难度。

再者，海禁法的实施与海商和沿海居民的生计发生了剧烈冲突。明前期，倭寇是以倭人为主的，抗倭是符合国家、地方和沿海百姓等各方利益的。因为坚固的海防力量和体系的存在，私人海商贸易得到控制，而沿海居民的鱼盐之利也基本能得到保障。海商和沿海居民与政府的利益未出现激烈冲突。而嘉靖时期，海防松弛，海防力量衰弱，但海禁更加严厉，因此，不仅私人海商被迫转为海寇，而失去鱼盐之利的沿海居民也为生计接济或加入海商、海寇。这样，嘉靖时期海禁法的实施就面临极其严峻的局势。

三、海禁法缺乏变通

嘉靖时期实施海禁最大的问题在于对当时海上贸易整体状况缺乏足够的认识，沿用明朝前期的清剿真倭的思路执行海禁，于是激发"倭患"。清剿"倭寇"需要加强海禁，从而激发海商和沿海居民的更大的武力对抗。海禁法的实施就陷入恶性循环而越发不可收拾。对此，明朝人已经有所洞见。宁波人万表在论及朱纨事件时，对海禁法的实施进行了评价。他认为朱纨是坚决的海禁执行者，但光堵不疏不仅不能解决江南地区商品经济发展同明政府海禁政策之间的尖锐矛盾，反而更加激化了这一矛盾。1552 年万表在《海寇议》中言：

> 夫以朱都堂捣穴焚舟，除海巨寇，凿山筑海，功非不伟，而人未有怀之者，盖以其高而不下，粗而不察，惟专攻其末而反遗其本。临下虽过严，地方之通番者纷纷然如故，除一许二，增一五峰，其劳宜不足称。此不犹汲水灭火，而厝薪沃膏者之不息乎？故本之所当先，末之所当后，也明矣。[①]

万表批评朱纨"高而不下，粗而不察"和"专攻其末而反遗其本"，这正是嘉靖时期海禁法实施中的主要问题。"高而不下，粗而不察"是缺乏对形势

---

① 《海寇议》卷 5，《玩鹿亭稿》，转摘自王慕民：《海禁抑商与嘉靖"倭乱"：明代浙江私人海外贸易的兴衰》，海洋出版社 2011 年版，第 177 页。

的认真分析。嘉靖初期由于明政府与日本和葡萄牙的冲突，导致日本与葡萄牙被排除在官方贸易之外，于是海上私人贸易在日本和葡萄牙的推动下，急剧发展，闽浙沿海形成了若干个走私港口，并将中国海商和沿海居民纳入到国际私人贸易网络之中。继而，地方势要大家卷入私人贸易，成为"窝主"。而地方势要大家又与地方及朝廷的官员有着千丝万缕的联系。嘉靖之"倭寇"非明初之"倭寇"，而是以沿海居民和中国海商为主的海商集团，而势要、官员又以特定方式介入其中。"专攻其末而反遗其本"是海禁法实施策略和方案的错误。海禁的根本在于"靖海""安民"，而将海上私人贸易集团视为"倭寇"进行一刀切的"清剿"，就将海商和沿海居民都推向了"倭寇"一边。而朱纨"仰药自绝"，是嘉靖时期海禁法执行失败的集中体现。

第五章　从朝贡贸易法到商舶贸易法

　　隆庆时期,朝贡贸易已经衰落。从《明史》海外诸国的朝贡次数记录来看,隆庆时期整个朝贡贸易记录仅 4 次,而且只有琉球国一国朝贡。① 尽管隆庆时期,朝贡贸易制度已经名存实亡,但是运行两百多年的制度依然有着强大的影响力。最典型的体现就是兴起的商舶贸易法律对之有许多继承。商舶贸易法律制度主要体现在"广中事例"和"月港体制"中。"广中事例"是从弘治时期开始发展,在正德和嘉靖时期几经反复,隆庆时期得以定型和成熟。"月港体制"则是隆庆开禁后的直接产物,是隆庆时期贸易制度改革的集中体现。本章分别对隆庆之前的朝贡贸易、"广中事例"、"月港体制"的主要法律制度进行介绍,目的是突出隆庆时期的商舶贸易特征。《瀛环志略》记载:"隆庆初(1568 年)葡萄牙抵粤东香山县之濠镜,请隙地建屋,岁纳租银五百两,许之,遂立铺头于澳门,为欧洲诸国通市粤东之始。"② 可见,隆庆时期是广东的"广中事例"得以发展,结束正德、嘉靖时期有关是否允许商舶贸易的争议,使商舶贸易得以稳定发展的重要时期。

---

① 李庆新:《明代海外贸易制度》,社会科学文献出版社 2007 年版,第 280 页。
② 候厚培:《中国国际贸易小史》,山西人民出版社 2014 年版,第 9 页。

第一节　隆庆时期的朝贡贸易法律制度

一、朝贡贸易的管理机构

（一）市舶司

1. 市舶司的设置

市舶司是朝贡贸易的主要管理机构之一。明初，东有马市，西有茶市。海外诸国入贡，皆附载方物与中国贸易。在东部沿海的海上贸易中设市舶司，置市舶提举以领之。明朝的市舶司最早设立于吴元年（1367 年）。据《明史·食货志》记载：吴元年十二月，置市舶提举司，以浙东按察使陈宁等为提举。吴元年设置的市舶司位于太仓黄渡。洪武三年（1370 年），因市舶司地近京师，罢之。① 在撤销太仓市舶司后，朱元璋设置了广州、福州、宁波三个市舶司。至于设置的具体时间并不明确，但至晚在洪武七年（1374 年）之前。《太祖实录》记载："洪武七年一月，复置市舶司于浙江、福建和广东。九月，沿海倭患迭起，又有番商假冒贡使入贡，罢三市舶司。"②也就是说，洪武七年重置的三地市舶司在当年又撤销。直到永乐元年（1403 年）重新设立三地市舶司。《明太宗实录》记载："于浙江、福建、广东设市舶提举司，隶布政司。每司置提举一员，从五品；副提举二员，从六品；吏目一员，从九品。"③嘉靖二年（1523 年）宁波发生日本使团的"争贡之役"，给事中夏言上书称倭患起于市舶，朝廷遂罢撤了当地的市舶司。当时罢撤的不仅是浙江市舶司，也包括福建市舶司。广东市舶司因葡人在广州的鲁莽行为以及中葡海上军事冲突，也于嘉靖元年（1522 年）被罢撤。直到嘉靖三十九年（1560 年），"淮扬巡抚唐顺之议复三市舶司。部议从之。"④但是，嘉靖四十四年（1565 年），浙江巡抚都御史刘畿上言，反对重开浙江市舶司，明朝最终

---

① ［清］张廷玉等：《明史》卷 81，《食货志·市舶》。
② 《明太祖实录》卷 28。
③ 《明太宗实录》卷 21。
④ ［明］王圻：《续文献通考》卷 26，《市籴考二》。

罢撤了浙江市舶司。万历《大明会典》中的"浙江等处承宣布政使司"条记载："旧有市舶提举司一,隆庆元年革。"①可见在嘉靖三十九年(1560年)到隆庆元年(1567年)之间,浙江市舶司复设过。广东受倭患影响小,广东市舶司在嘉靖元年(1522年)因中葡冲突被罢撤,后于嘉靖三十九年经淮扬巡抚唐顺之请求得到恢复。自此以后,终明之世,广东市舶司一直存续。

2. 市舶司的职能

《明史·食货志》记载："因设市舶司,置提举官以领之,所以通夷情,抑奸商,俾法经有所施,因以消其衅隙也。"明朝市舶司继承的是宋、元的市舶司,但职能上有所变化。宋、元市舶司源于唐朝设置的市舶使。李肇《唐国史补》记载："南海舶外国船也。每岁至安南广州。狮子国舶最大,梯而上下数丈,皆积宝货。至则本道奏报,郡邑为之喧阗。有蕃长为之主领。市舶使籍其名物,纳舶脚,禁珍异,蕃商有以欺诈入牢狱者。"②由此可见,唐朝市舶使的职能是"籍其名物""纳舶脚""禁珍异"。

宋朝市舶司在职能上延续唐朝的市舶使,主要是商舶进出港管理和对番货的抽解。《宋会要》记载："端拱二年五月,诏自今商旅出海外蕃国贩易者,须于两浙市舶司陈牒,请官给券以行,违者没入其宝货。"③可见宋朝市舶司负责发放海上对外贸易许可证,类似隆庆开禁后月港的船引制度。宋朝朱彧的《萍洲可谈》卷2记载："既至,泊船市舶亭下,五洲巡检司差兵监视,谓之编栏。凡舶至,帅漕与市舶监官莅阅其货而征之,谓之抽解。"④可见,市舶司的另一重要职能就是抽解,也即征税。藤田丰八对宋代市舶司的职责进行了总结:一是为入港海舶的检查抽解与抽解所得货物的保管、解送;二是禁榷货物即转卖品及其他舶货的收买、出卖、保管与解送;三为海舶出港许可证颁发与违禁物品出港的取缔;四为舶货贩卖许可证的颁发;五为蕃国与蕃舶的招徕、迎送及蕃坊事务的处理等。⑤

---

① 李东阳撰、申时行重修:《大明会典》卷15,《户部·州县》。

② [日],藤田丰八:《宋代之市舶司与市舶条例》,魏重庆译,山西人民出版社2015年版,第14页。

③ 《宋史食货志》第37页。

④ [宋]朱彧:《萍洲可谈》卷2。

⑤ [日]藤田丰八:《宋代之市舶司与市舶条例》,魏重庆译,山西人民出版社2015年版,第122页。

元朝市舶司沿用宋制，其市舶司的主要职能是海上贸易管理和征税。《元史·食货志》卷 94 市舶条记载："元自世祖定江南，凡邻海诸郡，与番国往还，互易舶货者，番货十分取一，粗货十五分取一，以市舶官主之。其发舶回航，必著其所至之地，验其所易之物，给以公文，为之期日。大抵皆因宋旧制，而为之法焉。"① 元顺帝时，《宾拔都达游记》述及中国市舶时称：

> 中国船开行时，港口监督及秘书例须上船，登记其兵士、工役及水手。不经此手续，不许扬帆。回航中国，上述官员，必再来视察，查船上人数是否与前登记者相符。若有不见者，船主须负责证明其已死亡或逃逸，或因他故，不在船上。如不能证明，船主即被扣留入狱。船主须详开船货之价值。于是乘客登岸，港口官吏复查验各人所提货物。若查有不报关之私货，船舶与货一概充公。②

宋、元两朝，市舶司的职能基本相同。相较于唐，宋、元更积极鼓励私人海上贸易，因此市舶司除正常的管理、购买、抽解、解送等职能外，多了一项对番舶的"招徕"工作。明朝市舶司在管理职能上不同于宋、元。邱濬的《大学衍义补》也提到，宋、元市舶司有抽分职能，而明朝市舶司则没有。因为禁止商舶贸易，市舶司也没有对于商舶贸易的管理职能。既然海禁，也就不存在市舶司向私人海商发放许可证、检验等管理。明朝市舶司主要是管理朝贡贸易，"掌海外诸番朝贡市易之事。辨其使人表文勘合之真伪，禁通番，征私货，平交易，闲其出入而慎馆毂之"。③ 可见，明朝市舶司为朝贡关系的辅助管理者，而宋、元时期的贸易管理、征税等职能则大大退化。

明朝东南沿海长期受倭寇和海盗侵扰，因而市舶司增加了协助海防的功能，成为与海防有关的机构，这点是前代所没有的。《明史》卷 81《食货志》所记录的市舶司"通夷情，抑奸商，俾法禁有所施，因以消其衅隙也"的职能，在唐、宋、元代是较为淡化的。

综上所述，明朝市舶司在朝贡贸易中的主要职能是查验表文勘合、征收关税、监督市舶司的中外海商贸易、协助海防海禁。

---

① ［明］宋濂等：《元史》卷 94，《市舶》。
② 方豪：《中西交通史》（下册），岳麓书社 1987 年版，第 484 页。
③ ［清］张廷玉等：《明史》卷 81，《食货五·市舶》。

（二）海道副使

1. 海道的设置

海道副使，全称"提刑按察司巡视海道副使"，简称巡察海道副使、巡视海道、巡视副使或海道，负责沿海地方海防事务。

明朝初期，存在专官统领海防的惯例。洪武期间，朝廷先后派信国公汤和、江夏侯周德兴、魏国公徐辉祖、安陆侯吴杰或巡视海道，或修筑防倭城池和卫所，或练兵防倭。张翀的《杜狡夷以安中土疏》记载：

> 我太祖高皇帝洞烛其（日本）奸，乃洪武七年及十四年两却其贡，僧人发陕西、四川各等寺居住，仍著之祖训曰：兹小丑时犯海道，用此于山东、淮浙、闽广沿海要害去处，列置卫所，设总督、把总、巡哨等官，又专设巡视海道副使一员，并都布二司堂上官，亲来督视，所以备御之术，可谓周且远矣。[①]

可见海道副使是朱元璋洪武时期，在设置总督、把总等官员的基础上"专设"的。之所以如此，原因在于明朝重大的军事上的安排都采用"文武相制"的原则，而且突出"以文制武"，在派遣武将出征的同时安排文职监军。至于海防体系上，"文武相制"也照例适用。黄承玄在《条议海防事宜疏》中指出：

> 国家沿海列职，文武相制。全省则镇臣统督，而抚臣监之；诸路则参游统督，而道臣监之；寨游则把总统督，而海防监之。各分其责，而亦递相为制，总非无事之官也。[②]

因派遣武将经略海防，同时也派侍郎都御史巡视海道。[③] 洪武三十年前，以侍郎都御史领巡视海道副使。洪武三十年后，按察副使领巡视海道副使。对此，严从简的《殊域周咨录》也指出："洪武三十年后，总督领于都指挥，海道领于宪臬。"[④]

---

① ［明］朱吾弼：《皇明留台奏议》卷14。
② ［明］陈子龙等：《明经世文编》卷4。
③ 李庆新：《明代海外贸易制度》，社会科学文献出版社2007年版，第188页。
④ ［明］严从简：《殊域周咨录》卷3，《东夷日本》。

为了加深对海道副使一职的了解,这里需要对"按察副使"做必要的介绍。明朝的监察体系由中央的都察院和各省的提刑按察使司构成。都察院设十三道监察御史,分管各道。各省按察使司设按察使、按察副使、佥事。巡视海道副使,就是由各省的按察副使充任的。但是,当按察副使充任巡视海道副使后,尽管其组织上属于监察系统,但与按察使"虽同属但不相牵制",拥有独立上奏权和专门的职权。《明史·职官志》记载:"提刑按察使掌一省刑名按劾之事。纠官邪,戢奸暴,平狱讼,雪冤抑,以振扬风纪,而澄清其吏治;大者暨都、布二司会议,告巡抚,以听于部院。副使、佥事则分道巡查;其兵备、提学、抚民、巡海、清军、驿传、水利、屯田、招练、监军各专其事。"①

嘉靖八年(1529 年)裁革市舶太监后,原来的朝贡贸易管理就由掌管海防的海道副使兼管。明朝后期广东海道副使或佥事兼管广州、澳门贸易,职权常加"带管市舶"。就管理市舶而言,这是广东省独设的海道职权,其他省份没有。嘉靖八年(1529 年),广东省巡抚都御史林富疏请裁撤广州市舶、珠池内官,以海道副使兼带市舶:

> 若欲查照浙江、福建事例,归并总镇太监带管,似亦相应。但两广事情与他省不同,总镇太监驻扎梧州,若番舶到时,前诣广东省城,或久防机务,所过地方,且多烦扰,引惹番商,因而陬至军门,不无有失大体。故愚臣以为不如令海道副使带管之便也。②

海道副使本来是海防系统的监察官员,在嘉靖时期海防形势严峻,市舶司力不从心的特定历史环境下,其承接了海上贸易的管理职能。这里必须强调一下,从海道兼管市舶来说,朝廷的目的是管理朝贡贸易,但实际上正德之后商舶贸易迅速发展,而朝贡贸易极度衰落,海道副使实际上主要是管理商舶贸易。

2. 海道副使在朝贡贸易中的职能

海道副使在海上贸易上有两方面的职权。首先是税收与船引管理。郭棐的《广东通志》卷 69《外志·番夷》记载:"番商舟至水次,往时报至督抚,

---

① ［清］张廷玉等:《明史》卷 75,《职官志四》。
② ［明］戴璟:《广东通志初稿》卷 31,《珠池》。

属海道委封籍之,抽其十二,换贮布政司库,变卖或备折俸之用,余听贸易。"可见海道副使负责"封籍"、抽分及番货的具体处理。

嘉靖二十六年(1547 年),黄光升为广东按察副使,"广民与夷市与洋海中,互相剽掠,则为置符籍以勾稽之,严践更以防闲之。先是番舶税重,商人欲计免,光升为制减十之六,商乃乐输。且躬自清白,锱铢不染,而岁盈数万,后鲜有能继其廉者。"①这里的符籍,即船引。

正德十二年(1518 年),广东对番舶实施抽分,海道副使吴廷举与两广总督陈金会勘,提议:只许十分抽二。②郑舜功的《日本一鉴·穷河话海》称:"岁甲寅,佛郎机夷舶来泊广东海上,比有周鸾号客纲,乃与番夷冒用他国名,诳报海道,照例抽分,副使汪柏故许通市。"③庞尚鹏的《陈末议以保海隅万事治安疏》谓:"番商私携货物至者,守澳官验实,申海道闻于抚按衙门,始放入澳,候委官封籍,抽其十分之二,乃听贸易焉。"④可见海道副使实际上管理着商舶贸易。

朝贡贸易在隆庆时期也是在海道副使的管理之下的。不仅是朝贡贸易管理,与朝贡贸易相关的事务,比如对贡使的管理都是海道副使的分内之事。日本人策彦周良的《初度集》记录了嘉靖十八年(1539 年)五月廿三日浙江海道副使卢蕙发给日本贡使的告示牌,告诫他们要遵守明朝法规。该告示牌是海道副使行使对朝贡使团交涉与贸易管理权的物证。该告示牌上写道:"钦差巡视海道浙江等处提刑按察使卢示:仰同时周文衡等传谕日本使臣,本道遵奉天朝怀柔远人之意,凡一应供给,安插事宜,俱照旧规区处整备,仍严禁本境奸贪之徒,不许勾引诓骗外,务要约束通事从商人等,各谨受天朝法度,安静居住,听候镇巡三司通至验收方物,奏请赴京。毋得轻信浮言,勿怀疑惧;毋得出外生事,惊扰地方,往辙可鉴,尔宜悉知。"⑤从该史料可见浙江海道对日本朝贡贸易的具体职权。首先,海道的管理职权是朝廷授予的,"本道遵奉天朝怀柔远人之意"。其次,海道负责对朝贡使团成员的接待和管理,具体包括使臣、随团的通事和商人等。另外,海道对于朝贡贸

---

① [明]郭棐:《广东通志》卷 13,《藩省志·名宦》。

② [明]黄佐:《广东通志》卷 66,《外志·番夷》。

③ [明]郑舜功:《日本一鉴·穷河话海》卷 6,《海市》。

④ [明]庞尚鹏:《百可亭摘稿》卷 1。

⑤ 郑樑生:《明日关系史研究》,文史哲出版社 1985 年版,第 93 页。

易的贡品和附货物没有处置权。贡品和所附货物的处理要"听候镇巡三司通至验收"。由此可见，海道主要协助朝贡贸易的管理，贡品和番货的处理由镇巡三司进行。但是，广东的海道还负责商舶贸易的管理。

（三）地方官员

隆庆时期，对于朝贡贸易实施海道副使主导，府、县分权管理以便相互监督的体制。[1] 因此，府、县在朝贡贸易管理上也具有一定的权力。

（四）官牙

牙行或牙人是海上贸易的中介。明朝法律对于贸易中牙人经历了从禁止到官方认可，并赋予一定行政管理职能的转变。明初沿用宋、元的市舶贸易体制，自然允许牙人介入海上贸易。洪武二年（1369 年），明朝政府明令禁止牙行："天下府州县镇店去处，不许有官牙、私牙。一切客商应有货物，照例投税之后，听从发卖。"[2]事实上，海上贸易是一种国际贸易，需要解决海商的住宿和货物存放，需要通事进行语言沟通，需要牙人进行价格评估。牙人所在的牙行往往提供包括住宿、货物存放、通事翻译和价格评估等专业性较强的综合服务。因此，牙行在海上贸易中是不可或缺的。永乐年间便取消了官设牙行的禁令，在城乡商业发达的区域，设立官牙。其在城者，称为"牙行"；在水道者，称为"埠头"。明人郑舜功论及永乐设置牙行时道：

> 始设于永乐之初，四夷来朝，上许顺带土产互市，而恐奸民欺骗，有失远人向北之心。遵照国初事例，于浙江、福建、广东各设市舶司，以隶各布政司，随设正副提举、吏目之官，部颁行人，专主贡夷交易。[3]

这里的"行人"，即指官设牙行。牙行作为交易中介，在买卖双方之间接洽贸易，收取佣金。他们是得到明朝官方的认可和保护的。其作用是评估货价，介绍买卖双方，并在交易中主持公道，维持交易秩序。这种牙行在朝贡贸易中普遍存在，地方上各市舶司都设有牙行，如福建市舶提举司"牙行原设二十四名，各年不等"[4]。外国朝贡使臣在获得皇帝特旨，允许利用皇

---

① 李庆新：《明代海外贸易制度》，社会科学文献出版社 2007 年版，第 208 页。
② ［明］李东阳等撰，申时行等重修：《大明会典》卷 35，《课程四》。
③ ［明］郑舜功：《日本一鉴·穷河话海》卷 7，《市舶》。
④ ［明］高岐：《福建市舶提举司志·属役》。

帝赐品在地方交换生活用品时,也要通过牙行进行,否则就是私相交易,违反海禁之法。

王圻的《续文献通考》卷 26《市籴考·市舶互市》记载:"凡外夷贡者,皆设市舶司领之,许带他物,官设牙行,与民贸易,谓之互市。"①贡舶来时,牙人看货报官,待抽分完毕,乃介绍买卖,评定货价,维持秩序。总的看来,明朝前期牙行未脱离唐朝时期的传统功能。

凡是官立牙行,都必须是"有抵业人户充当",以防亏损客商,无法赔偿,并发给"印信文簿,附写客商船户住贯姓名、路引字号、物货数目,每月赴官查照",以防走漏商税,便于追查。凡是私牙,律令尚在严禁之中。

在朝贡贸易中,牙行的主要职能就是平交易。作为市舶司下属的附属机构,在市舶司的主导下履行"悉照市价,主其交易"。朝贡贸易中牙行主要是在地方市舶司和中央的会同馆的中外交易中发挥中介作用。牙行在外国商人和国内商人之间,作为买卖的中介人,即评定货价,介绍卖方,并在买卖过程中收取佣钱,即所谓"牙钱"。这整个过程是由市舶司主持的。如正德年间广东市舶司提举陈文周就履行过"平番货之直,禁民无得低昂"的"平交易"的职责,但他主要依靠牙行维持秩序,主持公正,以免出现缺少尺寸斤两,货物以假冒真,发生欺骗、冲突、争吵、殴斗等现象。可见明朝的牙行已代替了市舶司的某些职责。

二、朝贡贸易管理制度

(一)表文勘合制度

"表文"是番国给予其派遣的朝贡使节的外交文书。明人郑舜功在《日本一鉴·穷河话海》中说:"四夷入贡中国,必奉表文。"②东南亚很多国家使用"金叶表文"。"金叶表文"即"表用金叶——长一尺余,阔五寸,刻以本国书"。用金叶表文是为了表示对明王朝的尊敬。表文是贡使身份的证明,是贡使用以维系朝贡关系的身份证。

勘合则是贡使履行朝贡贸易职能的必备证明。明朝的勘合是朱元璋命

---

① 李庆新:《明代海外贸易制度》,社会科学文献出版社 2007 年版,第 97 页。
② [明]郑舜功:《日本一鉴·穷河话海》卷 7,《市舶》。

礼部根据宋、元时期的公凭、公验制度编制的。① 勘合最早发给暹罗。以后逐渐推行其他国家。这里需要注意，尽管勘合是明朝根据宋、元时期的公凭、公据设置的，但功能上显然已经不同。宋元的公凭、公据是中外私人海商海上商舶贸易的许可凭证，而明朝的勘合是朝贡国进行朝贡贸易的凭证，其使用者、适用范围已经发生了本质的变化。宋元的公凭、公据是为了保护和鼓励私人海上贸易，而明朝勘合则是禁止私人海上贸易的措施。

（二）朝贡贸易的税收制度

明朝法律是否针对朝贡贸易进行征税？这是一个有争议的问题。不仅当前的研究者对此有不同的观点，就是明朝人对此也看法不一。邱濬在《大学衍义补》中认为："本朝市舶司之名，虽沿其旧，而无抽分之法。惟于浙闽广三处置司，以待海外诸藩进贡者。盖用以怀柔远人，实无所利其入也。"② 邱濬认为，明朝针对朝贡贸易"无抽分之法"。嘉靖八年（1529年）广东巡抚林富上言："祖宗时，诸番常贡外，原有抽分之法，稍取其余，足供御用。"③ 从林富的奏疏来看，他认为祖宗之法中"原有抽分之法"。那么，明朝朝贡贸易的税收制度是怎样的一种状况呢？

首先，朝贡使团所带物品分为三类：贡物、使团成员附至番货和随团商人的货物。朝贡使团所带贡物肯定不征税，由明朝回赐远远大于贡物对价的财物。对于使团成员所附至的番货，《明会典》规定："凡番国进贡，国王、王妃及使臣等附至番货，以十分为率，五分抽分入官，五分给还价值。"④ 从该规定来看，对于使团附至的番货是征税的，即"十分为率，五分抽分入官"。但是，明政府为了怀柔远人，对于抽分剩余的"五分"则进行官买，并给予远远高于市场的价格。洪武二十六年（1393年），明朝对贡使所带番货做出给钞酬值的规定。万历《大明会典》云："凡入官货物，洪武二十六年定：凡远夷之人，或有长行头匹，及诸般物货，不系贡献之数，附带到京，愿入官者，照依官例具奏，关给钞锭，酬其价值。"

另有《明太祖实录》卷45关于"附至番货"的抽分记录："附至番货，欲与中国贸易者，官抽六分，给价以偿之。仍除其税。"这里的"附至番货"不应该

---

① 林仁川：《明末清初私人海上贸易》，华东师范大学出版社1987年版，第275页。
② ［明］邱濬：《大学衍义补》卷25。
③ ［清］张廷玉等：《明史》卷325，《佛郎机传》。
④ 《明会典》卷113。

理解为国王、王妃及使臣等的"附至番货",应该是跟随使团的番商的货物。也就是说,对于随团商人的货物,明朝政府购买"六分"。说是"官抽六分",貌似征税六分,其实是"给价以偿之",而剩余的四分,听凭其贸易,而且是免税的。但是,如果因此认为明初"抽分"的物品是"给价"的,而且不征税,[①]就是混淆了"附至货物"因人而异。

在朝贡贸易的货物种类上,日本与其他朝贡国有所不同。例如,日本朝贡使团来华朝贡,所载货物分为贡献的方物、国王附搭物和使臣自进物三类。贡献方物是日本幕府进献大明皇帝的贡品;国王附搭物为幕府、大名、寺社和商人在贡品之外而置办的对华贸易货物,数量最大;使臣自进物是正使、外官乃至从僧、通事以进贡名义卖给明政府的商品。[②] 可见,日本的朝贡货物都具有官方性质,不同于东西二洋的其他国家,官方货物与商人货物泾渭分明。因为倭患的影响,明朝在处理对日朝贡贸易时与对他国不同,无论国王附带货物还是使臣自带货物都不予征税。

与朝贡贸易中的物品分成贡物和番货对应,朝贡团队的船也有不同区分。朝贡使团使用的船为"正船",而其余的为"商船",当时应该称为"市舶"。郭棐的《广东通志》记载:"旧例国王进贡,其王妃、王子、使臣人等搭货或上进者,为正船,若余船皆以商论。"[③]嘉靖五年(1526年),两广都御史姚镆奏暹罗进贡,将陪贡附货物按照正德五年(1510年)新定商舶税例抽分20%,以备军饷。次年,暹罗副使坤思悦者米的利奏称"正船并无抽分",要求按照旧例给予免抽优惠。礼部复核"该国有旧例,令将原抽货物退还,变卖修船归国"。[④] 这件事说明,朝贡使团的"正船"与"余船",在抽分上是区别对待的。

其次,"附至货物"的抽分制度,对于不同的国家也是区别对待的。《粤海关志》记载:"旧制应入贡番,先给以符薄。凡贡至,三司以合符,视其表文方物无伪,乃送入京。若国王、王妃、陪臣等附至货物,抽其十分之五,其余官给之直。暹罗、爪哇二国免抽。其番商私赍货物,入为易市者,舟至水次,

① 晁中辰:《明代海禁与海外贸易》,人民出版社2005年版,第152页。
② 王慕民:《海禁抑商与嘉靖倭乱——明代浙江私人海外贸易的兴衰》,海洋出版社2011年版,第34页。
③ [明]郭棐:《广东通志》卷69,《外志·蕃夷》。
④ [明]郭棐:《广东通志》卷,69,《外志·蕃夷》。

悉封籍之,抽其十二,乃听贸易。"①由此可见,对暹罗、爪哇两国朝贡使团的
"附至货物"并不抽分,其他国家是"抽其十分之五"。郭棐的《广东通志》记
载了"国初贡例":"国初入贡附载方物止五国,定有则例。暹罗国使臣人等
进到贡物,例不抽分,给予钞价。占城国贡物给价。三佛齐正贡外附贡货物
皆给价,其余货物许令贸易。苏门答腊正贡外使臣人等自进物俱给价。锡
兰山使臣人等自进贡俱给价。"②明朝对暹罗、占城、三佛齐、苏门答腊、锡兰
山五国的国王、王妃、陪臣等附方物或抽分,或给价,因国而异。"正船"所载
附至货物,在税收上给予较多优惠,抽其"十分之五",其余官给其直;暹罗、
爪哇二国优惠最大,免抽。对番商私赍货物,即"商船"所载货物,例抽"十分
之二"。而据《筹海图编》卷12《开互市》记载,嘉靖时期通政使唐顺之尝谓:
"国初浙、福、广三省设三市舶司。在浙江者,专为日本入贡,带有货物,许其
交易。在广东者,则西洋番船之辏,许其交易,而抽分之⋯⋯"③可见,明初
日本不仅贡使"附至货物"不抽分,即便"余船"的货物也不抽分。而在广东,
则对于非朝贡的商舶也允许贸易,对之进行抽分。

最后,尽管朝贡贸易的税收有如上法律规定,但实际上明朝在不同时期
因政治的需要由皇帝进行便宜行事。外国贡使挟私物与中国互市,在正德
以前概不征税。洪武四年(1371年)七月,朱元璋谕:"福建行省,占城海舶
货物,皆免其征,以示怀柔之意。"④洪武初年(1368年)中书省奏言:"高丽贡
使多赍私物入货,宜征税;又多携中国物出境,禁之便。俱不许。"⑤第二年
户部奏言,三佛齐"货舶至泉州,宜征税。命勿征"。⑥《明太祖实录》卷45
记载:"其诸番国及四夷土官朝贡⋯⋯若附至番货,欲与中国贸易者,官抽六
分,给价以偿之。仍除其税。"⑦《明实录》记载,洪武十七年(1384年)二月,
朱元璋申谕有关官员:"凡海外诸国入贡,有附私物者,悉蠲其税。"足见对私
物贸易是不征税的。但是,不能说没有法律制度,其实是法外开恩。

永乐初年(1403年),西洋剌泥国回回哈只、马哈没奇等来朝,附载胡椒

①　梁廷枏:《粤海关志》卷4,第18页。
②　[明]郭棐:《广东通志》卷69《外志·蕃夷》。
③　[明]郑若曾:《筹海图编》卷12《开互市》。
④　《明太祖实录》67。
⑤　[清]张廷玉等:《明史》卷320《朝鲜传》。
⑥　[清]张廷玉等:《明史》卷324《三佛齐传》。
⑦　《明太祖实录》卷45。

与民互市,有司请征其税,帝曰:"商税者国家抑逐末之民,岂以为利? 今夷人慕义远来,仍侵其利,所得几何,而亏辱大体多矣。不听。"

正德之前,因为洪武、永乐的"旧例"已经成为"祖制",后继皇帝都予以遵守。正德时期开始,因为财政危机和军饷需要,明朝开始进行对朝贡贸易中的"附至番货"进行"抽分"。

顾炎武的《天下郡国利病书》卷 120 记载:"布政司案查得正统年间,以迄弘治,节年俱无抽分,正德四年后,镇巡等官都御史陈金等题,要将暹罗、满剌加国并吉阐国夷船货物,俱以十分抽三,该户部议:将贵细解京,粗重变卖,留备军饷。"①正德五年(1510 年)广东都御史林廷举又以连年佣兵,军饷匮乏,要求将粗重者就地变卖,拨充军饷。他说:"盗贼连年为乱,军饷不支,乞将正德三四年抽进过番货,除贵重若象牙、犀角、鹤顶之类解京,其余粗重如苏木等物,估价该银一万一千二百有奇,留变卖充军饷。"②

一旦抽分制度得以实施,就迅速扩展到朝贡贸易之外的商舶贸易。正德九年(1514 年),广东布政司参议陈伯献题奏:"岭南诸货,出于满剌加、暹罗、爪哇诸夷,计其所产,不过胡椒、苏木、象牙、玳瑁之类,非若布帛菽粟,民生一日不可缺者,近许官府抽分,公为贸易,遂使奸民数千,驾巨船,私置兵器,纵横海上,勾引外夷,为害地方。"③正德十二年(1517 年),广东布政使吴廷举,又请立番舶进贡交易之法:"命番国进贡并装货舶船榷十之二解京,及存留饷军者俱如旧例,勿执近例阻遏。"④

(三)朝贡贸易的交易

1. 交易的地点和方式

既然朝贡贸易的货物包括"附至货物"和"番商所赍货物",那么交易也就以不同方式对待。朝贡贸易进行交易的地点,一是指定的港口,即宁波、泉州和广州。贡船进入港口后,市舶司会同其他地方官员加以检验。首先检验表文、勘合,以防止冒充贡使。其次是检查贡品,并加以封识,运往京城。最后,检查"附至番货",根据国家和所有者的不同而抽分或官买。其余

---

① [清]顾炎武:《天下郡国利病书》卷 120。
② 《正德实录》卷 67。
③ 林仁川:《明末清初私人海上贸易》,华东师范大学出版社 1987 年版,第 284 页。
④ 《正德实录》卷 149。

的番货则允许贸易。私人贸易就在市舶司进行,在地方官吏的监督下,在官方指定的牙人的主持下进行交易。

明朝广东贡舶贸易互市,根据文献记载,大抵被指定在沿海的"澳"及"泊口"中进行。每澳"皆置守澳官"。凡是外国贡舶到,先由"守澳官验实,申海道闻于抚按衙门,始放入澳",然后由镇巡及三司长官委派地方官会同广东市舶司官员加以检验。明初,对于这些货物,如上所述,由市舶太监管辖,市舶司"给价收买"。收买以后,除将贵细解京供统治者享用外,余下粗重的货物,即运广州,贮于布政司的广丰库。正德以后,实行抽分,广东地方官征收到的实物,也是贮在广丰库里。这些贮在广丰库里的货物,正德以前是全部令民"博买";正德以后,每年抽取出一部分,以充地方高级官如布按三司文武官员折俸之用。余下货物,才令民"博买",以备军饷。所谓"博买",永乐时"……贡献毕至,奇货重宝,前代所希,充溢库市,贫民承令博买,或多致富,而国用亦羡裕矣!"[①]明朝从永乐至弘治年间,由于郑和下西洋的影响,许多国家纷至沓来,"贡献者日伙"。在市舶太监管辖下,广东市舶司收进的贡品和抽买的货物,多是椒木、铜鼓、戒指、宝石之类的"奇货重宝","充溢于库",只好开"库市",由官出卖。"贫民承令博买"缴交必要的税收——商品税,领取"执照",然后便可在库市里提货,转售于民间。这种博买制度,是承袭宋朝对进口商品所采取的直接垄断的专卖制度,也是当时禁止"私通番舶"的一种具体措施。

二是在京城的会同馆进行贸易。会同馆开市交易之前,由礼部将相关告示张贴在会同馆门前。告示云:"各处夷人朝贡领赏之后,许于会同馆开市三日或五日,惟朝鲜、琉球,不拘期限,俱主客司出给告示,于馆门首张挂,禁戢收买史书及玄黄、紫皂、大花、西番莲缎匹,并一应违禁器物。各铺行行人等,将物入馆,两平交易,染作布绢等项,立限交还。如赊买,及故意拖延,骗勒夷人久候不得起程,并私相交易者,问罪,仍于馆前枷号一个月。若各夷故违,潜入人家交易者,私货入官,未给赏者,量为递减,通行守边官员,不许将曾经违犯夷人,起送赴京。"[②]由此可见,会同馆交易是在官方监控下进行的,交易的时间、交易商品的种类和价格、交易的方式都有严格规定。同

时，严禁贡使或外商与中国商民私相交易。弘治十三年（1500 年），孝宗下令："在京在外军民人等，与朝贡夷人私通往来，投托买卖及拨置害人，因而透漏事情者，俱发边卫充军。军职调边卫，通事、伴送人等有犯，系军职者如例，系文职者除名。"

三是朝贡使团在进京及返回的沿途城镇进行交易。例如日本使团从宁波入贡。其与中国私商的交易除在位于宁波的浙江市舶司和京城会同馆外，在杭州、南京等沿途重要城镇进行交易。《允澎入唐记》记录了贡使允澎在沿途的交易：

> 便向南京运出硫黄两次，每次各 5 万斤；从北京回来的途中，在南京退回硫黄 3 万斤，铜 1250 扛；次日，又退还铜及苏芳木；并领得货款宣德新钱 3000 万及纱绢 50 匹；又在杭州领到货款铜钱 3000 万；而在从杭州到宁波途中，还领得货款铜钱 30000 贯。[①]

从这份史料可见，日本贡使在宁波到北京的往返途中频繁地进行大规模交易。贡使沿途都有中方官员陪伴，显然这种贸易是官方认可的。另据《壬申入明记》记载，正德六年（1511 年）日本了庵桂悟朝贡使团与杭州商人孙讚进行交易。孙讚欠日本总船头货款 500 余两无力偿还。桂悟向浙江布政使要求孙讚以妻子为人质带到宁波，在宁波等候收回各地货款。[②] 日本贡使可以堂而皇之地向布政使主张其在杭州交易产生的债权，可见贡使沿途贸易是被官方认可的，尽管《大明会典》不允许这么做。

2. 交易的价格

针对朝贡国的贡品，明朝以丰厚的回赐作为对价。而"附至番物"的对价，明朝因朝贡国的不同又区别对待。至于"附之番物"官买的具体价格，往往依例而行，或临时议定。而临时议定的官买价格，会成为新例。《明英宗实录》记载，景泰四年（1453 年）十二月，礼部上奏：旧日收买日本朝贡商人的"私货"时，"计其贡物时直（值）甚廉，给之太厚。虽曰厚往薄来，然民间供纳有限。况今北虏及各处进贡者众，正宜撙节财用。议：今有司估时直（值）

① ［日］木宫泰彦：《日中文化交流史》，商务印书馆 1980 年版，第 583 页。

② 王慕民：《海禁抑商与嘉靖倭乱——明代浙江私人海外贸易的兴衰》，海洋出版社 2011 年版，第 38 页。

给之。已得旨从议"。①

万历《大明会典》卷 210 礼部给赐日本国条记录:"正贡外,使臣自进,并官收买,附来货物,俱给价,不堪者令自贸易。"

三、朝贡贸易法律制度的实施和制度评价

(一)朝贡贸易法律制度的实施

朝贡贸易的目的是为明王朝的政治服务,以维持对外政治关系的稳定为核心。因此朝贡贸易法律制度的实施会随着明王朝自身的政局及与朝贡国的政治关系的变化而变化。这就很容易导致朝贡贸易法律不能按照立法的规定执行。这也就是黄宗智所谓的"官方表达"与"司法实践"的矛盾。明代前期,朝贡贸易得以有效实施,在永乐时期达到高潮,弘治以后逐步衰落。而在嘉靖时期,尤其是受葡人东来影响后,朝贡体系几近崩溃。朝贡贸易是以朝贡体系为基础的,皮之不存,毛将焉附。就隆庆之前近两百年的朝贡贸易实施情况来看,总体体现如下特征。

1. 管理机构的设置和管理比较混乱

管理市舶的机构,反复变动。洪武时期,由市舶司主导朝贡贸易管理。永乐时期,明太宗朱棣重用太监,市舶司往往也屈从市舶太监。正德、嘉靖年间,东南沿海海防紧张,海上武装走私严重,主管海防的海道副使开始监管贸易。广东就形成了由海道副使主管,广州府及下辖番禺、东莞、香山等县相关官员参与的多头管理体制。万历年间,朝廷派出税使搜刮财富,海上贸易遭受极大冲击。万历二十七年(1599 年)太监李凤到广东,"开采雷州等处珠池,兼征市舶司税课"。李凤利用特权,把海上贸易商舶管理的权力重新转移到市舶司,并纳于自己的管理之下。万历四十二年(1614 年),李凤死后,市舶司重归广东地方政府体系,继续掌管广州、澳门贸易,并兼有协助海禁、防范接济走私等职责。

2. 朝贡贸易法律制度没有严格实施

朝贡贸易不仅受明王朝与朝贡国政治关系的影响,往往也受季风、地方政府和官员的态度、政府对私人贸易管控的能力和强度等诸多因素的影响。

---

① 《明英宗实录》卷 236。

正德到嘉靖时期,朝贡贸易与商舶贸易三番五次地发生"反转"。对于朝贡的贡期、人数、船商等数量限制,以及贸易禁令难以贯彻。

洪武时期朱元璋对于温州商人与暹罗贡使私下交易也没有严格执行朝贡管理法的案例:"时温州民有市其沉香诸物者,所司坐以通番,当弃市。帝曰:'温州乃暹罗必经之地,因其往来而市之,非通番也',乃获宥。"①

永乐元年(1403年),礼部尚书李至刚奏日本贡使至宁波府,宜派官员前往稽查,防止番舶运载违禁兵器,私与民间交易。明成祖说:"外夷向慕中国,来修朝贡,危蹈海波,跋涉万里,道路既远,赍费亦多,其各赍之以助路费,亦人情也,岂当一切拘之禁令。"李至刚复奏民间不得私蓄兵器,也不许买卖,惟当籍封送官。明成祖说:"无所鬻则官为准,中国之人市之,无拘法禁,以失朝廷宽大之意,且沮远人归慕之心。"②

永乐时期本来严格限制朝贡时的船数、人数和商品的数量,但是为了争取日方积极配合清剿倭寇,永乐皇帝自己赏赐给日本用于朝贡的五艘船就违反了朝贡贸易法"船限二艘"的规定。为了政治的需要,朝贡贸易法律制度没有被朝廷遵守。

《明史》记录了正统时期占城不按贡期朝贡的案例:"正统元年,琼州知府程莹言:占城比年一贡,劳费实多。乞如暹罗诸国例,三年一贡。帝是之,敕其使如莹言……然番人利中国市易,虽有此令,迄不遵。"③

《明史》记录了弘治时期琉球贡使违反贡道和贡期的朝贡案例:"弘治元年七月,其贡使自浙江来。礼官言贡道向由福建,今既非正道,又非贡期,宜却之,诏可。其使臣复以国王移礼部文来,上言旧岁知东宫册妃,故遣使来贺,非敢违制。礼官来请纳之,而稍减傔从赐赍。"④从朱元璋起就已经对琉球朝贡予以明文规定,琉球每三年一贡,由福建入贡。在琉球贡使违反贡道从浙江入贡,而且不符合贡期的情况下,尽管皇帝已经下诏却之,琉球国还是以前来贺喜东宫册妃为由来贡。明朝最终基本上接受了这次违制朝贡,仅仅是减少对侍从的赏赐作为惩戒。

从洪武到弘治时期的几起案例可见,明朝以朝贡贸易来维护政治关系,

① [清]张廷玉等:《明史》卷324,《暹罗》。
② [明]陈仁锡:《皇明世法录》卷11,《文皇帝宝训》。
③ [清]张廷玉等:《明史》卷324,《暹罗》。
④ [清]张廷玉等:《明史》卷323,《琉球》。

朝贡贸易法律制度会因政治关系的需要而予以变通,使朝贡贸易法律制度得不到严格执行。

(二)朝贡贸易法律制度评价

首先,明朝的朝贡贸易法律制度不同于宋、元。宋、元的朝贡关系与海上贸易是相互独立的。而明朝的朝贡关系与海上贸易是绑定在一起的。明朝的朝贡贸易排斥了私人海上贸易,具体手段就是海禁法。而宋、元对私人海上贸易是开放的,甚至是鼓励的。至元十五年(1278 年),忽必烈下诏行中书省唆都、蒲寿庚等:"诸番国列居东南岛夷者,皆有慕义之心,可因蕃舶人宣布朕意,诚能来朝,朕将宠礼之,且往来互市,各从所欲。"

明朝朝贡贸易在正德之前是不抽分的,而宋、元时期实施抽分制。《萍洲可谈》记录:"凡舶至,帅漕与市舶监官莅阅其货而征之,谓之抽解。以十分为率,珍珠、龙脑、凡细色抽一分,瑇、苏木、凡粗色抽三分外,官市各有差。然后商人得为己物。象牙重及三十斤,并乳香,抽外,尽官市,盖榷货也。"①禁榷即专买及其他舶货的收买、出卖、保管与解送。

明朝的朝贡贸易实施勘合制度,而宋、元的商舶贸易凭借公凭、公据贸易。李剑农指出:明初海上贸易相对宋、元出现新变化。明朝的市舶附于贡舶,优于贡直而免市税;有贡则许市,非贡则否;凡定期入贡,皆预给勘合,勘合不符合者不受;宋元海商之公凭公据,至明变为贡使勘合。②

其次,对朝贡贸易法律制度应该客观评价。洪武、永乐时期,朝贡贸易在对外关系上的确一度发挥了积极的作用,而且是理性和克制的,在解决倭寇问题上起到了一定的作用。也就是说经济上的付出换来了政治利益。相对于庞大的海防开支,这个是值得的。

洪武时期在"厚往薄来"方面是克制的,对表文、勘合的核准,对朝贡日期、规模等都有严格的限制。洪武五年(1372 年),朱元璋命中书省通谕各朝贡国家:"古者诸侯之于天子,比年一小聘,三年一大聘,若九州之外,番国远邦,则惟世见而已。其所贡献,亦无过侈之物。今高丽去中国稍近,人知经史,文物礼乐,略似中国,非他邦之比,宜今遵三年一聘之礼,或比年一来。所贡之物,止以所产之布十匹足矣,毋令过多,中书以朕意谕之,占城、安南,

---

① ［宋］朱彧:《萍洲可谈》卷 2。
② 李剑农:《宋元明经济史稿》,三联书店 1957 年版,第 160—173 页。

西洋锁里,爪哇,渤泥,三佛齐,暹罗、真腊等国,新附远邦,凡来朝者亦明告以朕意。"①

明王朝通过朝贡贸易法对朝贡贸易进行严格的限定。《大明会典》卷105 规定:"安南、占城、高丽、真腊、爪哇等国,每三年一朝贡,琉球国每二年一朝贡,每船百人,多不过百五十人。日本国按永乐条约规定,十年一贡,每贡正副使等毋过二百人。若贡非期,人船逾数,夹刀带枪,并以寇论。"宣德时重新规定:"十年一贡","舟毋过三艘,人毋过三百,刀剑毋过三十"。嘉靖二十九年(1550 年)又规定日本贡船"每船水夫七十名,三船共计水夫二百一十名,正副使者二员,居坐六员,土官五员,从僧七员,从商不过六十人"。只是永乐以后,明王朝的继承者虽不能实现朝贡贸易用以维护天下的目的,却放不下"厚往薄来"的帝国虚荣心。

永乐时期,利用朝贡贸易助力于朝贡体系的构建是较为成功的。具体有多方面的表现。一是在永乐时期有效遏制了倭寇对中国沿海的侵扰。明政府与日本足利义满之间利用朝贡贸易达成合意,给予日本经济上的回报来换取日本当局对海上倭寇的监控。永乐时期,倭寇骚扰中国沿海问题得到缓解。日本的足利义满当政时期,为了从朝贡贸易中得到的经济利益,积极推行严禁倭寇的政策,每次来华朝贡都会献上所捕获的倭寇头目。例如永乐八年(1410 年)八月,日本朝贡使团献上所捕获的对马、壹岐诸岛海寇头目 20 人,交由明朝政府处置。明朝政府为表示对义满的信任,让朝贡使团将 20 名倭寇头目带回日本自行处置。日本使团在返回宁波后,在芦头堰用铜甑"蒸杀之"。② 二是,利用军事力量和朝贡贸易,维护当时的天下秩序。例如郑和下西洋扩大了中国对东南亚、南亚地区的影响,而郑和下西洋的主要功能就是构建朝贡贸易关系。

另外,特别要指出,学者通常对朝贡贸易的"厚往薄来"原则横加指责。事实上,"厚往薄来"原则是自汉朝将朝贡体系作为构建天下秩序的手段以来"中华帝国"一直予以坚持的外交策略。该原则是朝贡关系的原则,并不是朝贡贸易的交易原则。随着朝贡关系的衰落,明朝政府就开始了理性的依据市场价格的官买,淡化了"厚往薄来"。在评价朝贡贸易制度时,不能将

---

① 《明洪武实录》卷 76。
② [清]张廷玉等:《明史》卷 322,《日本传》。

明朝政府为外交付出的成本计算在朝贡贸易项目上。

第二节　"广中事例"的商舶贸易法

"广中事例"是指弘治到嘉靖年间,广东海上贸易实施的新的贸易政策,具体包括弘治新例、正德抽分,以及嘉靖和隆庆时期形成的"广州—澳门"贸易体制。隆庆时期是"广中事例"发展成熟稳定的重要时期。

一、"广中事例"的形成

"广中事例"可以视为地方根据朝廷的需要而逐步推行的对外贸易体制。明朝中后期,政府财政危机、军事行动产生巨大耗费、皇室的奢侈生活的需求,这些开支都要求地方政府和官员设法予以解决。作为能够解决地方官员工资和军饷的重要来源,海上贸易的税收自然首当其冲。

"广中事例"实际上就是地方官员运作的,得到朝廷默认的适度放开海禁。其形成的具体原因是多方面的。其中之一是嘉靖时期内库奢侈品的短缺,尤其是名贵的香料、珠宝及药材的短缺。嘉靖十五年(1536 年)九月,因章圣太后目泪,需用海松子调治,嘉靖帝命广东布政司于暹罗濒海出所访求采进。[①] 嘉靖四十年(1561 年),宫中储存的龙涎香悉数毁于大火。"上恚甚,命再购。户部尚书高耀进八两,上喜,命给价七百六十两,加耀太子太保。实火时中人密窃以出,上索之急,耀重贿购得,因圣节建醮且上之,大称旨,加赏。盖中外之相为欺弊如此。未几,广东进龙涎香至五十七斤。"[②]《明世宗实录》卷 438 嘉靖三十五年八月壬子条称:"上谕户部:龙涎香十余年不进,臣下欺怠甚矣,其备查所产之处,具奏取用。户部覆请差官驰至福建、广东,会同原委官于沿海番舶可通之地,多方寻访,勿惜高价。委官并三司掌印官住俸待罪矣,获真香,方许开支。嘉靖三十五年(1556 年)十一月,广东布政司进龙涎香 17 两,算有所交代。嘉靖四十一(1562 年)年八月,高耀进龙涎香,得 8 两以进,遂大称旨。四十二年四月,广东进龙涎香,计 72

---

① 《明世宗实录》卷 191。

② [明]朱国祯:《涌幢小品》,王根林校点,上海古籍出版社 2012 年版,第 15 页。

两有奇。"从上述资料可见,嘉靖中后期,宫中对名贵的香料等奢侈品保持着旺盛的需求,而随着朝贡贸易的衰落,这种需求无法得到满足。而葡人几乎垄断了东南亚的香料市场,除了破除严禁与葡人官方贸易的困局之外,几乎别无选择。

另一个原因是,要解决政府的财政危机。例如正德抽分就是为财政危机所迫。正德元年(1506年)十月,内承运库署事太监奏内库财用不充,明武宗召集廷臣会议。户部臣奏曰:

> 今以岁入正数言之,夏税、秋粮、马草、盐课折银及云南闸办、各钞关船料银两,通计仅一百五十余万两。以岁出正数言之,宣大等六镇年例三十四万两,进库给军官俸粮银共三十三万五千余两;至于内库成造宝册之类,其数不得与知,大约并前折俸不下五十余万两,通计用百余万两。然入每亏于原额,而出乃过于常数。故以弘治十八年五月以后言之,诸边年例之外,添送银二百七十七万四千余两,给赏征进京军六万九千六百余两,给过盐米商人二十五万余两,赏在京官军七十二万四千二百余两,各边官军六十九万三千三百余两,陕西赈济二十万两,密云、居庸、紫荆、倒马等关召买粮草共一十二万八千余两。大婚礼取四十万两,礼买金送内库二万六千五百余两,通前年例,实用六百二十五万余两,又四川进金四千两,视旧例岁用之外,加至五六倍矣。[①]

由此可见,正德年间的财政危机十分严重。本来就入不敷出,又加上"入每亏于原额,而出乃过于常数",政府的财政危机更是日益深重。韩文的《为缺乏银两库藏空虚等事》指出:正德初岁入149万余两,岁出实用超出400余万两,并计旧例将达500余万两,"旧例与新用过银殆四倍于入矣"。[②]

嘉靖时期之所以沿用正德抽分制度,也是因为财政危机。嘉靖年间北虏南倭,加上沿海的海盗劫掠,京边沿海诸省饷额激增,再加上嘉靖帝崇尚道教,大兴土木,斋醮祷祀,开支十分浩大,导致库藏空虚。

宫中奢侈品消费需求旺盛、持续的财政危机和军事活动经费需求等是启动海上商舶贸易的直接推动力,而历史上长期存在的南海贸易圈稳定互

---

① 《明武宗实录》卷18。

② [明]陈子龙:《明经世文编》卷85。

通的贸易网络则是商舶贸易发展势在必行的基础。

（一）弘治新例

对于成本高昂而收益甚微的朝贡贸易，朝廷上下都已经有清楚的认识。降低费用、依据市场价格进行官买、通过"抽分"税制限制朝贡贸易已经逐步成为君臣共识。景泰二年（1451 年），明朝确立"收税则"。其中对苏木、胡椒等物每斤税钞牙钱、塌房钞各 670 文。[①]

弘治年间，对番国进贡"附至货物"抽分给价进行了规定：凡番国进贡，内国王、王妃及使臣人等附至货物，以十分为率，五分抽分入官，五分给还价值，必以钱钞相兼；国王、王妃钱六分，钞四分；使臣等，钱四分，钞六分。又以物折还，如钞一百贯铜钱五串，九十五贯折物，以次加增，皆如其数。如奉旨特免抽分者不为例。凡番国进贡船内搜出私货，照例入官，俱不给价。其奉旨给予者不为例。[②] 尽管《大明会典》明确规定了弘治年间的抽分制，但考察浙江、福建、广东三市舶司，弘治年间并没有抽分事例。抽分之法最早行于广东市舶司。"布政司案，查得正统以迄弘治，节年俱无抽分。"[③] 可能弘治新例没能付诸实施。

（二）正德和嘉靖年间抽分的反复

从史料记录来看，明朝针对朝贡贸易的抽分是在正德时期实施的。顾炎武的《天下郡国利病书》记录："布政司查得正统年间，以迄弘治，节年俱无抽分，正德四年后，镇巡等官都御史陈金等题，要将暹罗、满剌加国、吉兰国夷船货物，俱以十分抽三，该部将贵细解京，粗重变卖，留备军饷。"[④]正德五年（1510 年）广东都御史吴廷举又以连年用兵、军饷匮乏，要求将粗重者就地变卖，拨充军饷。他说："盗贼连年为乱，军饷不支，乞将正德三四年抽进过番货，除贵重若象牙，犀角，鹤顶之类解京，其余粗重如苏木等物，估价该银一万一千二百有奇，留变卖充军饷。"户部批准了这一请求。自此以后，凡贡船至者，不据年份，到即抽以十三之税，粗重者变卖充广东军费。这次变

---

① ［明］李东阳等撰、申时行重修：《大明会典》卷 35，《户部·商税》。

② ［明］李东阳等撰、申时行重修：《大明会典》卷 113，《礼部·给赐》。

③ ［明］黄佐：《广东通志》卷 66，《外志·蕃夷》。

④ ［清］顾炎武：《天下郡国利病书》卷 120。

革,是由非贡期不得贸易,走向不拘年份,随时抽分贸易的第一次尝试。[①]

正德抽分制的实施并不顺利,直到嘉靖年间,抽分制依然是反复不定的。表 5-1 汇集了正德和嘉靖时期朝廷要员对抽分制的不同态度和具体主张。陈金和吴廷举奏请实施的抽分制,在正德九年(1514 年)遭到质疑和非难。广东布政司参议陈伯献以奸民引夷、通番货、扰害地方为由,加以抨击。他说:"岭南诸货,处于满剌加、暹罗、爪哇诸夷,计其所产,不过胡椒、苏木、象牙、玳瑁之类,非若布帛菽粟,民生一日不可缺者,近许官府抽分,公为贸易,遂使奸民数千,驾巨船,私置兵器,纵横海上,勾引外夷,为害地方,宜亟杜绝。"[②]礼部采纳了陈伯献的意见,又取消了刚实行不久的"不拘年份,至即抽以十三之税"的改革措施,下令"抚按官禁番船,非贡期而至者,即阻回,不得抽分,以启事端,奸民仍前勾引者治之"。

表 5-1 正德、嘉靖年间朝贡贸易与商舶贸易的博弈一览

时期	官员	具体内容	影响
正德四年(1509 年)	广东镇巡都御史陈金	将暹罗、满剌加国,吉阐国夷船货物,俱以十分抽三,该部将贵细解京,粗重变卖,留备军饷。(顾炎武:《天下郡国利病书》卷 120)	
正德五年(1510 年)	广东都御史吴廷举	盗贼连年为乱,军饷不支,乞将正德三四年抽进番货,除贵重若象牙,犀角,鹤顶之类解京,其余粗重如苏木等物,估价该银一万一千二百有奇,留变卖充军饷。(《明正德实录》卷 67)	户部批准
正德九年(1514 年)	广东布政司参议陈伯献	近许官府抽分,公为贸易,遂使奸民数千,驾巨船,私置兵器,纵横海上,勾引外夷,为害地方,宜亟杜绝。(《明正德实录》卷 113)	礼部采纳

① 林仁川:《明末清初私人海上贸易》,华东师范大学出版社 1987 年版,第 283 页。

② 《明正德实录》卷 113。

续表

时 期	官 员	具体内容	影 响
正德十二年（1517 年）	广东布政使吴廷举	命番国进贡并装货舶船榷十之二解京，及存留饷军者俱如旧例，勿执近例阻遏。（《明正德实录》卷 149）	恢复正德抽分
正德十五年（1520 年）	御史丘道隆、何鳌	乞悉驱在澳番舶及番人潜居者，禁私通，严守备，庶一方获安。（《明史》卷 325，《佛郎机传》）	严加禁约，夷人留驿者，不许往来私通贸易，番舶非当贡年，驱逐远去，勿与抽盘。
正德十六年（1521 年）		自今海外诸夷及期如贡者，抽分如例，或不赍勘合及非期而以货至者，皆绝之（《明世宗实录》卷四"正德十六年七月己卯"）	
嘉靖八年（1529 年）	提督两广军务都侍郎林富	旧规，至广番舶，除贡物外，抽解私货，俱有则例，足供御用，此其利大者一也；番货抽分解京之外，悉充军饷，今两广用兵连年，库藏日耗，藉此可以充羡而备不虞……（顾炎武：《天下郡国利病书》卷 120）	下兵部议：……广东番舶例许通市者，毋得禁绝，漳州则驱之，毋得停泊，从之。（《明嘉靖实录》卷 106）
嘉靖九年（1530 年）	给事中王希文	……番舶一绝，则备倭可以不设，而民以聊生……	不拘年分至则抽税的方法被废。

　　正德十二年（1517 年），广东布政司使吴廷举又请立番舶进贡交易之法："命番国进贡并装货舶船榷十之二解京，及存留饷军俱如旧例，勿执近例

阻遏。"①自吴廷举恢复"不拘年份，至即抽货"改革措施以后，"番舶不绝于海澳，蛮夷杂沓于州城"，各国商船又复云集广州。这是广州抽分制的第二次变革。

正德十五年（1520 年），御史丘道隆、何鳌等上疏云："祖宗朝贡有定期，防有常制，故来者不多。近因布政吴廷举谓缺上供香物，不问何年，来即取货，致番舶不绝于海澳，蛮人杂沓于州城，禁防既疏，水道亦熟，此佛郎机所以乘机突至也，乞悉驱在澳番舶及番人潜居者，禁私通，严守备，庶一方获安。"明廷再次下令取消吴廷举的改革措施，重申"严加禁约，夷人留驿者，不许往来私通贸易，番舶非当贡年，驱逐远去，勿与抽盘"。②《明世宗实录》记载：正德十六年（1521 年），明世宗宣布："诏自今外夷来贡，必验有符信，且及贡期，方如例榷税。其奸民私船，不系入贡，及入贡不以期，即称诸夷君长遣使贸迁者，并拒还之。"

嘉靖八年（1529 年），提督两广军务都侍郎林富上疏请求抽分，提出了著名的"四利说"：

> ……番舶朝贡之外，抽解俱有则例，足供御用，此其利之大者一也；除抽解外，节充军饷。今两广用兵连年，库藏日耗，藉此可以充羡而备不虞，此其利之大者二也；广西一省，全仰给于广东。今小有征发，即措办不前，虽折俸折米，久已缺乏。科扰于民，计所不免。查得旧番舶通时，公私饶给，在库番货，旬月可得银数万两，此其为利之大者三也；贸易旧例，有司择其良者加价给之，其次贫民买卖，故小民持一钱之货，即得握椒辗转交易，于以自肥。广东旧称富庶，良以此耳。此其为利之大者四也。③

林富的奏请被批准。《明嘉靖实录》记载："下兵部议：安南、满剌加自昔内属，例得通市，载在《祖训》《会典》，佛郎机正德中始入，而亚三等以不法诛，故驱绝之，岂得以此尽绝番舶。且广东设市舶司，而漳州无之，是广东不当阻而阻，漳州当禁而不禁，清令广东番舶例许通市者，毋得禁绝，漳州则驱

① 《明正德实录》卷 149。
② ［清］张廷玉等：《明史》卷 325，《佛郎机传》。
③ ［清］顾炎武：《天下郡国利病书》卷 120。

之,毋得停泊,从之。"①朝廷再次恢复吴廷举所定的例则,这是第三次改革。

嘉靖九年(1530 年),给事中王希文和都御史汪铉又分别上疏反对林富奏请的抽分。奉旨,依拟行。这样,抽分制又被先前的严格的朝贡贸易所替代。从正德四年(1509 年)到嘉靖八年(1529 年),20 年内经过了三次反复。

实行抽分制的意义在地方政府可以将商舶贸易纳入朝贡贸易的抽分之列。不难想象,在地方政府得到朝廷可以对朝贡使团附带货物进行抽分的许可后,在执行过程中,他们会将这种抽分制度实施范围逐步扩大以追求林富所谓的"四利"。适用范围由符合朝贡贸易法规定的朝贡使团所携带商品,扩大到没有按照朝贡贸易法规定的朝贡国商人,比如,没有按贡期、贡道或人数商品规模的朝贡使团。从真实的朝贡使团到朝贡国商人假冒的朝贡使团,再扩展到非朝贡国海商,甚至是明令禁止的日本海商和葡商。

(三)"屯门体制"

地方官员在与朝廷谈论海上贸易时,只能是朝贡贸易体制下的话语。表面看来,主张开海的官员争取在朝贡贸易中中国对"附至货物"实施抽分,但是在实际操作中,或者官员在对朝贡贸易"附至货物"是否抽分还在争议之时,对商舶贸易的抽分已经存在,或者说一直存在着。

海道默许外国私人海商在屯门等海岛贸易。屯门岛是葡人首次登陆的中国领土。中外商人的走私活动形成了一套商人共同遵循的权宜性贸易规则,可称为"南头体制"(或称"屯门体制")。屯门地区的海上贸易从非法到合法,从无规则到有规则,后来成为"澳门体制"的一个来源。1557 年,葡人获准在澳门居留贸易,广州、澳门间的关税征收、贸易规则、中介组织等逐渐形成了一套新的"规矩",时人称为"广中事例"。②

嘉靖《广东通志》记载:"布政司查得递年暹罗国并该国管下甘蒲沰、六坤州与满剌加、顺塔、占城各国夷船,或湾泊新宁广海、望桐,或新会谭,或香山浪白、壕镜、十字门,或东莞鸡栖、屯门、虎头门等处海澳,湾泊不一。"可见嘉靖时期,屯门商舶贸易已经有较大规模,涉及东南亚各国,在屯门附近多个海澳开展。

---

① 《明嘉靖实录》卷 4。

② 李庆新:《地方主导与制度转型——明中后期海外贸易管理体制演变及其区域特色》,《学术月刊》2016 年第 1 期。

16世纪初,葡人皮列士在《东方志》中记录了当时广州与屯门贸易的情况:"那些持有许可证的国王,有馆宅供他们的使臣在城内交易商品,但没有许可的则在离广州30里外做买卖,货物从广州运去。"①

二、"广中事例"贸易法的内容

(一)管理机构

1. 镇抚三司

郭棐的《广东通志》卷69《外志·番夷》记载:"番商舟至水次,往时报至督抚,属海道委官封籍之,抽其十二,还贮布政司库,变卖或备折俸之用,余听贸易。隆庆间始议抽银,檄委海防同知、市舶提举及香山正官,三面往同丈量估验。每一舶从首尾两牔丈过,阔若干,长若干,验其舶中积载,出水若干,谓之'水号',即时命工匠牔刻,定估其舶中载货重若干,计货若干,该纳银若干,估验已定,即封籍其数,上海道,转闻督抚待报;征收如刻记后,水号微有不同,即为走匿,仍再勘验船号,出水分寸又若干,定估走匿货物若干,赔补若干,补征税银,仍治以罪号,估税完后,贸易听其便。"

这里提供了一些很有价值的信息,包括丈抽的过程、具体标准等。外商到埠,海防同知、市舶司提举、香山正官一同前往,丈量船的长、宽、容积、载重、载货种类,结合船只大小与所载货物种类,确定税额;丈量完毕,封籍报海道,转督抚;商人上省完税,听其贸易;若有走漏,补税治罪。②

周玄暐的《泾林续记》记载:"广属香山(按:即澳门)为海舶出入禁喉,每一舶至,常持万金,并海外珍异诸物,多有至数万者。先报本县,申达藩司。会(市)舶提举同县官盘验,各有专例。"③

正德年间,"广东市舶太监毕真奏:'旧例,泛海诸船,俱市舶司专理。迩者,许镇抚及三司兼管,乞如旧便。'礼部议:'市舶,职司进贡方物。其泛海客商及风舶番船,非敕旨所载例,不当预奏入。'诏如熊宣旧例行。(熊)宣,先任市舶太监也,常以不预满剌加等国番船抽分,奏请兼理,为礼部所劾而

① [葡]巴洛斯;[西]艾斯加兰蒂等:《十六世纪葡萄牙文学中的中国 中华帝国概述》,何高济译,中华书局2013年版,第170页。

② 李庆新:《明代海外贸易制度》,社会科学文献出版社2007年版,第362页。

③ 陈尚胜:《明代市舶司制度与海外贸易》,《中国社会经济史研究》1987年第1期。

罢。刘瑾私(毕)真,谬以为例云。"①从这份史料可见,市舶司主管朝贡贸易,而商舶贸易则由镇抚及三司兼管。

2. 海道副使

嘉靖四十三年(1564年),两广总督吴桂芳建议海道副使管辖从东莞以西至琼州的海域,并"领番夷市舶"。这里的"市舶"即商舶贸易。自此,就有海道副使主管商舶贸易。这样,市舶司主管朝贡贸易和海道副使主管商舶贸易就得以明确分工。

万历十四年(1586年)蔡汝贤在《东夷图说》中指出:"粤有香山濠镜澳,向为诸夷贸易之所,来则寮,去则卸,无虞也。嘉靖间,海道得饷,自浪白外洋议移入内,历年来渐成雄窟,列廛市贩,不下十余国,夷人出没无常,莫可究诘。"②郭棐的《广东通志》记载:"嘉靖三十二年,舶夷趋濠镜者,托言触风涛缝裂,水湿贡物,愿暂借地晾晒,海道副使汪柏徇贿许之。时仅蓬累数十间,后工商牟奸利者,始渐运砖瓦木石为屋,若聚落然。自是诸澳俱毁,濠镜独为舶薮矣。"③

这里的"海道得饷"和汪柏"徇贿许之"即所谓的时任海道副使的汪柏收取葡人每年五百两租金据为己有。有人对汪柏贿金进行质疑,这里不予详述,但由此可见海道在广州事例中具有举足轻重的地位。海道可以决定是否允许葡人贸易和是否可以在澳门居留。

3. 市舶司

郭棐的《广东通志》卷69《外志·番夷》记载:"外商到埠,海防同知、市舶司提举、香山正官一同前往,实施丈量;商人上完税后,听其贸易;若有走漏,补税治罪。"

市舶司在明朝一直是朝贡贸易的主要管理机构。在广州商舶贸易发展后,市舶司依然是重要的管理机构。著名中葡关系研究学者张天泽认为:

> 中国人在澳门设立了一个市舶司,以征收出口商税和泊税。每当船只到港,检查官就通知市舶司官员,将一份船货清单呈交给他们。待

---

① 《明武宗实录》卷65。

② 蔡汝贤:《东夷图说》,万历刻本,见《四库全书存目丛书》,齐鲁书社1997年版。

③ [明]郭棐:《广东通志》卷69,《外志·澳门》。

日期确定后,市舶使或其代表在检查官和船长陪同下,登船丈量船体。泊税的数额取决于船体大小。如果是葡萄牙的战舰,那么免征丈量船体的舶税。经过丈量后,船货便得进行估价纳税。然后,货物始能载往国外,或运至广州销售。船只离开时,须再通知市舶司官员。市舶税收均向广州地方政府上缴。①

4. 地方官员

严从简的《殊域周知录》记载:"(布政使)遣各府佐、县正之廉干者往抽分货物,提举司官吏亦无所预。"②可见地方官员也参与商舶贸易的管理。地方官参与的目的可能是为了多方参与相互监督制衡。

还有其他的关于地方官员参与管理的记录。康熙《新会县志》记载:"县濒海,旧有海南商艘及鱼盐、市舶,例赴县投税,岁可得数百金为公费。"嘉靖十二年(1533年),知县陈豪罢商税,"民蒙其惠"。③ 嘉靖年间,东莞知县林功懋"尝抽分番舶,峻却其赂,不近匿货,番人悚息"④。隆庆元年(1567年),周行任香山知县。"时彝高丽处澳门,番舶至,奉檄盘验;有例金,峻拒不纳,惟禁水陆私贩,及诱卖子女等弊而已。"⑤万历年间霍与瑕的《贺香山涂父母太夫人六十一序》记载:"澳门番舶,外国宝贝山积,皆县官司其权课……"⑥

5. 牙行等中介机构

葡人描述了南头的交易:南头的首领看见船只,便立即通知广州说船只已进入诸岛内;广州估价的人前去给商货估价,他们收取关税,带走所需数量的商品。中国已十分习惯给商品估价,他们同样知道你所需的货物,因此把商货带走。"广东事例"中很早就利用牙行来完成商舶贸易中的"平交易"和"税收"职能。嘉靖时期汪柏设立的"客纲客纪"也是牙行的一种,其比商舶贸易早期牙行的贸易组织能力更强。明朝后期的"十三行"或"三十六行"也是由官牙发展而成的中介机构。梁嘉彬在西班牙传教士留下的档案

---

① 张天泽:《中葡早期通商史》,姚楠译,中华书局1988年版,第117页。

② 〔明〕严从简:《殊域周咨录》,卷2,《东夷·日本国》。

③ 〔清〕贾雒英修:《新会县志》卷3,《纪事》,康熙二十九年刊本。

④ 〔清〕张二果、曾起莘:《东莞县志》卷4,《官师志》。

⑤ 〔清〕李卓揆撰、暴煜修:《香山县志》卷4,《职官》,乾隆十五年刊本。

⑥ 〔明〕霍与瑕:《霍勉斋集》卷11。

资料中发现,嘉靖三十五年(1556年)葡人在广州入市初期,有"十三行(馆)与之贸易,其中广人五行、泉人五行,徽人三行,共十三行等语"。①

(二)税收制度

1. 抽分制和实物税

正德之后的商舶贸易的抽分制逐步回归宋、元时期的抽分制的真实形态。不同于正德之前的"抽分制"——实质上是博买。正德年间广东采用抽分制。正德四年(1509年)曾十分抽三,正德十二年(1517年)改为十分抽一。嘉靖四十三年(1564年)庞尚鹏在《百可亭摘稿》卷一说:"(浪白澳)乃番夷市舶交易之所,往年夷人入贡,附至货物,照例抽其十分之二,乃听贸易。"②

葡人商船到广州贸易,最初也是抽其十分之二实物税,即抽分制。万历《广东通志》卷69《蕃夷》说:"番船舟至水次,往时报到,督抚属海道委官封籍之,抽其十二,还贮布政司,变卖或折俸之用,余听贸易。"葡人的游记也记录了中国向马六甲商人征收的关税:马六甲人为胡椒付20%,苏木付50%,新加坡木付同样数目;估价完毕后,一艘船按总数缴纳。其他商品付10%。③ 可见,正德、嘉靖年间,以及隆庆五年(1571年)之前,广州对外贸易实施抽分制,也即实物税。

2. 丈抽制和抽银税

抽分改为丈抽始于隆庆五年。隆庆五年以夷人报货多奸欺,查验困难,故改为丈抽制。根据梁廷楠的《粤海关志》卷22记载,清康熙二十四年(1685年)粤海关监督宜尔格图奏言:"粤东向有东西二洋诸国东往交易。系市舶提举司征收货税。明隆庆五年,以夷人报货奸欺难于查验,改定丈抽之例。按船大小以为额税。西洋船定为九等,后因夷人屡请,量减抽三分。东洋船定为四等。"④清康熙二十四年(1685年),粤海关监督宜尔格图提到前明对外国商船实施丈抽的原因,即"夷人报货奸欺,难于查验",明确提到

---

① 梁嘉彬:《广州十三行考》,广东人民出版社1999年版,第436—437页。

② [明]庞尚鹏:《百可亭摘稿》卷1。

③ [葡]巴洛斯:[西]艾斯加兰蒂等:《十六世纪葡萄牙文学中的中国 中华帝国概述》,何高济译,中华书局2013年版,第173页。

④ 梁廷枬:《粤海贡国说》卷4,《西洋诸国》,见《海国四说》,中华书局1993年版。

隆庆五年按九等征税的税例：

> 明兴，税法略有不同，已无抽分之法，改为量船丈抽，略有船钞之性质，或即为船货并征之全部进出口税亦可。而是时纳税，亦改为征收银两矣，丈抽之例，改定于穆宗隆庆五年（1571年），是时以前，为报货计取，后以外商报货奸欺，乃定丈抽之法，按船大小，西洋船定九等，丈抽三分，东洋船定四等，至万历二年（1574年）时，又规定凡贩东西二洋鸡笼淡水诸番及广东高雷州、北港等处商渔船引，由海防同知官管理之。每引纳税引多少，有定额名曰引税，即华商回国入口时之征税。[①]

万历《广东通志》卷69《蕃夷》记载："隆庆间始议抽银，悉委海防同知、市舶提举司及香山臣官三面，同往丈量估验，每一舶从首尾两艑丈阔若干，长若干，验其舶中积载，出水若干，谓之水号，即时命工匠艑刻定，估其舶中载货重若干，计货若干，该纳银若干，即封籍其数，上海道，转闻督抚，待报征收，如刻记后水号微有不同，即为走匿，仍可勘验船号出水分寸又若干，定估走匿若干，仍治以罪。"[②]

从明清史料可见，丈抽和征银是在隆庆年间开始实施的。这是海上贸易史上的重要变革，说明海关制度逐步规范和便捷。同时也证明隆庆时期是"广中事例"逐步成熟期。

（三）"澳票"制度

广东对外国商船的抽分是掌握在海道副使等地方官手里的，因要派一位抽分官动逾两月，故外国商船往往无法等待，而擅自进行交易，广东沿海商民亦趁机"私通番舶，络绎不绝，不待比号，先行货卖"。为了改变这种状况，嘉靖时期霍与瑕提出了"澳票制"。每年六月间，由政府召集商人，先将"澳票"发给他们，待外国商船到达，即可随抽分官下澳进行交易。[③] 李金明认为："澳票"大概与浙江的"信票"一样，都是由官方指定可信赖的铺商专营进出口货物，以杜绝外商擅自进行交易。[④]

嘉靖二十二年（1543年），葡人获准在澳门居留。史书记载：葡人借口

---

① 侯厚培：《中国国际贸易小史》，山西人民出版社2014年版，第51页。
② ［明］郭棐：《广东通志》卷69，《蕃夷》。
③ ［明］陈子龙等：《明经世文编》卷368。
④ 李金明：《明代广东三十六行新论》，《学术研究》1988年第3期。

晾晒货物,贿赂当时的海道副使汪柏,达到在澳门居留的目的。此后,澳门取代屯门成为广州外港。从广州到澳门进行贸易的中国商人需要向官府申领许可证——澳票。

(四)纲首、纲纪制度

1. 揽头

明中叶,揽头已经活跃在商业活动中。资料显示,在对外贸易领域,揽头具有官方职能,专事评估市价,代纳饷税,垄断市利。嘉靖十一年(1532年)九月,户部尚书许瓒等应诏陈言六事:一曰"内府本色折色物料,每银一千两则给扛解银一百二十两,管解者贿求吏典增减……领银后或于本地及附近出产地方市买物料至京,又投托揽头,以时估上纳,而余银尽为所干没矣……"[①]

2. 铺行与夷商纲纪

铺行与夷商(舶)纲纪,都是官府许可经营的经济组织。从经营内容看,铺行主要负责为官府组织器物加工,大概属于"揽头"之类。"物之产于外夷者,夷商供之;物之出于内地者,内商供之。"而"夷商(舶)纲纪"则是经营对外贸易的商行。

黄佐的《广东通志》卷 68 记载:"嘉靖三十五年(1556 年),海道副使汪柏乃立客纲、客纪,以广人及徽泉等商为之。"这里所谓"客纲""客纪",其实是牙行的组织机构。他们由纲首负责。正如黄佐所指出的:"番商者,诸番夷市舶交易,纲首所领也。"这种牙行机构,已经完全脱离了附属于市舶司的关系,开始代替市舶司执行管理贸易市场的职责,并且逐渐控制与垄断着海外贸易。裴化行曾根据法文材料《海道助理员汪柏定计》的记载指出,1555年下半年(嘉靖三十四年),葡萄牙商船来到广州贸易,发现"商业的利源是被属于广州、徽州、泉州三处的十三家商号垄断着"。[②]

3. 三十六行

明朝后期广州、澳门出现了新的商业组织,称为"三十六行"。周玄暐的《泾林续记》记载:

---

① 《明世宗实录》卷 142。
② [法]裴化行:《天主教十六世纪在华传教志》卷 94 页。

广东香山为海舶出入喉喉，每一舶至，常持万金，并海外珍异诸物，多有至数万者。先报本县，申达藩司，令舶提举同县官盘验，各有长例……继而三十六行领银，提举悉十而取一，盖安坐而得，无簿书刑杖之劳。

三、"广中事例"贸易法的实施

"广中事例"贸易法的实施取得了积极的政治和经济效果。首先，消除了海上隐患。日本与中国的贸易得到间接实现。葡萄牙利用澳门基本得到贸易的需要。葡人也不再在闽浙利用类似双屿、浯屿的走私据点实现贸易。其次，实现了中外海上商贸需求。澳门成为世界贸易体系的重要一环。"长崎—澳门—马六甲""马六甲—果阿—里斯本"等国际贸易航线得以通畅。另外，促进了商舶贸易的发展，形成了对外贸易的管理制度。同时，政府通过税收解决了军饷，一定程度上减缓了财政危机。

当然，"广中事例"还存在诸多不足之处。首先制度对海禁的开放程度十分有限。中国海商不能出洋贸易。只能在澳门实现海上贸易。中国与日本的贸易名义上依然是禁止的。这样，日本和中国的贸易只能在澳门实现，对于双方都增加了贸易成本。其次，葡萄牙居留澳门，而中外海商在广东的贸易通过"澳门—广州"二元中心完成，葡萄牙坐享中外海上贸易的好处。

第三节 "月港体制"的商舶贸易法

一、"月港体制"的形成

（一）月港体制

隆庆元年（1567年），福建巡抚都御史涂泽民上疏请开东西二洋，被批准。同年，海澄县设立。于是在福建漳州的月港形成了由政府管理的允许私人海商出洋贸易的海上贸易模式，继而形成了一系列海上贸易管理和税收等政策。这一系列的变革形成的海上贸易体制被称为"月港体制"。对于"月港体制"必须从三个方面理解。

　　首先,"月港体制"是隆庆改革的重要成果。"准开东西二洋",是有明一代的重要海上贸易制度变革。自明初到隆庆元年的近二百年时间内,政府终于允许私人海商出洋贸易。"月港体制"是经过嘉靖、隆庆、万历三朝的酝酿而形成和发展的,但隆庆时期是最为关键的时期,形成的是最具实质意义的举措。

　　其次,"月港体制"是隆庆改革在海上贸易的集中体现,但它只是部分开禁,它只允许私人海商从月港出洋贸易,但不允许外国海商入境贸易。从范围来看,一般只是允许福建漳州和泉州的海商,后来扩展到福州、兴化等特定沿海区域的海商出洋。除此之外的其他地区的海商出洋,依然在禁止之列。在出洋的总的船只数量上有所限制。禁止私人海商前往日本贸易。另外,明朝隆庆开海或者开禁,只在福建月港。其他沿海依然实施海禁,故不能视为明朝海禁的撤销。例如有学者认为:"其禁民出海之法令,竟施行几及二百年之久,至隆庆元年(公元 1567 年)始撤销。"①这是对历史事实的误解。

　　另外,"月港体制"产生了重要影响。一方面它推动了商舶贸易的发展。不仅福建漳泉之地的私人海商有机会出洋贸易,浙直及其他地方的海商也可借助漳泉海商达到出洋贸易的目的。商舶贸易得以重新繁荣。"市舶之设,始于唐宋,大率夷人入市中国,中国而商于夷,未有今日之伙也。"②政府可以通过征税增加财政收入,用于补贴军费开支,巩固海防。正如周起元在《东西洋考·序》中所说:"穆庙时,除贩夷之律,于是,五方之贾,熙熙水国,刳舻艅艎,分市东西路,其捆载珍奇,故异物不足述,而所贸金钱,岁无虑数十万。公私并赖,其殆天子之南库也。"另一方面,月港开禁导致海禁的进一步松弛,引发浙直等地的私人海上贸易迅速增加。私人贸易得以发展,而"海通寇转商"也得以实现,困扰明朝的"倭患"得以缓解。

　　(二)"月港体制"形成的原因

　　1. 月港的私人海上贸易地位

　　月港地处漳州南部。因"僻处海隅,俗如化外"③,所以是政府政治力量

---

　　① 　[元]汪大渊著,苏继顾校释:《岛夷志校释序言》,中华书局 2000 年版,第 9 页。
　　② 　[明]张燮:《东西洋考》,卷 7,《饷税考》。
　　③ 　[明]陈子龙等:《明经世文编》卷 283。

难以有效控制的"空隙之地"。月港是联结腹地与海外的重要贸易枢纽,"外通海潮,内接山涧"①。再加上福建沿海诸府州山多田少,生活难以自给自足,就必须通过沿海贸易或对外贸易才能存活。因此,明朝时期,月港一直是大海商和大海盗出没的走私要地。正如傅衣凌指出的:"福建的海商大贾,通番世宼,如阮其保、李大用、谢和、王清溪、严山老、许西池、张维,以及二十四将、二十八宿等,差不多都为漳州月港人。"②这样,月港一直是对外私人贸易的中心。"闽漳之人,与番舶商贸贩番物,往来络绎于海上",月港"豪民私造巨舶,扬帆外国,交易射利,因而诱宼内讧,法不能止"。③ 早在成、弘之际月港就呈现"货物通行旅,资财聚富商,雕镂犀角巧,磨洗象牙光"的兴盛景象,成为闽南一大都会,享有"天下小苏杭"盛誉。

正德到嘉靖年间,在朱纨严行海禁前,月港同双屿一样是当时国际贸易的中心。当时月港"东通日本,西接琉球,东南通佛郎机,彭亨诸国"。"每岁孟夏以后,大舶数百艘,乘风挂帆,蔽大洋而下"。"闽漳之人与番舶夷商,贸贩番物,往往络绎于海上"。月港能够成为当时远东国际贸易中心,除当地与海外的贸易需求之外,还主要有三个原因。第一,正德与嘉靖过渡期间,葡人在广东多行不端被驱逐,被迫就近前往福建漳州贸易。嘉靖八年(1529年)林富的奏疏表明:"有司自是将安南,满剌加诸番舶尽行阻绝,皆往漳州府海面地方,私自驻扎,自是利归于闽,而广之市井萧然矣。"④第二,外国海商为了逃避抽税和节省陆运费用,主动到福建进行私人贸易。他们"欲避抽税,省陆运,仍由福人导之改泊海沧、月港,浙人导之改泊双屿,每岁夏季而来,望冬而去"。俞大猷的《正义堂文集》也提到葡萄牙人"前至浙江之双屿港等处买卖,逃免广东市舶之税。"⑤第三,嘉靖元年(1522年)发生宁波"争贡之役"后对日贸易受到影响,日本私人海商也来到闽浙沿海,并与葡人建立了海商贸易关系。这三个原因促进了月港私人贸易的迅速发展。

---

① 傅夏器:《王公城碑记》,载沈定钧:光绪《漳州府志》卷44,《艺文四》。
② 傅衣凌:《明代福建海商》,人民出版社1980年版,第107页。
③ (乾隆)《海澄县志》卷1。
④ [清]顾炎武:《天下郡国利病书》,卷93。
⑤ 俞大猷:《呈总督军门在庵杨公揭一首:论海势宜知海防宜密》,见《正气堂集》卷7,厦门博物院、集美图书馆,1991年清道光木刻本重印。

2. 漳州是难以遏制的乱源

月港及其周边地区地处闽粤交界,民风彪悍,海上贸易又是当地百姓生存的不可或缺的手段。从历史上看,自宋、元以来,朝廷的政令在这里就很少得到重视,因此明朝海禁同样在此难以奏效。如果说以前的朝代对漳州和潮州是以"不治而治"的话,明初的海禁则将双方之间的"缓和地带"完全消除了,明朝政府力图实行海禁,不惜出动军队镇压,而漳州的民众毫不犹豫地举兵反抗,双方的生死角斗时断时续。一直到明代末期,闽粤边境都有大规模的反抗运动。① 月港所在的漳州,在海禁政策下成为动乱的源头。有诸多史料可以证明这一点。福建同安的势要林希元指出:"龙溪,漳首邑,其地负山而襟海,山居之不逞者,或阻岩谷林箐,时出剽掠,为民患;海居之不逞者,或挟舟楫,犯风涛,交通岛夷。甚者为盗贼,流毒四方。故漳州称难治莫龙溪者也。"②由于漳州特殊的地理环境,地方的动乱往往难以及时扑灭。林魁在《安边馆记》中指出:"漳浦悬钟、徐渡诸澳,绵亘数百里,东际大海、南密诸番,仓卒有变,请计台府,动经旬月。逮至扑灭,流毒已深。"③而且当地海贼与山寇往往并存,他们辗转山海之间,政府往往无计可施。

明朝政府先后在月港所在地设立治理机构,但往往收效甚微。嘉靖九年(1530年),根据巡抚都御史胡琏的建议,政府把巡海道移驻漳州,并在月港东北十多里的海沧澳建立安边馆,"委各府通判一员驻扎,半年一易"。④建立安边馆的目的就是镇压走私及反抗,但并不见效。嘉靖二十六年(1547年),朱纨巡抚浙江,提督福建军务,厉行海禁,通过走马溪之役等一系列的军事行动,走私贸易受到一定的压制。但朱纨因此遭弹劾而自杀,因此走私更加活跃。嘉靖三十年(1551年)在月港设立靖海馆,往来巡查。嘉靖三十六年(1557年)海寇许老、谢策盘踞月港。随后"二十四将"叛乱,导致靖海馆形同虚设。嘉靖四十二年(1563年),谭纶建议靖海馆改为海防馆,但走私贸易依然难以控制。郑若曾说:"漳泉强梁,狡猾之徒,货货通番,愈遏愈炽,不可胜防,不可胜杀……福建之乱,何时已乎,福建不已,浙直之患,何时

---

① 徐春望:《明代前期福建史:1368—1521年》,线装书局2016年版,第257页。
② 林希元:《林次崖集》卷10,《金沙书院记》,四库全书存目第75册,第637页。
③ (乾隆)《海澄县志》卷22。
④ 何乔远:《闽书》卷30,《方域志》。

靖乎?"①

3."海防"和"开海"双管齐下

隆庆开禁是在朝野进行大讨论的基础上进行的决策。张时彻作为保守思想代表者对开禁的顾虑具有代表性。他认为:"成祖之许入贡先有威以制之也,今威未行而遽许之非惟无益,恐彼借入贡之名来无常期,人舟不遵定数,发生事端矣。"隆庆时期虽然采纳了开明派的开禁建议,但是也充分考虑了保守派的顾虑。所以"月港体制"是"海防"和"开海"的兼顾。

在明朝中后期,长期存在因倭寇问题引发的与日本"通贡道"和对外"开互市"的争论。尤其是在嘉靖末年围绕如何彻底解决倭患问题开展的大讨论。这次讨论在《筹海图编》中得到清晰的呈现。维持海禁的保守派的主要理由就是如果没有朝廷在海疆对四夷的威权,那么"通贡道"或"开互市"都是开启祸端。时任南京兵部尚书的张时彻强调的观点是:"不严禁奸之令,而欲开非时入贡之门,是止沸而益之薪"②这也是其他很多大臣提到的:"或云互市之说即入贡之说也,若我之威有以制之则彼以互市为恩,不然则互市之中变故多矣。"③邓钟在《论海市》中对这个问题有更为深入的阐释:

> 市舶海禁之开,惟可行于闽、广,何也? 广东去西南诸番不远,其货物皆足资中国之用,非若日本惟日本惟一刀一扇耳。且南方风气柔弱,非倭奴剽悍之比,故香山之抽税,凡以收诸夷之利也。福建阻山负海,旁旅病于跋涉,民多贩海为生,禁之太严,奸民势穷必为盗。自纳饷过洋之例开,豪猾之徒咸趋利而畏法,故海澄之开禁,凡以除中国之害也。若行之于他省,则如汪直构祸,遂使倭乱侵寻,可为殷鉴矣。然海禁开于福建为无弊者,在中国往诸夷,而诸夷不得入中国也。倘严其违禁之物,重其勾引之罪,则夷夏有无可以相通,恣其所往,亦何害哉!④

漳州月港之所以开禁,是以确保海疆安全为前提条件的。除海防馆外,隆庆元年在月港所在区域设置海澄县,加强政府对该地的有效控制的基础上,权衡利弊,才得以"开东西二洋"。

---

① [明]郑若曾:《筹海图编》卷 4,《福建事宜》。
② [明]郑若曾:《筹海图编》卷 12 下,《开互市》。
③ [明]郑若曾:《筹海图编》卷 12 下,《开互市》。
④ [明]谢杰:《虔台倭纂》卷上,《倭利》。

（三）"月港体制"形成过程

1. 加强月港的行政管理

明政府先后设立安边馆、靖海馆、海防馆、海澄县、督饷馆等机构加强月港的行政管理。嘉靖九年（1530 年），都御史胡琏巡视浙江兼制福建，议移巡海道驻漳州，而于海沧置安边馆。岁委各府通判一员驻扎，半年一易。① 林魁的《安边馆记》记载："宜酌其要害，分设府署，董以专官，量假事权，使先事防察，以遏乱萌，诚于制驭之体便。乃即海沧建署，于列郡佐刺中，择才大夫递膺厥任，俾以饵盗贼，禁通夷，理狱讼，编舟楫，举乡约，兴礼俗，大要以安民为尚，庶事行革，听其便宜……"

嘉靖九年（1530 年），根据巡抚都御史胡琏的建议，巡海道移驻漳州，并在月港东北的海沧澳建立安边馆。委各府通判一员驻扎，半年一易。② 嘉靖三十年（1551 年），明廷在月港设置靖海馆，执行海禁政策。随后月港被谢老等海盗集团实际占领。靖海馆没能发挥禁止私人贸易的功能。嘉靖四十三年（1564 年），都御史谭纶更靖海馆为海防馆。同年，海道副使周贤宣剿灭月港二十四将之乱。嘉靖四十四年（1565 年），由知府唐九德筹建县治，"割龙溪一都至九都及二十八都之五图，并漳浦二十三都之九图，凑立一县"③。隆庆元年（1567 年），正式建县，名为海澄县，县治在月港桥头。

2. 隆庆月港开海

隆庆元年，福建巡抚涂泽民奏请明廷部分开放海禁。《东西洋考》记录："嘉靖四十四年（1565 年），奏设海澄县治，其明年，隆庆改元，福建巡抚涂泽民请开海禁，准贩东西二洋。"④这里必须谈谈隆庆开海的目的。从史料来看，朝廷与地方在开海的动机上并不完全一致。在消除倭乱海盗方面，朝廷与地方目的是一致的。明人邓钟的论述具有代表性：

> 市舶海禁之开，惟可行于闽、广，何也？……福建阻山负海，旁旅病于跋涉，民多贩海为生，禁止太严，奸民势穷，必至为盗。自纳饷过洋之

① ［明］蔡国祯、张燮等纂，梁兆阳修：《海澄县志》卷 17，《艺文志》。
② ［明］何乔远：《闽书》卷 30，《方域志》。
③ （乾隆）《海澄县志》卷 1。
④ ［明］张燮：《东西洋考》卷 7，《饷税考》。

例开,豪猾之徒咸趋利而畏法,故海澄之开禁,凡以除中国之害也。若行之他省,则如汪直构祸,遂使倭乱侵寻,可为殷鉴矣。然海禁开于福建为无弊者,在中国往诸夷,而诸夷无可以相通,恣其所往,亦何害载![①]

对地方政府来说,除害之外,更关心的是解决军饷问题。明人谢彬的观点,能够更多地反映地方政府和官员的想法。嘉靖四十三年(1564年),曾在广州任官的月港人谢彬向当时的漳州海防同知邓士元上了个提议:

为今之计,若听其贩易近地,土夷官不教之,亦不禁之,但不许通贩倭国。盖近地土夷自来未有至中国者,五澳之民,国初通贩至今,亦未闻有勾引之患。惟严立船户保甲,不许为非,一船事发,众船连坐。如此则虽不行市舶,而市舶之利亦兴,不必烧船而大船之害自息。且官府亦赖以守境御贼,官船兵食因可减省,所谓导民必自其源,利兴则害自去。[②]

在隆庆开禁的实施过程中,我们可以看到隆庆元年,准贩东西二洋,而隆庆六年才征收商税。可见明廷和地方政府在目的实现中是有轻重缓急的。

3. 管理制度的逐步完善

隆庆元年,实现月港开海。实施船引制度、船户保甲制、众船连坐制等。隆庆六年(1572年),漳州知府罗青霄以“所部雕耗”为由,呈请抚按征收商舶饷税,获得批准。从万历十七年(1589年)开始,限定每年出洋88艘,后来增加到110艘,万历二十五年(1597年),总数达到137艘。饷税的管理机构从开征之初由海防同知督饷到万历二十五年前后改为福建各府佐刺轮署督饷馆。

二、“月港体制”的贸易法内容

(一)管理机构

隆庆福建开海,“许其告给文引,于东西诸番贸易,惟日本不许私赴。其

---

① ［明］谢杰:《虔台倭纂》卷上,《倭利》。
② ［明］蔡国祯、张燮等纂、梁兆阳修:《海澄县志》卷19,《艺文志》。

商贩规则,勘报结保则由里邻,置引印簿则由道府,督察私通则责之海道,抽税盘验则属之委官。"①可见,"月港体制"对商舶贸易有严格的管理制度,其管理机构包括地方政府、海防同知和牙行等。

1. 海防同知与海防馆

隆庆开禁后,商舶事务全由海防同知管理,负责检查盘验,并征收税饷。隆庆元年(1567年),月港开设"洋市",成为国内唯一允许私人海商出洋贸易的港口。隆庆六年(1572年),确立海防同知兼理"洋市"税务,以海防馆为督饷公馆,正式颁发"商税则例"。万历初年,明政府在隆庆改革的基础上颁布"海税禁约十七事""东西洋水饷等第规则""陆饷则例",逐步形成以船引、水饷、陆饷、加增饷为核心的一套完整的海上贸易管理和税收制度。

海防同知一职是由福建巡抚谭纶奏请设立的。嘉靖四十二年(1563年),时任福建巡抚的谭纶下令招抚海盗:"仍请设海防同知,颛理海上事,更靖海馆为海防馆,由海防同知驻扎。"海防同知是明代中后期沿海府州设立的管理海防事务的文职散官,品级为正五品,授奉政大夫,简称"海防官",又称"海防大夫"或"防海大夫"。福建漳州府有"同知二员,原设一员,佐知府以理庶务,兼管清军。嘉靖四十五年,添设一员,专官海防,正五品,初授奉议大夫,升授奉政大夫"。②

嘉靖四十三年(1564年),曾在广州任官后擢升山东副使的月港人谢彬在向漳州海防同知邓士元的提议中提出:

> 为今之计,若听其贩易近地,土夷官不教之,亦不禁之,但不许通贩倭国。盖近地土夷自来未有至中国者,五澳之民,国初通贩至今,亦未闻有勾引之患。惟严立船户保甲,不许为非,一船事发,众船连坐。如此则虽不行市舶,而市舶之利亦兴,不必烧船而大船之害自息。且官府亦赖以守境御贼,官船兵食因可减省,所谓导民必自其源,利兴则害自去。

谢彬向邓士元的提议是否被采纳,不得而知。对照隆庆开禁后月港的

---

① 《明神宗实录》卷316。
② 转自黄友泉:《明代月港督饷馆杂考——兼与郑有国先生商榷》《漳州师范学院学报(哲学社会科学版)》2012年第3期。

具体制度来看,基本与谢彬的建议是一致的。就谢彬向邓士元的提议来看,不管该提议是否被采纳,至少说明海防同知拥有对月港海上贸易的管理权限。

著名学者候厚培对月港的海防同知职权与市舶司的职权进行了比较。他认为:"惟是时,海防同知之兼管引税,与明代之市舶职务又有不同。市舶之设,乃主贡夷及贡商来市者,即管理外人之来华者,而是时之海防同知,则管理华商下番回棹时带货之征税。"①尽管该比较指出了海防同知针对中国海商出洋贸易的管理与市舶司针对来华贡舶的管理对象不同。事实上,就隆庆时期而言,市舶司的管理职能已经被边缘化,仅仅是贡舶贸易的参与者。在广州海上贸易中,主管者已经是海道副使,而商舶贸易的估价和税收已经由"官牙"取代。

2. 牙行

月港开"洋市"后,政府设有牙行。作为中介机构,其功能除价格评估等交易服务外,更为主要的是协助政府进行海上贸易管理,尤其是为私人海商提供船引办理和担保。《厦门志》记载:"厦门未设口之先,各船驶进大担口,直抵海澄、石码,行保在焉。"这里的行保就是牙行。海商从月港出洋,需要获得政府批准的"船引"。船舶返回后,要办理"销引"手续后才能销售货物。牙行,就是以保人的身份为船商办理"商引""销引"的中介机构,即"行保"。散商的番货也得以各行各业的牙行为中介而销售。要担当"行保"的职责,当然要有社会地位,并为官府信任,故牙行通常由豪门巨室掌控。

有学者论述了明清时期的保歇制度。② 保歇是政府与乡民之间的中间机构,是政府为了赋税和词讼审理方便而设置的一种制度。它在政府方面是执行政策的一种担保,在乡民角度则是进行赋税和词讼时提供辅助的歇家。保歇是明清时期基层社会普遍存在的中介机构,而在海上贸易领域,尤其是月港开海口的私人贸易中,这些保歇就成为昔日"大窝主"介入月港体制的表现形态。一方面自己组织贸易,积极夺取出海贸易的许可,然后高价转卖给散商。另一方面,他们通过经营担保等服务获取高额利润。

---

① 侯厚培:《中国国际贸易小史》,山西人民出版社2014年版,第33页。
② 胡铁球:《明清保歇制度初探》,《社会科学》2011年第6期。

（二）船引、官单制度

如果说朝贡贸易对于番舶的管理主要靠勘合，那么对于中国海商出洋贸易进行管理主要靠船引。船引是政府发放给海商的，在其出洋和返程时供查验的通行凭证。船引制度在宋、元时期就已存在。日本学者藤田丰八在《宋代之市舶司与市舶司条例》一书中认为："所谓公凭引目""文引"或"引"，是贩卖许可证，亦记有货物名目数量。① 至于市舶司引的给付，《宋会要》有云："元丰五年十二月二十一日，广西转运副使吴潜言，雷化发船之地，与琼岛相对……""端拱二年五月，诏自今商旅出海外蕃国贩易者，须于两浙市舶司陈牒，请官给券以行，违者没入其宝货。"

月港实行的船引制度可能来源于嘉靖时期近海贸易实施的"符"制。嘉靖十五年（1536 年），御史白贲建议放宽对东南沿海的近海贸易。"民有出海货卖，在百里外者皆诣捕盗官处自实年貌、贯址，以符给之，约期来销。使去有所由，归有所止。"

《东西洋考》卷 7《饷税考》记载："给引时，商船量报樑头登引。而海道发印信官单一本，发给商人，以备登报各舱货物，递送掣验。""（官单）令诸在船散商亲填货物多寡，如不能书者，即写代笔某人。"②明朝的船引制度是隆庆时期的创造。隆庆之前，官方实施海禁，自然不存在船引制度。黄盛璋在《明代后期海禁开放后海外贸易若干问题》中认为，船引制度的实施史籍没有明确记载年代，但可以断定就在隆庆开放海禁的同时，因为开放海禁首先就要发给船引。船引是政府对海商出洋贸易的批准认可，所以船引制度是明代后期开放海禁的第一标志。③ 隆庆四年（1570 年），西班牙殖民者在菲律宾见到四艘中国商船，船主"持有白布上盖有公章的安全文书"。④ 这里的"盖有公章的安全文书"就是最初的船引。这说明，船引制度在隆庆四年之前就已存在。

船引由海防官签发，具体内容包括器械、货物、姓名、年貌、户籍、住址、目的地、回销日期等。海防官和各州县都存根可以查验。

---

① ［日］藤田丰八：《宋代之市舶司与市舶条例》，魏重庆译，山西人民出版社 2015 年版，第 122 页。

② ［明］张燮：《东西洋考》卷 7，《饷税考》。

③ 黄盛璋：《明代后期海禁开放后海外贸易若干问题》，《海交史研究》1988 年第 1 期。

④ 黄盛璋：《明代后期海禁开放后海外贸易若干问题》，《海交史研究》1988 年第 1 期。

(三)进出洋盘验监管

月港开禁后对私人海商的进出港口的货船进行严格的盘验和监管。商船出港时,由督饷馆派人登船验引,防止夹带各种违禁品出洋。出海商船经过盘验合格后,才能开洋。商船回航时,由南澳、浯屿、铜山诸寨及岛尾濠门、海门等各巡检司先委官订封,全程派舟师护送,名曰"以防寇掠",实际上是防止地方小艇接应货物。进港后,船引要立即送交复查。如有越贩回澳、弃船登岸、盗盘货物等,将人船擒获解治。此外,对商船往来期限有明确规定。去西洋贸易的商船,则每年十一、十二月发行,次年六月必须回销。去东洋贸易的商船,多在春初发行,严限五月内回销。如果商船在外压冬未能按期返回的,严拘家属监禁,即使没有通倭情弊,亦必罪以违限。

每张船都要详细填写船商的姓名,年貌、户籍、住址、贸易目的地、回销日期、商品名称和数量等。"商众务尽数填引,毋得遗漏"。同时海防官及各州县要设置循环号簿两扇,照商引登器械,货物、姓名、年貌、户籍,住址,向往处所,限期等,"按日登记"。如所报有差错,船没官;如物货斤数不同,货没官。[①]

(四)税收制度

隆庆六年(1572年)漳州"商税则例"形成。隆庆六年,漳州郡守罗青宵以所部凋耗、官府开支浩大、提议恢复税课司、立巡栏、开征商税,得到福建府衙首肯,置司抽分,形成新的"商税则例"。"隆庆六年,本府知府罗青宵建议,方今百姓困苦,一应钱粮,取办里甲,欲复税课司,官设巡栏,抽取商民船只货物即海船装载番货,一体抽盘;呈详抚按,行分守道,参政阴复议,官与巡栏俱不必设。但于南门桥柳营江设立公馆,轮委府佐一员督率盘抽,仍委柳营江巡检及府卫首领县佐更替巡守,及各备哨船兵役,往来盘诘。又于濠门、嵩屿置立哨船,听海防同知督委海澄县官兵,抽盘海船装载胡椒、苏木、象牙等货,及商人买货回桥,俱照赣州桥税事例,酌量抽取,其民间日用盐米鱼菜之类不必既抽。候一二年税课有余,奏请定夺。转呈详允,订立税银则例,刊刻告示,各处张贴,一体遵照施行。"[②]

这段史料说明如下三个问题:第一,隆庆六年,漳州开始在南门桥柳营

---

① [明]许孚远:《敬和堂集》卷7,《公移卷》。
② [明]罗青宵:《漳州府志》卷5,《赋役志》。

江设立公馆,轮委府佐一员督率盘抽,开辟督饷馆及府佐轮署先例。后来才改为海防同知。"隆庆六年,税务初起,贡首膺斯任,议留税银若干,筑城圭屿。"罗振辰是开海后的首任督饷官。第二,海防同知具体领导海澄县官兵,抽盘海船。第三,除民间日用需求外,海船装载番货和商人买回商货概需征税,前者实际上就是后来的水饷,后者即后来的陆饷。

月港开禁是政治上的安边策略,目的是防止倭乱与海寇。用谭纶的观点来说,就是化解"商转盗"问题。直到隆庆六年,征税问题才提上日程。《东西洋考》记载:"隆庆六年,郡守罗青霄以所部凋耗,一切官府所需倚办,里三老良苦。于是,议征商税以及贾舶,贾舶以海防大夫为政。"①

1. 引税

月港出海贸易首先要得到政府批准,由海防官签发船引。船引即宋、元时期的公凭、公据。政府对每张船引"征税有差,名曰引税"。需要明确的一个问题是,引税是什么时候开征的呢?李金明在《明代后期海澄月港的开禁与督饷馆的设置》一文中指出:1567年(隆庆元年)月港开禁,准许私人海商申请文引,缴纳税饷,出海贸易,我个人认为是成立的。因为月港开禁的目的之一就是征收饷税,用以支付兵饷。当时财政危机,难以应付海防支出。福建有四卫、十三所、四十四司,需要庞大的军费开支。仅漳南沿海一带,守汛兵多至数千,每年费粮计五万八千多两银。② 这种征饷的目的,在开海论争中,开海派就明确提出:"得海上之税,以济海上年例之用;则一举两得,战守有赖,公私不困。""岁可得银数万两,以充军国之用。"③

2. 丈抽和征银

隆庆六年,饷税与商税同时开征。万历十八年(1590年)福建将国内商渔征税事宜与饷税征收分开,商渔税收归沿海府县管理。顾炎武的《天下郡国利病书》记载:"万历十八年,革商渔文引归沿海州县给发,惟番引仍旧。"④月港的洋税,也就是对番船的征税之所以成为饷税,是因为万历三年(1575年)福建巡抚刘尧海请将洋税充作军饷。《东西洋考》记载:"万历三

---

① ［明］张燮:《东西洋考》卷7,《饷税考》。
② ［明］许孚远:《疏通海禁疏》,载《明经世文存》卷4。
③ ［明］陈子龙等:《明经世文编》卷270。
④ ［清］顾炎武:《天下郡国利病书》卷93。

年,中丞刘尧诲请税舶以充兵饷,岁额六千。同知沈植条陈《海禁便宜十七事》,著为令。"①

商税的征收办法是月港海商的税收制度由从前的抽分制改为饷银制。这种商税分三种:一为水饷,采用"丈抽法",类似近代的船钞,其定税率不以船的载重量,而以船的广狭为准,按照船只大小而征收船税,出之船商。二为陆饷,即商品的进口税,是按出口货物的多寡或价值的高低来计算的,征之于购买进口货物的铺商。三为加增饷,是专门征收从吕宋回来的商船税,一般由船主负担。

至少在隆庆时期,已经"征银"。这是税收制度的一大变革。之前是"抽分制,是实物税收。月港税制的出现体现了明代中后期税收制度从实物税制向货币税制转变的历史趋势,其税收结构也为清代外贸税收提供了若干制度准备。月港是引用赣州桥税事例,不是模仿广州。对外制度往往学的是国内的制度。比如勘合就是先内后外。这里必须注意,隆庆六年的商税是渔盐商税和番舶之税同时开征,并都由海防大夫主管。至于模仿赣州桥税,可能是指渔盐商税。

表 5-2 详细列出了隆庆时期漳州进口商品的具体税额。从进口商品税额表,可见当时实行的是征银制。

表 5-2　隆庆六年(1572 年)漳州进口商品税额

商　品	税　额	商品	税　额	商　品	税　额
象牙(成器者)	每百斤 7 钱	乳香	每百斤 2 钱 5 分	燕窝	每十斤 4 分
象牙(不成器者)	每百斤 4 钱	没药	每百斤 2 钱 5 分	犀角	每十斤 1 钱 5 分
胡椒	每百斤 3 钱	束香	每百斤 2 钱 5 分	鹤顶	每十斤 3 钱
苏木	每百斤 1 钱	孩儿茶	每百斤 2 钱	玳瑁(成器)	每百斤 7 钱
檀香	每百斤 5 钱	血竭	每百斤 5 钱	玳瑁(不成器)	每百斤 5 钱
奇楠木	每一斤 2 钱	肉豆蔻	每百斤 1 钱	珠母壳	每百斤 5 分
沉香	每十斤 1 钱	白豆蔻	每百斤 1 钱 5 分	鹦鹉螺	每百个 1 分 5 厘
丁香	每百斤 2 钱	片脑	每十斤 1 两	紫木景	每百斤 1 钱

---

① [明]张燮:《东西洋考》卷 7,《饷税考》。

商 品	税 额	商 品	税 额	商 品	税 额
木香	每百斤 2 钱	降香	每百斤 5 分	番苏	每百斤 3 分
番锡	每百斤 3 分	白藤	每百斤 2 分	鈝铁	每百斤 2 分
黑铅	每百斤 5 分	水藤	每百斤 1 分	麻苧菁棕	每百斤 5 厘
藤黄	每百斤 2 钱	槟榔	每百斤 2 分	铅铜	每百斤 8 分
荜茇	每百斤 1 钱	子绵	每百斤 3 分	杉竹树木	每值银一两税银 1 分
黄蜡	每百斤 2 钱	棋子绢	每匹 1 分 5 厘	紫檀	每百斤 9 分
水牛皮	每十张 1 钱	孔雀尾	每千枝 2 分	乌木	每百斤 1 分
黄牛皮	每十张 8 分	竹布	每匹 3 厘		
鹿皮	每百张 9 分	大风子	每百斤 2 分		
牛角	每百斤 2 分	阿片	每十斤 2 钱		

资料来源:罗青宵:《漳州府志》卷 5,《赋役志》,万历元年刻本,见《中国史学丛书》,台湾学生书局 1985 年版。

三、"月港体制"贸易法的实施

(一)实施效果

隆庆开禁,私人海商可以从月港出洋贸易。从隆庆到万历期间,管理机构得以健全,形成海道、海防同知、督饷馆及地方官员相互监督协调的管理体制。饷务从海防同知一人管理,发展到轮署督饷。税收制度也由实物抽分到征银。从实施效果来说,首先,实现了隆庆开海的政策目标。"月港体制"是在围绕如何根除"倭患"为目的的"筹海之争"下形成的政策。其目的是"于通之之中,寓禁之之法""海通寇转商",成功化解了类似嘉靖时期的大规模的倭乱和海盗。

其次,增加地方财政收入,解决了军饷难题。隆庆六年(1572 年),"开设舶税,仅数千金",万历四年(1576 年),饷额溢至万金。万历十一年(1583 年),"累增至二万有余",万历二十三年(1595 年),"饷骤溢至二万九千余两"。[1] 从此以后,月港每年商税保持在三万两左右。月港对漳州地方的财

---

① [明]张燮:《东西洋考》卷 7,《饷税考》。

政收支举足轻重。漳州"水陆官兵月粮、修船、置器、犒赏诸费,岁不下六万两",而全府十县其他各种税收总额,即使包括"铁炉、牛行、渡船网税、搜无遗利",也不过"三万七千九百余两",①月港商税一项占全府军费开支的一半。难怪周起元在《东西洋考·序》中说:"……而所贸金钱,岁无虑数十万。公私并赖,其殆天子之南库也。"

另外,逐步形成了不同于广州的"月港体制"贸易法律制度。从海防馆到万历二十一年改为督饷馆,不同于市舶司征收海外贸易税,"月港体制"实现了从实物抽分制向货币税饷制的转变。海防馆转变为督饷馆,确立的饷税制初具近代关税的雏形。月港逐步完善的税制,为清初海关税制的制定开了先河。

(二)"月港体制"的不足

1. 制度缺陷

首先,开海的范围过小,仅在漳州的月港可以出洋贸易,而出洋贸易国也有严格的限制。"议止通东西二洋,不得往日本倭国,亦禁不得以硝磺、钢铁违禁之物夹带出海。"②只允许中国私人海上出洋贸易,而不允许外国海商到月港贸易。

其次,开海的力度不大,难以满足旺盛的海上贸易需求,从而引发诸多新问题。表 5-3 呈现了万历时期福建月港允许海商出洋贸易的具体国家、地区的具体商引数量分布。

由于船引的引数有限,而海外贸易的需求很大,有很多海商愿出洋贸易,有限的船引难以满足需求,在月港就出现了一种包引包报的市侩,其实也就是"黄牛"。他们串通商主及衙役,捏造姓名,伪造保结,事先骗取、囤积商引,而后至的商人无引可请,就不得不以数十两的价格向这些市侩购买商引。等到商船返航,又不得不请这些市侩协助销引,由此又必须花费数十两。"此辈坐富作奸已久,甚至捏名给引,虚造邻结,将引移东转西,卖与越贩。"③

---

① [明]严如熤:《洋防辑要》卷 13,《福建下》。
② [明]陈子龙等:《明经世文编》卷 400。
③ [明]张燮:《东西洋考》卷 7,《饷税考》。

表 5-3 万历十七年(1589 年)东西洋商引发放情况

国家和地区		船数(艘)
东洋	吕宋	16
	屋同、沙瑶、玳瑁、宿雾、文莱、南旺、大港、呐哗单	各 2
	磨老英、笔架山、密雁、中邦、以宁、麻里吕、米六合、高药、武运、福河仑、岸塘、吕蓬	各 1
	合计:44 艘	
西洋	下港、暹罗、旧港、交趾	各 4
	柬埔寨、丁机宜、顺塔、占城	各 3
	麻六甲、顺化	各 2
	大泥、乌丁礁林、新洲、哑齐、交留吧、思吉港、文林郎、彭亨、广南、吧哪、彭西宁、陆坤	各 1
	合计:44 艘	

资料出处:张燮:《东西洋考》卷 7,《饷税考》,谢方点校,第 132 页。

另外,月港开海,引发浙海走私兴起。王在晋在《越镌》中记载:"杭(州)之置货便于福(建),而宁(波)之下海便于漳(州),以数十金之货,得数百金而归,以百余金之船,卖千金而返。此风一倡,闻腥逐膻,将通浙之人,弃农而学商,弃故都而入于海。"[1]而浙海走私,往往去往因海禁导致利润更加具有诱惑力的日本。隆庆初年禁海令的缓和,使得到海外去的中国人不断增加,日本成了他们进出海外的地域之一。明末朱国祯的《涌幢小品》卷 30 中有关于倭官岛的记载:"有刘凤岐者言:三十六年至长崎岛,明商不上二十人。今不及十年,且二三千人矣,合诸岛计之,约有二三万人。"该史料说明,万历三十六年(1608 年)渡海到日本的中国人刘凤岐在长崎见到的中国人不过二十名左右,而不到 10 年后,其人数猛增至两三千。若加上其他的地区,推测可能有两三万人之多。[2]

2. 执行中弊端丛生

水饷征收存在的问题:起初水饷的征收标准是以梁头尺寸为准,并未编

---

① [明]王在晋:《越镌》卷 21,《通番》。

② 松浦章:《明代末期的海外贸易》,《求是学刊》2001 年第 2 期。

订船号用以标示船只大小，而以每次测量的大小为准。商人为了逃税，故意减少梁头的尺寸。每年出洋的船只很多，督饷官员无法逐一查验，只能由衙役、吏属来执行。这些人乘机百般勒索，使税收十分混乱。直到万历四十四年(1616年)，在推官萧基的建议下，官方对商船大小的丈量改为以船只腹阔为准，对船只进行编号，这才减少了舞弊。①

商船返航，"经过南澳、浯铜诸寨，及岛尾、濠门、海门各巡司，随报饷馆，逐程遣舟护送，以防寇掠，实欲稽查隐秘宝货云"。② 官吏"不饱欲壑，不为禀验"，对检验货物进行"加起"。所谓"加起"，就是在实际货物数量的基础上虚报货物数量，将虚报货物数的税款据为己有。"如报道本船一千担，共加起作一千二三百者有之，甚则加起作一千五六百者有之"。

正常饷税之外，官吏以"常例""加增""果子银""头鬃费"的等名目向商首索取，然后由商首向众散商摊派。"东洋船有敛三百余金者，西洋船有敛四百余金者，悉归商首操纵，不止饷一费一，甚饷一而费二矣。众商为喉，主商为腹，怨声载道。"③海上贸易，天灾人祸，风险较大。一些海商的货财漂风失水或压冬。官员仍追饷费，株连亲友。"失水者，人货俱赴之本涛，而勒索追者复向迫之，诛求其家人，父子于断肠招魂之余，株连亲党，波及侣傍，此近日之苛政也。"④

---

① 郑镛:《月港帆影——漳州海商发展简史》，福建人民出版社2016年版，第169页。
② ［明］张燮:《东西洋考》卷7，《饷税考》。
③ ［明］张燮:《东西洋考》卷7，《饷税考》。
④ ［明］张燮:《东西洋考》卷7，《饷税考》。

第六章　隆庆时期私人海上贸易习惯法

　　私人海上贸易是指所有由私人海商自主进行的中国商品和外番商品的海上贸易,包括政府控制之外的私人贸易,利用朝贡贸易和商舶贸易进行的私人贸易、朝贡贸易和商舶贸易中包含的政府控制下的私人贸易。政府控制之外的私人海上贸易,就是典型的走私贸易,例如在即隆庆开放前以双屿、烈港、月港、浯屿等沿海岛屿为中心开展的私人贸易。利用朝贡贸易和商舶贸易开展的私人贸易,是依附于商舶贸易的私人贸易,例如利用甚至冒充朝贡使者、通事等身份进行政府管控之外的贸易,或利用具有商舶贸易资格从事的走私贸易。朝贡贸易中在会同馆和市舶司进行的贸易,是政府主导和严格控制下的贸易,本书不将之视为私人贸易。而朝贡使团在进京沿途与私人进行的贸易则为私人贸易。还有就是利用"广中事例"和"月港体制"进行的私人贸易。"广中事例"和"月港体制"这两种体制下的贸易都是规定在特定范围内开展的,难以满足日益繁荣的私人贸易需求。因此,私人海商借助这一合法形式,利用合法人的身份"借船出海"的方式开展私人海上贸易。朝贡贸易和商舶贸易中存在着政府法律许可的时空内依法进行的私人贸易,例如在朝贡贸易中,在市舶司或者使团沿途特定地方,在政府允许的、双方可以在交易上自主进行的交易。本章探讨的私人海上贸易,针对的是其具体交易是在政府控制之外的,不受政府提供的贸易法律制度的严格限制,而是利用海上贸易习惯进行的私人贸易。私人海上贸易习惯法就是在私人海上贸易这一特定领域长期形成的,被私人海商群体普遍接受的交易规则及相关担保和纠纷解决等习惯。

　　对于东南沿海的私人海商来说,在番船到来时"接济番货"或向番商出售货物是成本较小、风险最小而又获利颇丰的贸易形式。这种形式也是在

整个海禁时期最为常见的私人海上贸易形式。明人霍与瑕描写了嘉靖年间,广东濠畔街的外省富商及本地人的私人贸易情况:

> 广东隔海不五里而近乡名游鱼洲,其民专驾多橹船只接济番货,每番船一到,则通同濠畔街外省富商搬瓷器、丝绵、私钱、火药违禁等物,满载而去,满载而还,追星趁月,习以为常,官兵无敢谁何,比抽分官到,则番舶中之货无几矣。①

广东濠畔街和游鱼洲发生的"满载而去,满载而还,追星趁月,习以为常"的私人贸易的历史画面,在浙江、福建的沿海不断上演,此起彼伏。明朝的私人贸易在隆庆之前是非法的。隆庆之后,也只有月港、漳泉等地的商人在取得商引的情况下出洋贸易才是合法的。广州是在万历时期才允许私人海商出洋贸易。因此有关私人海上贸易的记录较少。为解决此问题,本章从以下几方面考虑:一是将私人贸易的史料扩展到整个明朝时期,甚至适当借鉴宋、元时期私人海上贸易的惯例。东南沿海的私人海上贸易是南海贸易圈的组成部分。在整个明朝时期,其虽然受明朝海上贸易法律的影响,但整体上并没有大的变动。即便是葡人东来,对于贸易体系也没有根本性的冲击。二是隆庆变革只是对南海贸易体系的适度利用和融入而已。是南海贸易圈的这种贸易形态和惯例改变了明朝的贸易法律,不是贸易法律改变了私人贸易的形态,因此考察隆庆时期的私人海上贸易规则,整个明朝时期的私人贸易案例都可以参考。三是依附于朝贡贸易和商舶贸易的私人海上贸易,也具有当时整个贸易圈的贸易规则特征,而南海贸易圈的有些贸易规则从宋、元至明朝没有太大的变化。

第一节　私人海上贸易的贸易模式

在宋、元时期的海上贸易历史中,大量的中国商人到东、西二洋贸易,并在当地定居。安南、占城、暹罗、北大年、马六甲、印尼群岛、菲律宾群岛、日本都有中国海商的踪迹和聚集地。这一现象也没有随着明朝的海禁政策而

---

① ［明］霍与瑕:《霍勉斋集》卷 12,《上潘大巡广州事宜》。

改变。嘉靖三十五年(1556 年)曾访问过广州的葡萄牙多明我修士加斯帕·达·克路士(Gaspur de Cruz)在《中国志》中记录了明朝禁止中国人到别国,但中国海商仍然到国外经商的情形:

> 有的中国人不仅到中国境外进行贸易,而且有些再不返回中国,其中有些生活在马六甲,另一些住在暹罗,还有些在北大年,其中一些人不经特许散居到更南方的不同地区。[①]

克路士描述的中国海商大量居留于东南亚各国是没错的,而且"有些人再不返回中国"也是事实。但是,这些华侨依然以某种方式与中国本土进行的海上贸易却没有中断,而是持续的。换句话说,他们之所以在海外定居或聚居正是为了便于自己或家族开展海上贸易。正是这种存在推动着私人海上贸易冲击着明朝的海禁壁垒。这些海外定居的华侨与东南沿海的民众存在着血缘和地缘关系,再加上巨额的海上贸易利润的诱惑,即便在最严厉的海禁下私人海上贸易仍绵延不绝。下面对东南海上私人贸易的模式进行简单概括。

一、将私人贸易设法嵌入朝贡贸易

在朝贡贸易兴盛,而且海禁相对严厉的时期,私人海商通过介入朝贡贸易的方式来实现私人贸易,具体包括勾结外国政府或权贵,做贡使或通事,或假冒贡使等手段。华人充当通事、贡使,本身就是走私贸易的产物。海禁切断了在外番的华侨商人与故土的联系,他们需要恢复这种联系,无论是情感上的需要,还是经济利益的驱动。因此,他们只能利用朝贡国的关系。

海外朝贡的诸番使团中有很多中国内地人为通事、使者。清代学者赵翼在《廿二史札记》中对此有过记录:

> 洪熙时黄岩民周来保、龙岩民钟普福逃入日本,为之乡导,犯乐清。成化四年,日本贡使至,其通事三人,自言本宁波人,为贼所掠,卖与日本,今请便道省祭,许之。五年,琉球贡使蔡璟,言祖父本福建南安人,为琉球通事,擢长史,乞封赠其父母,不许。十四年,礼部奏言,琉球所

---

① C. R. Boxer：*South China in The Sixteenth Century*，London，Printed for the Hakluyt Society，1953，p. 191.

遣使多闽中捕逃罪人,专贸中国之货,以擅外番之利。时有闽人(谢)文彬,入暹罗国,仕至坤岳,犹天朝学士也,充贡使来朝,下之吏。正德三年,满剌加入贡,其通事亚刘,本江西人萧明举,负罪逃入其国,随贡使来,寻伏诛。五年,日本使臣宋素卿,本鄞县朱氏子,名缙,幼习歌唱,倭使悦之,缙叔澄因鬻焉,至是充使至苏州,与澄相见。①

由赵翼的论述可见,在明朝"海禁—朝贡"体系得以有效维护时期,中国的私人海商设法利用朝贡国的关系进行私人贸易是较多的。尤其是在成弘之际,虽然明朝海上力量还能有效执行海禁,但是因为当时日本政局开始平稳,倭寇骚扰中国沿海的事件减少,明朝的沿海海禁有所松弛,私人海上贸易开始兴起,但利用朝贡贸易依然是相对安全而且获利更高的途径。在此以成化时期的谢文彬案为例来了解这种私人海上贸易的具体形式。关于此案,史料多有记载。

严从简的《殊域周知录》记载:"福建汀州谢文彬冒充暹罗使者进贡。成化十三年,主遣使群谢提、素英必美亚二人来贡方物。美亚本福建汀州士人谢文彬也。昔因贩盐下海,为大风飘入暹罗,遂仕其国。官至岳坤。岳坤,犹华言学士之类。至南京,其从子瓒相遇识之。为织殊色花样缎匹贸易番货。事觉下吏,始吐实焉。"②《明史》记载:"先是汀州人谢文彬以贩盐下海,漂入其国,仕至坤岳,犹天朝学士也。后充使来朝,贸易禁物。事觉下吏。"③张燮的《东西洋考》记载:"成化间汀州士人谢文彬者以贩盐下海漂入暹罗,因仕其国。后充贡使至留都,遇从子瓒于途,为织锦绮贸易。事觉下吏,竟遣归。"④

王恕的《王端毅奏议》对此有较为详细的记载。因为当时王恕在南京受命审理谢文彬案件。"有坤禄群谢提、奈英必美亚等状告:系暹罗国差来副使等职,于成化十二年(1476年)四月内蒙本国王差来进贡。亦因本国为无处产缎匹,因中领到国王银两前来买办回国应用。亚等坐驾海船一只在洋

---

① [清]赵翼:《廿二史札记》,王树民校正,中华书局2013年版,第827页。
② [明]严从简:《殊域周知录》卷8,中华书局1993年版,第281页。
③ [清]张廷玉等:《明史》卷324,《暹罗》。
④ [明]张燮:《东西洋考》卷2,《西洋列国考·暹罗》。

累遭风水,至本年八月初二日飘到雷州地方,将船打碎。"①据王恕审问,暹罗两个使者中的"奈英必美亚",或称"素美必美亚",即为汀州士子谢文彬,当时王恕因听不懂汀州话,将其译为"杜文彬"。谢文彬成为暹罗高官后,奉命到明朝进贡。在海上遇到风暴,所乘船只在雷州沿海触礁,所载货物被打碎,沉入海底。谢文彬雇人打捞,仅得"破片不堪进用小木三百五十余担,选退碎象牙俱有破裂痕损刀伤截断不堪进用碎牙二十余担",自雇船只装至广东。谢文彬等人负有进贡之责,继续向南京进发,一路思考请人代为销售。路上遇到来自汀州家乡武平的侄儿。"据杜林即杜瓒,供年二十八岁,系福建汀州卫武平守御千户所军余。成化十三年四月十六日是瓒告给本卫所文引,将带本钱置买铁货,装到赣州府河下,遇见亲人李德报说,有你房伯杜文彬,不见回家。今在暹罗国,差来进贡。有广东三司盘过,捡下虚心不堪进贡苏木一百五十捆并截断象牙四包付托与我装载,前往南京上新河等处发卖。有瓒喜信,将自己的铁货一同装载到南京上新河,投托经纪陈质韩源。"在经纪人的办理下,这些象牙、苏木共卖银七百三十六两。谢文彬将这些银两托南京牙人购买丝绸,订购"织造各样大红黄并八宝闪色抹绒花样,遍地金花帷幔各样缎匹,贡织一百一十五匹"准备带回国,进贡暹罗国王。然而,他们的买卖被人揭发,于是案发受审。

　　从上面四份史料可知,谢文彬是福建汀州"士人",或许是未能考取功名,于是下海贩私盐。作为士人而经商,可见当时东南沿海的商业文化已经渐渐浓厚,士人也不以经商为耻。谢文彬就是与朝贡国取得合作,取得"岳坤"身份,并得以代表暹罗国到中国朝贡。同时,他利用地缘和血缘关系进行私人海上贸易。而这个地缘关系和血缘关系就构成了谢文彬的海上贸易网络。谢文彬以贡使身份堂而皇之地往返中国与暹罗之间运送货物。其侄儿谢瓒是"福建汀州卫武平守御千户军兵"。而谢瓒利用卫所关系,获得"文引",可以在福建汀州、江西赣州府及南京上新河之间进行贸易。同时他们利用南京的"经纪人"陈质韩源及南京的"牙人"进行货物的购买和销售。这样就以进贡中国皇帝或暹罗国王的名义进行海上私人贸易。

---

　　① ［明］王恕:《王端毅奏议》卷 4,《参奏南京经纪私与番使织造违禁纻丝奏状》,文渊阁四库全书本,第 12—26 页。

二、利用"广中事例"和"月港体制"实施贸易

葡人克路士在《中国志》中记载了居住在国外的中国人利用葡人进行私人贸易的事例:携带货物的商人要带一份他携带的货物已纳税的证明。在每省的每个税所他都要缴一笔税款,不缴税他就会丧失货物,被流放到边境。尽管有法令禁止,有的中国人仍不放弃到中国境外进行贸易的机会,但这些人不再返回中国。其中有些住在马六甲,另一些住在暹罗,还有些在北大年。有些已住在中国境外的人,在葡人的保护下乘船前往中国。当他们要缴船的税款时,就找个葡人当朋友,给点好处,那么他们可用葡人的名义迅速把税付了。①

这份史料记录 1554 年广东地方政府允许葡人贸易后,中国人利用葡人在广州进行商舶贸易。当时明政府允许葡人利用"广中事例"进行贸易,中国商人就将自己的货物以葡人的名义,蒙混过关,交纳抽分。然后进行私人抽分。当然,海外中国人与葡人的合作,不仅是在广州利用"广中事例",而在福建"开禁"前,葡人在福建沿海进行走私贸易时,他们也需要借助海外华人的地缘和血缘关系,获得闽浙沿海居民的接济或货物。

葡人克路士对中国人与葡人的私人贸易合作有过详细的描述:

> 有的中国人为了谋生,偷偷坐着这些中国船到海外作买卖,而且偷偷返回,不让人知道,哪怕亲友也不让,免得外传出去,要受到为此而施行的惩罚。……这些住在中国以外并且在西蒙犯事以来和葡人一起的中国人指导葡人开始到宁波作贸易,因为那一带地方没有带墙的城镇和村落,而沿岸有许多穷人的大镇,他们很喜欢葡人,把粮食卖给葡人可得到收入。在这些城镇中有那些跟葡人一起的中国商人,因为他们为人所知,葡人也因此受到较好的款待。通过他们的安排,当地商人把货物携来卖给葡人。和这些葡人一起的中国人就充当葡人和当地商人的中间人,所以很快获得大利。②

对此,日本著名学者藤田丰八也有过深入研究。藤田丰八根据葡萄牙

---

① [英]博克舍编:《十六世纪中国南部行纪》,何高济译,中华书局 1990 年版,第 132 页。
② [英]博克舍编:《十六世纪中国南部行纪》,何高济译,中华书局 1990 年版,第 132 页。

等国家的史料,详细描述了葡人在闽浙两省的走私情况:

> 中国禁止人民出海,违犯者欲逃避惩罚不得不留居外国。这是华
> 人在东南亚集聚的缘由。此辈无辜之华人,对于航行及经由中国沿岸
> 之葡人,与以一切帮忙及必要之知识。彼辈在陆上有亲戚及知友,彼辈
> 在此买卖必需之物货,缴纳关税时,则借葡友之名。此辈在外之华人,
> 自 Tamao 禁止贸易以来,则劝诱葡人赴宁波(Liampao)。此等海岸地
> 方,城市不多,然有贫民之大村落,均喜供给物资以外人。此辈华人,则
> 为葡商及本地商人间之居间人,介绍交易,又时赠贿华官,以资默许。
> 因朝廷及地方大官不知此种私商,故葡人胆量渐大,遂居漳州及广东近
> 岛通商矣。事事均得如愿以偿,惟感美中不足者,即无如自国领土内之
> 行政权耳。然久而久之,葡人及共事之华人间,间有放恣者,遂至掠物
> 杀人,及朝廷与地方大官据知……此为嘉靖二十七年(1548 年)。①

在隆庆开禁之后,借助"月港体制"进行出洋贸易成为私人海上贸易的
又一条途径。海商申办到闽粤、南洋贸易的文引而实际则走私到日本等地。
王沄的《漫游纪略》记载:"海舶出海时,先向西洋行,行既远,乃复折而入东
洋,嗜利走私,习以为常。"②王在晋也指出:"杭城之货,专待闽商市井之牙,
勾同奸贾,捏名报税,私漏走洋。"③胡宗宪认为:"一伙豪右奸民,依籍势宦,
结纳总兵官,或假给东粤、高州、闽省福州及苏杭买货文引,载货出海,径往
交趾、日本、吕宋等夷,买卖觅利,中以硝磺、器械违禁接济更多,不单米粮饮
食也。"④

浙江和江南地区的私商利用丝、瓷等资源优势和地理区位优势,除在浙
江沿海岛屿或径直前往日本与海外商人贸易外,主要通过漳泉商人的合作,
并在该地官府的默许下,偷梁换柱,买取"船引",或从宁波直航日本,或经月
港到吕宋等处转口或就地贸易。⑤

---

① [日]滕田丰八:《中国南海古代交通丛考》,何健民译,山西人民出版社 2015 年版。

② [清]王沄:《漫游纪略》卷 1,《闽游·纪物产》。

③ [清]王在晋:《海防纂要》卷 8,《禁通番》。

④ [明]郑若曾:《筹海图编》卷 4,《福建事宜》。

⑤ 王慕民:《海禁抑商与嘉靖"倭乱:明代浙江私人海外贸易》,海洋出版社 2011 年版,第
341 页。

三、组织海上走私贸易

私人海上贸易总体上可以分为两种类型：一种是私人海商，一般是小本经营，组团进行海上贸易；另一种是"势要巨室"私造巨舰进行海外贸易。前一种贸易往往人数多、赀资分散。嘉靖前，私人贸易"各船各认所主，承揽货物，装载而还，各自买卖，未尝为群"。明代史籍中一般将双桅船称为大船，最大的出资者是船主，以私人资本造船，创造交通海外的基本条件。船主本人或投资于货物，委托他人代为经办，或亲自随船出海。其余人多半小本经营，以租赁方式占据船上一定舱位，结伴下洋，在海外以个人为单位进行交易，再将易得货物装原船返回。船主靠舱位甚至分成而获益。有记载船户造大船，聘请水手、银匠、熟悉航线的向导、懂外语的通事，再招徕贩卖各种商品的商贩登船，前往海外贸易。船主有权从商贩的利润中抽成，可能是两三百两白银，从中付酬给舵工水手等。[①]

《皇明条法事类纂》记载了江西方氏兄弟海上走私贸易案。成化十四年（1478 年），江西饶州浮梁县商人方敏、方祥、方洪兄弟筹集 600 两银钱，购买景德镇产的青白花碗、碟、盆瓷器 2800 件，运到广州，碰上熟客广东揭阳县商人陈佑、陈荣，海阳县商人吴孟，他们贩卖青白苎、麻等布，就与其合谋下海通番。"敏等访南海外洋有私番舡一只出没，为因上司严禁，无人换货，各不合于陈佑、陈荣、吴孟，谋久，雇到广东东莞县陈大英，亦不合，依听将自造违式双桅槽船一只，装载前项瓷器并布货，于本年五月二十日开船，越过缘边官府等处巡检司，远出外洋。"他们从番船换回胡椒 112 包、黄蜡 1 包、乌木 6 条、沉香 100 箱、锡 20 块。后来被官府破获。[②] 方氏兄弟走私案呈现了小本私人海商结伙进行海上贸易的实况。

另一种则是内地或沿海达官巨富之家的海上私人贸易。傅衣凌将其又分为三种人物：一为有政治力量的势豪；二为族大之家；三为以儒治贾者。[③]

嘉靖年间，势要林希元"沽势恃强，专通番国，以豹虎之豪奴，驾重桅之

---

① 臧小华：《陆海交接处：早期世界贸易体系中的澳门》，社会科学文献出版社 2013 年版，第116 页。

② 戴金：《皇明条法事类纂》卷 20，《把持行事》，见《中国珍稀法律典籍集成乙编》，科学出版社1994 年版。

③ 傅衣凌：《明清时代商人及商业资本》，中华书局 2007 年版。

巨航,一号林府,官军亦置而不问"。① 林希元就是傅氏所说的第一种海商,其门生故吏遍及官府,自己也是赋闲在家的官员。朱纨任巡抚清剿私人海上贸易时"访知舶主皆贵官大姓,市番货皆以虚值,转鬻牟利,而直不时给,以是构乱"。《筹海图编》对势要走私贸易的具体过程和手段进行了详尽的描述:

> 小民勾诱番徒窝匿异货,其事易露而法亦可加。漳泉多倚着姓官族主之方其番船之泊近郊也,张挂旗号人亦不可谁何。其异货之行于他境也,甚至借其关文明贴封条后役官夫以送出境至京者,及其海船回番而劫掠于远近地方则又佯为之辞月此非此伙也乃彼一宗也。讹言以惑人听。比及上司比责水寨巡司人等间有一两官军捕获寇盗人船解送到官。彼为巨盗大駆屯往外洋者反役智用倪致使著姓官族之人又出官明认之曰是某月日某使家某往某处粜稻也,或买杉也,或治装买匹帛也。家人有钱若干在身,捕者利之,今虽送官报赃,尚有不尽,法合追给,或者有司惧祸,而误追惩,但据赃证所言之相对,不料所言与原情实不同,其官军之毙于狱而破其家者,不知其几也。彼巧于谍而计行,此屈于威而难办,奈之何哉! 以致出海官军,不敢捕获,不若得货纵贼无后患也。②

无论众多私人小海商还是势要巨室,在实际操作中都会盗用合法名义行走私之实。私人海商设法钻空子,盗用各种合法名义进行海上私人贸易。首先,利用沿海的鱼市进行私人海外贸易。例如定海设有鱼市,"宁属各县渔民……驾入定海关,各归宁波等埠,领旗输税……宁波、绍、苏、松等处商民,藐法嗜利,挟赍带米货,各驾滑稍、沙弹等船,千百成群,违禁出海,银货张扬海外,日则帆樯蔽空,夜则灯烛辉映"。③ 其次,明朝法律虽说"片板不许下海",但沿海居民的近海捕鱼一般是不禁止的。私人海商就以捕鱼为名,出洋进行海上贸易。嘉靖时都督万表指出:"向来海上渔船出近洋打鱼樵柴,无敢过海通番,近因海禁渐弛,勾引番船,纷然往来海上,各认所主,承

---

① [清]张廷玉等:《明史》卷81,《食货志·市舶》。

② [明]郑若曾:《筹海图编》卷4,《福建事宜》。

③ 张国维:《抚吴疏草·剿除海寇疏》,见《四库禁毁书丛刊》,北京出版社2000年版,史部第39册,第609页。

揽货物装载,或五十艘或百余艘,或群各党,分泊各港……不可胜计。"①再者,以到普陀山进香为名而出洋贸易。明人李日华在《味水轩日记》中记载:"诸郡市民逐利者,以普陀进香为名,私带丝绵毡罽等物,游诸岛贸易,往往获利而贩,因而相逐成风,松江税关,日日有渡者,恬不知禁。"②

四、中国海商集团兴起后的私人海上贸易

中国明朝的海商集团是在嘉靖时期形成的。因宁波"争贡之役"和"西草湾海战",中国拒绝了通葡萄牙和日本的官方贸易。这导致闽浙地区的私人海上贸易迅速发展,并先后形成了许栋、汪直、徐海等海商集团。

这些海商集团的领袖在沿海形成固定的贸易中心,比如双屿港、月港、浯屿等。这些海商集团的领袖就成为中介,与地方豪绅合作。因为这样才能利用他们的权势买通官府。海商集团兴起后,尤其是许栋、汪直等海商集团先后形成之后的贸易模式。成弘之际的私人贸易和葡人刚到闽浙沿海进行走私贸易时的贸易模式是不同的。

中国海商集团形成之前的海上贸易,是以地缘和血缘关系为基础的,交易的量相对较小,周期也较长,声势也较小,没有引起地方大员和朝廷的关注。随着人员的增多,他们开始聚集,盘踞在沿海岛屿上,进行大量货物的集散。针对海上的海盗,他们开始组织起来;针对政府的海禁政策,他们开始利用贿赂的方式拉拢地方官员。

中国海商集团组织的海上贸易,缺乏亲属关系的维系,完全是一种交易上的合作关系。当双屿和月港成为当时东方的国际贸易中心的时候,其交易量、交易额巨大,无论货物或资金的交付,都出现了困难,也就容易引发商欠。这些商欠问题,如果不存在"海禁",可以通过政府来制定适当的法律制度予以解决。但"海禁"就阻断了这个最权威的解决途径。豪绅利用官府来压服私人海商,通过欺诈等手段,拖欠和侵占私人海商的财物,从而引发私人海商的报复。嘉靖时期,几轮大的所谓"倭患"或"海盗事件"都是由此引发的。

---

① [明]郑若曾:《筹海图编》卷 11,《叙原寇》。
② 李日华:《味水轩日记》卷 4,上海远东出版社 1996 年版,第 246 页。

第二节　私人海上贸易主体

一、私人海商主体

（一）绅商

绅商就是被称为"豪门巨室""湖海大姓""势家大族"的从事海上私人贸易的人物。也就是傅衣凌所说的三种与地方传统关系有亲密依托关系的人物。"龙溪、嵩屿等处，地险民犷，素以航海通番为生。其间豪右之家，往往藏匿无赖，私造巨舟，接济器食，相倚为利。"①正如研究者韩正华所指出的，非"湖海大姓"、豪门巨室以及达官贵人、乡宦之流，实难取得商引、得到邻里担保、应付官吏里甲鱼肉，而置船以泛海通商。绅商可以获取政治特权，用于海上私人贸易的护身符。有的大姓走私猖獗，可以设计陷害海防官兵。例如，绅商汪直拥有政治和经济资源，因此才能影响和主导私人海上贸易。又如慈溪的柴德美。在汪直剪除海上对手陈思盼时，"潜约慈溪贯通番柴德美，发家丁数人助己"。"遂内外夹击，杀思盼。"②可见他是拥有自己的武装力量的势要大家。同样，柴德美也是进行海上私人贸易的"大窝主"，要不是因为与汪直有共同利益，他也不会协助其围剿陈思盼。范表的《玩鹿亭稿》记载："边卫之官，有与柴德美通番往来，五峰素熟者，近则甘为臣仆，为其送货，一呼即往，自以为荣。"③绅商是联结官府和海商集团的重要渠道，是海上私人贸易网络得以形成和运作的关键一环。

在此以林希元为例可见绅商的特征。朱纨的《甓余杂集》记载："……又如考察间住金事林希元，负才放诞，见事生风。每遇上官行部，则将平素所撰诋毁前官传记叙一二册寄览，自谓独持清论，实则明示挟制。守土之官，畏而恶之，无如之何。以此树威门，揭林府二字，或擅受民词，私行拷讯。或

① 《明世宗实录》卷，189。
② 《明书》卷162。
③ 《海冠议》卷5，《玩鹿亭稿》，转自王慕民：《海禁抑商与嘉靖"倭乱"：明代浙江私人海外贸易的兴衰》，海洋出版社2011年版，第117页。

擅出告示,侵夺有司。专造违式大船,假以渡船为名,专运贼赃并违禁货物。今据查报,见在者月港八都地方二只,九都一只,高浦吴汉村一只,刘五店一只。地方畏势不报者,不知几何也。"可见,林希元是大绅商。其门生故吏遍及官府。俞大猷就是其门生之一。他可以向巡抚建言献策,海道还要登门向他求教。这样他开展海上私人贸易就十分便利。而他本人拥有多艘双桅大船,就朱纨所查证的就有五只,而没查到的则更多。

（二）船商

船商指拥有海上贸易船只的船主。船商不仅经营海上贸易的船运事业,往往还从事海上贸易。因此,其主要盈利来源也有两条途径:一是海上贸易的丰厚利润;一是经营船运业务的收益。在实际的运作中,船商与乘坐海船的散商之间不仅仅是承运服务关系或租赁关系。船商一般与乘船的散商之间还形成某种合伙经营的合作关系,并按照一定的比例抽取散商的贸易利润。"凡商人货物出海,言定卖后,除本商七分,船三分利。"①

（三）散商

所谓散商,即中小海商。"夫一船商以数百计,皆四方萍聚雾散之宾。"②散商推选资本雄厚者为商主,或称商首。"闽广奸商,惯习通番,每一舶推豪富者为主,中载重货,余各以己资市物往贸。"③商主或商首是海上贸易的组织者,由他来召集众散商,也是海上贸易过程的决策者和领导者。"一船一商主司之,即散商负载而附者。"④

（四）仆商

绅商对于海上高风险,往往有所顾虑,自己不愿意冒险,也不愿让自己的亲人冒险。于是派遣家奴、养子等出洋贸易。绅商的家奴或养子就是仆商。朱纨弹劾林希元"以豺虎之豪奴,驾重桅之具航……遂成巨富"⑤。身份显赫的林希元,自然不会亲自出海经营海上贸易,而由其家奴等仆商代

---

① 《明清内阁大库史料》卷12,《兵部报单事第九十九号》,北京图书馆出版社2009年版;摘自郑镛:《月港帆影——漳州海商发展简史》,福建人民出版社2016年版,第179页。

② ［明］张燮:《东西洋考》卷7,《饷税考》。

③ 周玄暐:《泾林续记》,见《丛书集成初编》第2954册,中华书局1985年版,第27页。

④ ［明］张燮:《东西洋考》卷7,《饷税考》。

⑤ ［明］朱纨:《甓余杂集》卷2,《阅视海防事》。

劳。何乔远的《闽书》记载："海澄有番舶之饶，行者入海，居者附赀。或得婆子、义子，抚如己出，长使通夷，其存亡无所患苦。"①

仆商是私人海商的一个特殊主体。仆商往往领本经营，对绅商有很强的人身依附，实际上是绅商的代理人。

（五）船工或其他海上贸易的服务提供者

《东西洋考》记载："每舶舶主为政，诸商人附之，如蚁封卫长，合兵徒巢。亚此则财副一人，爰司掌记。又总管一人，统理舟中事，代舶主传呼。其司战具者为直库，上樯桅者为阿班，司椗者有头椗、二椗，司缭者有大缭、二缭，司舵者为舵工，亦二人更代。其司针者名火长，波路壮阔，悉听指挥。"②另外，商船为了贸易的需要需带通事、银匠等专业服务人员。船主与这些船工和专业服务人员的关系也较复杂。通常，船主与他们存在一定的雇佣关系。有时船主与他们存在类似资本与劳务组合的合伙关系。有时，船工和专业服务人员并不是收取船主发给的佣金，而是以提供劳务换取商船上的舱位，由其随船带货进行海上贸易，以贸易收入充当报酬。

二、私人海商组织形式

在私人海上贸易过程中，海商以一定的组织形式开展海上贸易。林仁川以组织中主体之间的经济关系为标准，将私人海商的组织形式分为四类：封建型、租贷型、独资型、合资型。③ 这种分类，大致可以反映私人海商的组织形式。这里将"封建型"称为"雇佣代理型"。

（一）雇佣代理型

绅商私造航海大船，筹集经商资本，然后指派家中"豢养"的"义男""义儿"或家奴出海贸易。林仁川将这种绅商与仆商的结合方式称为封建型。考虑到"封建"一词的分歧较大，用该词描述绅商与仆商之间的关系难以清楚表达两者之间的经济关系的具体内容。利用养子，只是控制海上经营的手段而已。自己的儿子经营自然是最信任的，但绅商不愿让自己的亲骨肉冒险。豢养"义子"与普通代理和雇佣关系相比增添了"拟制血缘"关系，既

---

①　［明］何乔远：《闽书》卷 38，《风俗志》。

②　［明］张燮：《东西洋考》卷 9，《舟师考》。

③　林仁川：《明末清初私人海上贸易》，华东师范大学出版社 1987 年版，第 344 页。

能信得过，又可以应对海上风险。这是对绅商来说应对海上贸易风险的最为有效的方式。但其实质仍然是雇佣代理关系。

这种利用"养子"雇佣代理的组织形式较为普遍，文献也多有记载。《龙溪县志》记载："生女有不举者，间或以他人为子，不以窜宗为嫌疑，其在商贾之家，使其挟资四方，往来冒霜露，或出没巨浸，与风涛争顷刻之子，而己子安享其利焉。"①周凯的《厦门志》记载："闽人多养子，即有子者亦必抱养数子，长则令其贩洋，赚钱者，则多置妻妾以羁縻之。"②大明律对此关系有进一步的规定："其财买义男，恩养年久，配有室家者，同子孙论。恩养未久，不曾配给者，士庶家以雇工论，晋绅家以奴婢论。"若"同子孙论"，则就是绅商自家经营。若"雇工论"或"奴婢论"，就是雇佣代理关系。雇佣还是代理，则由当事人具体约定的财产关系而定。

（二）租贷型

海商向豪右之家租船，然后雇佣水手，再揽载其他商人出海贸易，牟取利润的形式称为租贷型。③

前已提及，成化十四年（1478 年），江西方氏兄弟联合陈佑等海商一起租用广东东莞县梁大英的船与番船在广东外洋交易。海商们依据各自货物的多少或约定的其他标准分别向梁大英支付一定金额的佣金。

《浙闽总督李率泰残揭帖》记载：船主李慕霞向黄陛租海船 1 艘，国姓票 1 张，左协票 1 张，船票共用 1200 两租钱。再雇用舵工卓盛、水手林明、高子龙、林二、叶五，揽载陕西商人杜昌平、山西商人孙福、孙芳、任福，杭州商人许仁 5 人，满载药材、生丝、纱绸等货物出海贸易。此例中船主李慕霞向船东黄陛不仅租用海船，还有国姓票和左协票。这些是明末郑氏集团的海上贸易通行凭证。此例是由船主雇佣专业船员、水手等，再"揽载"其他海商出海贸易。

上述案例只是明确了海商和船东的租用关系，没有具体记录租金的支付，及各海商之间的资金关系。朱纨的《阅视海防录》有相关信息记录。朱纨的《阅视海防事》记载："盖罢官闲住，不惜明检，招亡纳叛，广布爪牙，武断

---

① ［清］黄惠、李畸纂，吴宜燮修：（乾隆）《龙溪县志》卷 10，《风俗》。
② ［清］周凯：《厦门志》卷 15，《俗尚》。
③ 戴金：《皇明条法事类纂》卷 20，《把持行事》，见《中国珍稀法律典籍集成乙编》，科学出版社 1994 年版。

乡曲,把持官府。下海通番之人,供其资本,借其人船,动称某府,出入无忌。船货回还,先除原借,本利相对,其余赃物平分。"这里的"下海通番之人"指海商,"罢官闲住之人"应指类似林希元等的地方势要。他们是船东,也是资金和政治资源拥有者。海商向他们不仅租船,还要借贷资金,还必须借助他们的影响力才能顺利地进行海上贸易。这样,海商和他们的关系就变得更为复杂。首先,双方是借贷和租赁关系,借贷资金和租赁船只。这样,海商要向势要归还本金并付租金或利息。其次,"其余赃物平分"是指对海上贸易利润的平分。这里的借贷关系,实质包含一种合伙关系。

（三）独资型

随着中小海商的资本逐步积累,他们有人开始自造商船出洋贸易。这种自己出资完成的贸易即独资型。《越镌》卷 21 记载的林清等案例就是例证。万历三十七年(1609 年),"福清人林清与长乐船户王厚商造钓槽大船,雇请郑松、王一为把舵,郑七、林成等为水手,金土山、黄承灿为银匠,李明习海道者也,为之向导,陈华谙倭语者也,为之通事。于是招徕各贩,满载登舟,有卖纱罗、绅绢、布匹者,有卖白糖、瓷器、果品者,有卖香扇、梳篦、毡袜、针银等货者,所得倭银,在船熔化,有炉冶焉,有风箱器具焉。六月初二日开洋,至五岛而投倭牙五官、六官,听其发卖"。① 顺治十七年(1660 年),船主王自成,漳州商人录措、王旺,处州商人周太、吴跃,福州商人魏久,杭州商人李茂,广州商人卢琇,四川商人王贵,满载四川药材,苏杭生丝、清绅、细毡等货物到日本长崎贩卖。船主王自成明确规定"卖出百两抽二十两"。

（四）合资型

众多散商筹资建造海船,采用合资的方式开展海上贸易。顾炎武在《天下郡国利病书》中说漳泉"商船则土著民醵钱造舡,装土产,径往东西洋而去,与海岛诸夷相贸易"。②

上述四种分类只能大致描述当时的组织形式,其实每一次海上出洋都包含多种组织形式。从这四种形式中,都可以看到现代"合伙"的成分。

---

① ［明］王在晋:《越镌》卷 21,《通番》。
② ［清］顾炎武:《天下郡国利病书》卷 93。

三、中介服务主体

私人海上贸易离不开中介服务机构。中介服务机构主要有牙行、歇家、歇家牙行。

（一）牙行

牙行分为私牙和官牙。官牙有政府颁发的牙帖。朝贡贸易和商舶贸易中的牙行都是官牙。私人贸易中的牙行自然是非官方认可的私牙。

明洪武时期，曾禁止牙行，不仅私牙，官牙也禁止。政府在各港口埠头官设踏房，但难以适应社会的实际需求。永乐开始，政府允许官办牙行。受私人海上贸易市场需要的影响，牙行大量存在。单纯的牙行，提供居间贸易服务，进行价格评估和担保等职能。《续文献通考》卷25之《市籴考》记载："嘉靖二年(1523年)，定市易诸法。凡城市乡村诸色牙行及船埠头，准选有抵业人户充应，官给印信文簿，附写客商、船户、住贯、姓名、路引字号、货物数目。每月赴官查照，私充者杖。诸物行人，两不和同……"①

（二）歇家

歇家的基本性质是客店。开设歇家的人主要有五类：牙保、棍徒、矜监、巨室豪富、衙门胥吏等。陈大康根据明清小说对"歇家"经营业务的描写进行概括，将歇家定义为"旧时的一种行业，兼营客店、生意经纪、职业介绍、做保以及代人打官司、找门路等业务"。② 歇家一词，最早出现在明朝成化年间，成为客店之别称。但随着明末清初密集的商贸民营化和赋役货币化变革，歇家开始与牙行相互转化结合，形成一种集客店、经纪人、仓储、贸易甚至运输、借贷于一体的新的"歇家牙行"商业运营模式，并约在明弘治年间成为中国商业运行的主要模式之一。③

（三）歇家牙行

在私人海上贸易过程中，逐步形成了"歇家牙行"经营模式。所谓的"歇家牙行"经营模式，就是把牙行与歇家的功能综合起来，其经营核心理念有：

---

① ［明］王圻：《续文献通考》卷26，《市籴考二》。
② 陈大康：《短篇小说选注》，广东人民出版社2003年版，第278页。
③ 胡铁球：《"歇家牙行"经营模式的形成与演变》，《历史研究》2007年第3期。

提供食宿服务,提供库存服务,提供买卖中介服务(包括提供度量衡、质量评估、贸易信息等各项服务),提供商品买卖场所,有的甚至还提供运输、借贷和纳税等多项服务。其中提供住宿、库存、买卖中介服务是歇家牙行经营模式的骨架核心体系。①

明朝之前的海上贸易,主要是由政府主导,由市舶司完成,不需要歇家牙行。明朝的朝贡贸易中有牙行,但也不会形成歇家牙行。只有在私人贸易盛行的情况下,歇家牙行经营模式才能得以兴起。歇家牙行是在海禁政策下,私人海商贸易发展到一定阶段的必然产物。首先,海上贸易是国际贸易,需要具备几个必然条件:一是语言不通,必须通过通事方能进行贸易;二是双方对彼此的主体、商品、价格等都缺乏必要的了解和信任,需要一个专业的评估机构和共同信任的中介;三是海商需要住宿和货物存放服务。其次,在海禁条件下,能够满足海上大额贸易服务需求的"歇家牙行"必然是有相关身份,能够与海商集团和地方官员都有千丝万缕联系的"势要豪族"。《涌幢小品》记载:"倭寇(海商)之起,缘边海之民,与海贼(海商)通,而势要又为之窝主。"②严从简的《殊域周咨录》记载:"时海禁久弛,缘海所在,悉皆通蕃……势豪则为之窝主。"③《筹海图编》记载:"沿海地方人趋重利,接济之人,在处皆有……"另外,海禁严格执行时,"牙行""歇家"等中介机构,必然面临着彼此恶性竞争而重新洗牌,最终能够留存的中介服务机构,必然是具有实力,同时为了获取产业链式服务的利润,也是为了增加服务的效率和减少被官府抓捕的风险,中介服务的提供者必然将提供海上贸易所需要的一揽子服务进行集中提供。同时这对于私人海商来说,同样是更高效和低风险的。

清朝谷应泰编著的《明倭寇始末》记载:"嘉靖二十五年,倭寇宁、台。自罢市舶后(嘉靖二年),凡番货至,辄主商家,商率为奸利,负其责,多者万金,少不下数千,索急则避去。已而主贵官家,而贵官家之负甚于商。番人近岛坐索其负,久之不得,乃出没海上为盗。"

余姚谢家是嘉靖时著名的"大窝主"。谢家是正德大学士谢迁的后代。《明实录》记载:"海上之事初起于内地奸商汪直、徐海等。常阑出中国财物

---

① 胡铁球:《"歇家牙行"经营模式的形成与演变》,《历史研究》2007 年第 3 期。

② [明]朱国祯:《涌幢小品》卷 30,《日本》。

③ [明]严从简著,余思黎点校:《殊域周咨录》卷 2,《东夷·日本国》。

与番客市易,皆主于余姚谢氏。久之,谢氏颇抑勒其值,诸奸索之急,谢氏度负多不能偿,则以言恐之曰:吾将首汝于官。诸奸既恨且惧,乃纠合徒党番客,夜劫谢氏,火其居,杀男女数人,大掠而去。县官仓惶申闻上司,云倭贼入寇。"①《日本一鉴》对之也有记载:"丁未(嘉靖二十六年,1547 年),林剪子、彭亨诱引贼众驾船七十余艘至浙海,会许二、许四合为一宗,劫掠沿海地方,而文正公迁第为之一空,备倭把总指挥白濬,千户周聚,巡检杨英出哨昌国海,却被许二、朱獠掳去。"②

《筹海图编》卷 5 之《浙江倭变记》记录清剿双屿战绩时也提到大窝主:"贼酋许六、姚大总与大窝主顾良玉、祝良贵、刘齐十四等皆就擒,(卢)镗入(双屿)港,毁贼所建天妃宫及营房战舰,贼巢自此荡平。"

在海禁法律的严格执行下,私人海上贸易"歇家牙行"经营模式逐步兴盛,并渐渐具有实际操纵海上贸易的能力。③ 明朝三十六行和清朝十三行等海关运行模式就是在此基础上发展而成。当这种高效集中的海上贸易服务被政府借鉴并用来协助政府办理海关税务时,这种经营模式就逐步发展为清朝海关管理模式。

第三节　海上私人贸易合同

私人海上贸易合同是基于海上贸易目的而订立的关于商品或服务交易的协议。海上贸易的高风险性、不确定性、实现债权难度大的特征,决定了海上私人贸易合同需要特定的订立程序和形式要件,需要特别的担保和纠纷解决方式。

一、合同的订立

明朝隆庆时期的东南海上贸易是南海贸易经济圈的组成部分,在贸易习惯法上有一些相似之处。私人海上贸易合同的订立可以分为现货交易和

---

① 《明世宗实录》卷 350。
② [明]郑舜功:《日本一鉴·穷河话海》卷 6,《海市》。
③ 胡铁球:《明清海外贸易中的"歇家牙行"与海禁政策的调整》,《浙江学刊》2013 年第 6 期。

非现货交易两种类型。

（一）当场现货交易的合同订立

现货交易是海上贸易的最为常见的交易形式。如同西方合同法理论所谓的"以手护手"原则进行交易。中国更为通俗表达为"一手交钱，一手交货"。对于私人海商来说，这种交易形式是最便捷、高效，且当事人对之可以控制，相对安全。在缺乏公权力保障履行的陌生人之间的海上贸易更会追求当场的现货交易。

在《明史》和明代的相关笔记中有关于"鬼市"的记录。其实，这也是在缺乏安全和信任的情况下的特殊的现货交易。《明史》记载了东南亚小国文郎马神的一个名乌笼里惮地区的交易惯例："其人尽生尾，见人辄掩面走避。然地饶沙金，商人持货往市者，击小铜鼓为号，置货地上，即引退丈许。其人乃前视，当意者，置金于旁。主者遥语欲售，则持货去，否则怀金以归，不交言也。"①如同梅因说古希腊人把敌人描述为怪物一样，中国关于东、西二洋的一些史料同样将外夷，尤其是不友好的外夷予以妖魔化。这里的"人尽生尾"即是。中国海商与该名乌笼里惮的地方的夷人之间缺乏信任，彼此害怕受到对方的人身攻击，同时双方都需要与对方贸易，于是就出现了这种避免受到攻击的交易形式。中国海商将货物置地，意欲与对方交易，可以视为合同订立的要约，对方上前将金块放下视为愿意购买的承诺。这是特殊交易环境下的特殊的当场现货交易。双方在整个过程中保持的距离既可以免受对方攻击，又可以在对方违反惯例时及时私力救济，确保自己财产安全。宋代赵汝适在《诸番志》中也有拂菻"鬼市"记录：西海中有市，客主同和，我往则彼去，彼来则我归。卖者陈之于前，买者酬之于后，皆以其直置诸物旁，待领直然后收物，名曰"鬼市"。② 至于贸易买卖之"鬼市"，《佛国记》《东京梦华录》中皆有类同之记载③。鬼市的现货交易只是极度缺乏信任环境下的海上贸易的特殊形式。这种贸易形式用时很短，贸易的商品数量也十分有限。而更多的海上贸易需要贸易双方很长的磋商以确定价格和交付方式。

---

① ［清］张廷玉等撰：《明史》卷 323，《外国六》。
② ［宋］赵汝适著，杨博文校释：《诸蕃志》，见［意］艾儒略著，谢方校释，《职方外纪校释》，中华书局 2000 年版，第 82 页。
③ ［宋］赵汝适著，杨博文校释：《诸蕃志》，见［意］艾儒略著，谢方校释，《职方外纪校释》，中华书局 2000 年版，第 85 页。

这种贸易形式通常表现为更为普遍的贸易习惯。

私人海上贸易习惯形成有常见的贸易合同的订立程序和合同形式。下面从三个案例予以证明。

第一个案例是《瀛涯胜览》记载的郑和下西洋船队在印度洋的古里的交易过程：

> 其两大头目受中国朝廷升赏。若宝船到彼，全凭二人主为买卖，王差头目并哲地。未纳几计画算于官府，牙人来会，领船大人议择某日打价。至日，先将带去的锦绮等物，逐一议价已定，随写合同价数，彼此收执。其头目哲地即与内官大人众手相拿。其牙人则言某月某日众手中拍一掌而定，或贵或贱，再不悔改。然后哲地富人才将宝石、珍珠、珊瑚等物来看，议价非一日能定，快则一月，缓则二、三月。若价钱较议已定，如买一主珍珠等物，该价若干，是原经手头目未纳几计算该绰、丝等物若干，照原打手之货交还，毫厘无改。①

古里是印度洋马拉巴尔海岸的一个国家，中国史籍上多有记载。郑和船队与之交易，虽然是出于朝贡体系的构建目的，但是双方的交易必然是按照印度洋海上贸易的惯例或习惯。双方的贸易在政府官员的主持下，由牙人出面对中国货物"择日打价"，双方通过一定的"仪式"确定价格合同，然后对古里的货物进行"议价"，再按中国货物确定的"打手价格"进行交易。合同是"要式"合同，通过特定的形式来确定。具体形式表现为：首先，由对于双方有公信力的头目主持进行。该头目"受中国朝廷升赏"，与中方有特定的关系，值得信赖。其次，议价由"牙人"具体评估和经办。在择定的"打价"之日，对中国货物估价之后，估价以书面合同的形式确认，并在官方的见证下，双方对于合同"众手相拿"，由牙人宣誓：某月某日众手中拍一掌而定，或贵或贱，再不悔改。最后，再对外国商人的货物进行估价，用中国货物按照"拍手价格"与之交易。

第二个案例是葡人平托在《远游记》中记录的一个案例。1537年，一位叫费尔南·门德斯·平托的人在经历亚洲各港口的冒险经商后，回国写成了《远游记》一书。该书以其自身经历为基础，选择当时葡萄牙海上贸易圈

---

① 方豪：《中西交通史》(下册)，岳麓书社1987年版，第632页。

里的一些传闻作为素材，同时还掺杂了一些虚构情节，应该当作一本冒险小说来读。虽然该书描绘的事情或许不是"曾经发生"过的，但却是"有可能发生过的事情"。平托的《远游记》所记内容逐步得到学者的基本认可。

平托结识了一个叫安东尼奥的葡萄牙商人。中国海盗庞江当场与安东尼奥签下合约，约定借给安东尼奥帆船、手下以及大炮、枪支，作为代价，要求安东尼奥出让手上三分之一的商品。安东尼奥向圣经福音书起誓一定实行，并且马上签署了带有签名的文件。现场有十到十二名廉洁正直的人见证。按照合同，他们两人向当地城镇司令官的官员送了 100 克鲁扎多的贿赂，悉数准备好了所有必需的物资。①

此例中的合同是书面的合同，以特殊形式签订。一是有若干证人予以证明，本案例中现场有十到十二名廉洁正直的人作为见证人进行见证。二是外商向圣经宣誓，也就是附有一定宗教意义的仪式。

第三个案例是凌濛初的《初刻拍案惊奇》记录的海商文若虚与福建的歇家店主"波斯胡"之间对"大龟壳"的交易过程。具体内容如下：

> 主人（波斯胡）道："如此说，要你做个大大保人，当有重谢！万万不可翻悔。"遂叫店小二拿出文房四宝来，主人家将一张供单绵料纸折了一折，拿笔递与张大道："有烦老客长做主，写个合同文书，好成交易。"张大指着同来的一个人道："此位客人褚中颖写得好。"把纸笔让与他。褚客磨得墨浓，展好纸，提起笔来写道：立合同议单张承运等。今有苏州客人文实，海外带来大龟壳一个，投至波斯玛宝哈店，愿出银五万两买成。议定立契之后，一家交货，一家交银，各无翻悔。有翻悔者，罚契上加一。合同为照。一样两纸，后边写了年月日，下写张乘运为头，一连把在座客人十来个写去。褚中颖因自己执笔，写了落末。年月前边空行中间，将两纸凑着，写了骑缝一行，两边各半，乃是"合同议约"四字。下写客人文实，主人玛宝哈，各押了花押。

凌濛初是明朝后期人，而小说所写的文若虚的故事是在成化年间，但基本可以看成是关于明朝中后期海上贸易的相关记录。这种签合同的方式可以视为海商在福建沿海贸易或者东南亚国家贸易一般都采用的方式，也就

---

① ［日］上田信：《海与帝国：明清时代》，高莹莹译，广西师范大学出版社 2014 年版，第208 页。

是一种私人贸易的惯例。从上面所摘内容来看,合同的订立有特殊程序。有见证人和执笔人,而且当事人还要向见证人和执笔人支付"用钱"。双方订立的合同是书面合同。该小说详细地描述了书面合同的具体格式和内容。合同书先对交易双方当事人、合同标的、价格、交付方式、违约责任进行表述,然后写上见证人,除当事人签字外,还写了骑缝一行"合同议约"四字。合同文本非常规范,体现了当时的交易习惯。

从上述三个案例可以看出海上私人贸易习惯的共性。这三个案例来自不同的资料。案例一是跟随郑和下西洋的官方随从写的游记,具有史料价值。案例二是葡人描述嘉靖时期的中国海上贸易的文学作品。案例三是中国人所写的描述明朝中后期海上贸易的文学作品。从三者记录的订立合同的过程共同印证了当时海上贸易合同的主要特点:书面形式、见证人、宣誓或罚契。

(二)非现货交易的合同订立

尽管当场现货交易是海商所积极追求的,有时也需要进行非现货交易。非现货交易往往意味着更大的交易风险,一般会在地方官维持的安全的交易环境下进行。《诸蕃志》记载了麻逸国的交易习惯:"至其境,商舶入港,驻于官场前……交易之例,蛮贾丛至,随皮篚搬去货物而去,初若不可晓,徐辨认搬货之人,亦无遗失。蛮贾以其货转入其他岛屿贸易,率至八九月始归,以其所得准偿舶商,亦有过期不归者。故贩麻逸舶回最晚。"[1]在麻逸的交易习惯是当地商人将外来海商的货物拿去出售后再来支付货款。这种交易是在"官场"进行的,而且诚实守信的习俗得以维持。

另外,就是在迫不得已的情况下,必须进行非现货交易。嘉靖二年(1523年)葡人被从广州驱逐后,北上闽浙沿海进行走私贸易。其大额的贸易量很难在短期内得到满足,所以只能采用将货款预交给窝主、盘踞在沿海岛屿的海商集团或沿海商民,进行采购。朱纨的《甓余杂集》记录有浙江双屿港的非现货交易案件。上虞知县陈大宾在双屿港附近抓捕了三个"黑鬼番"。三人供称:

---

① [宋]赵汝适著,杨博文校释:《诸蕃志》,见[意]艾儒略著,谢方校释:《职方外纪校释》,中华书局 2000 年版,第 85 页。

佛郎机十人与伊一十三人，共漳州、宁波大小七十余人，驾船在海，将胡椒、银子换米、布、绸缎，买卖往来日本、漳州、宁波之间，乘机在海打劫……在双屿被不知名的客人撑小南船载麦一石，进入番船，说有棉布、丝绸、湖丝，骗去银三百两，坐等不来。又宁波客人林老魁先与番人将二百两，买缎子、棉布、丝绸，后将伊男留在番船，骗去银一十八两。又有不知名宁波客人哄称有湖丝十担，欲卖与番人，骗去银三百两。①

由该案可见，葡人及其他外国海商在闽浙沿海进行走私贸易，为了获得大量的丝绸等货物，需要预支货款给窝主或沿海商民。这样他们就面临着得不到货物的风险。尤其是在中国厉行海禁的贸易环境下，葡人等外国商人遭遇了巨大损失。在这些非现货交易中，采用怎样的程序和方式订立合同没有记录。不难推测，非现货交易的合同一定比当场的现货交易更为严格，一定会采用特别的程序或仪式签订，而且必然会采用书面的合同形式。

《明史·朱纨传》记载："闽人李光头、歙人许栋踞宁波之双屿为之主，司其质契。势家护持之，漳、泉为多，或与通婚姻。假济渡为名，造双桅大船，运载违禁物，将吏不敢诘也。或负其直，栋等即诱之攻剽。负直者胁将吏捕逐之，泄师期令去，期他日偿。他日至，负如初。倭大怨恨，益与栋等合。"

《世宗实录》嘉靖三十六年十一月乙卯条中有关于汪直的记录："直，本徽州大贾，狃于贩海，为商、夷所信服，号为'汪五峰'。凡货贿贸易，直司其质契。会海禁骤严，海壖民乘机赚倭人货数多。倭责债于直。直计无所出且忿海壖民。因教使入寇。"②

关于许栋、汪直等海商集团在闽浙沿海从事私人贸易的这两份史料，可以证明中国海商和夷商的交易采用书面"质契"。许栋、汪直是双方的中介人、见证人，由他们辅助合同订立和执行。在窝主和沿海商民不能履行合同时，夷商（倭）就"责债于直"。可见，许栋、汪直等海商巨头还是合同双方的担保人。在窝主或沿海商民以海禁要挟夷商时，许栋、汪直则与夷商共谋劫掠以偿其债。

---

① ［明］朱纨：《甓余杂集》卷2。
② 《世宗实录》嘉靖三十六年十一月乙卯条。

二、合同的履行风险

海上私人贸易合同,如果是当场交付,风险相对小一些。而在明朝"海禁"的背景下,海上私人贸易需躲避官府的抓捕。海上贸易距离远、成本高,货物的量或者价值要特别大才能确保相应的利润。在东南沿海进行的海上贸易周期受到季风的影响,也受到窝主的供货能力和政府的海禁力度等多重因素的影响,往往需要利用中介主体购买货物或销售货物。中介商人或代理或居间,都为海上贸易增加了更多的风险。

首先,海上贸易受制于许多自然的或社会的因素影响。东、西二洋到中国东南沿海都面临洋流和季风问题,航程受季风影响较大。这增加了海上航行的风险和成本。社会因素有葡人对东南亚的海上贸易形成一定干扰。南海存在海盗,劫掠往来商船。而明朝政府的海禁政策无疑也是一个不可抗力。

其次,海上贸易往往不是现货交易。海上贸易是远程大宗交易,很难短时间内购买或销售完相关商品。尤其是对日本来说,采用白银购买中国货物,需要揽头或歇家牙行帮助购买或销售货物。海上贸易中先履行义务的一方,无疑就会陷入遭受潜在风险之中。

另外,中介商人的恶意欺诈。当海禁日益严厉,而巨额的货款又极具诱惑力时,"窝主"就会借重官方力量恐吓海商集团,以达到占有财富的目的。《皇明从信录》记载:"自罢市舶,凡番船至,辄赊与奸商,奸商欺负,多者万金,少不下千金,转展不肯偿,及投贵官家,又欺负不肯偿,贪戾甚于奸商。"①

谢肇淛的《五杂俎》记载:"今吴之苏松,浙之宁、绍、温、台,闽之福、兴、泉、漳,广之惠、潮、琼、崖,狙侩之徒,冒险射利,视海如陆,视日本如邻室耳,往来贸易,彼此无间,我即明往,彼亦潜来,尚有一二不逞,幸灾乐祸,勾引之至内地者。败则倭受其僇,胜则彼分其利,往往然矣。嘉靖之季,倭之掠闽甚惨,及官军破贼之日,倭何尝得一人只马生归其国耶?其所掳掠者,半归此辈之囊。"②

---

① 林仁川:《明末清初私人海上贸易》,华东师范大学出版社 1987 年版,第 330 页。
② [明]谢肇淛:《五杂俎》卷 4,《地部二》。

三、合同履行的担保

从事海上贸易的私人海商,为了自己的债权能够实现而不致落空,往往采用担保的方式为合同的履行增加安全保障。从相关资料来看,明朝私人海上贸易的担保有若干种。

（一）物的担保

明代志怪小说集《览胜纪谈》讲述了一个故事:"杭州牙家王氏见一老叟五箱而至,云:'我福宁州松三也,有货停汝家,求售,未易得价。借公银三十两,暂还。买福州葛布相偿。'主人见其衣冠古雅,须眉皓然,且有箱为质。予之。年余不到,乃往福宁遍觅。"①该笔记小说记载了海商以货物为抵押向内地牙人借贷银两的案例。

（二）综合性的担保——中介商人的担保

窝主、歇家等中介机构,承担着对海上贸易合同履行的综合性担保。窝主往往都是势要大家。一方面他们具有政治资源,可以贿赂或拉拢地方官员,摆脱海禁法的制裁;另一方面,他们拥有巨额财富,可以视为履行相关承诺的保证。权势和财富就奠定了窝主在海商们心目中的信誉。这种信誉就成为一种特殊的债务履行的担保形式。实质上这相当于现代债权担保中的"保证"。

明末陈仁锡在论及海防时记录了海上贸易中窝主的角色:"番货至,辄赊奸商,久之,奸商欺负,多者万金,乃投贵家;久之,贵家又欺负,不肯偿。番人乏食,出没海上为盗。贵官家欲其去,辄以微言撼官府出兵,辄赍粮唉番人,利他日货至,且复赊我。番人大恨,言我货本倭王物,盘踞海洋不肯去。

史料记载,许栋、汪直等海商集团就是外国海商与中国海商的中介者。汪直利用自己在海商中的良好口碑,开展海上贸易的中介服务。当然,他本身也是一个大海商,自己也从事海上贸易。"直司其质契",可见汪直是外国海商与中国海商之间的中介者,也是合同得以履行的监督者和担保者。对

---

① ［明］陆采:《览胜纪谈》卷二,松三欺银,明刻本,第10页。参见徐春望:《明代前期福建史:1368—1521年》,线装书局2016年版,第180页。

此,日本学者松浦章认为作为海商的汪直,他最主要的贸易就是质契约交易。① 李献章认为质契是一种证券。汪直是受委托代理买卖、交易的倭经纪人,即中介商人。②

（三）人质担保

人质担保就是合同双方当事人约定,为确保合同得以履行,或者为促进贸易能够持续下去,一方当事人扣押另一方的相关人员。

在政治和经济交往中利用人质作为担保的历史十分悠久。海上贸易采用人质担保确保债务得以履行也是国际惯例。宋人赵汝适的《诸蕃志》记载的现在属于菲律宾的"三屿"的私人海上贸易习惯中,就有以人为质的交易。"如议之价未决,必贾豪自至说谕,馈以绢伞瓷器藤笼,仍留一二辈为质,然后登岸互市,交易毕,则返其质,停舟不过三四日,又转而之他。"③据《岛夷志略校释》的记载,占城的海上贸易也有人质担保。占城"城之下水多洄旋,舶往复数日,止舟载妇人登舶,与舶人为偶。及去,则垂涕而别。明年,舶人至,则偶合如故。或有遭难流落于其地者,则妇人推旧情一饮食衣服供其身,归则又赆以送之,盖有义如此。"④占城土著让妇女"与舶人为偶",无疑是作为人质担保,消除海商对交易安全的顾虑,争取更多的海上贸易机会。郑和下西洋,与印度洋沿岸国家贸易。有的国家担心郑和的船队以后不再来,便要求郑和的船队中的人留下做人质。⑤ 张燮的《东西洋考》记载,为了确保华人海商能够来贸易,苏禄国采用留取人质的做法。"夷人虑我舟之不往也,每返棹,辄留数人为质,以冀后日之重来。"⑥《明史》对此也有所记录:"土人以珠与华人市易,大者利数十倍。商舶将返,辄留数人为质,冀其再来。"⑦

利用人质作为债务履行的担保可以分为几种类型。一是以人质担保,

---

① ［日］松浦章:《中国海贼》,谢跃译,商务印书馆 2011 年版,第 63 页。

② 参见《嘉靖年间浙海的私商及舶主汪直行迹（下）——海禁下谋求自由（贸易）的商人之生涯》,载《史学》第 34 卷第 2 号,1961 年。

③ ［宋］赵汝适著,杨博文校释:《诸蕃志》,见［意］艾儒略著,谢方校释:《职方外纪校释》,中华书局 2000 年版,第 144 页。

④ ［元］汪大渊著,苏继庼校释:《岛夷志略校释》,中华书局 2000 年版,第 55 页。

⑤ 晁中辰:《明代海禁与海外贸易》,人民出版社 2005 年版,第 107 页。

⑥ ［明］张燮:《东西洋考》卷 5,《苏禄》。

⑦ ［清］张廷玉等:《明史》卷 325,《外国六》。

并在违约时抵偿债务。嘉靖二年"宁波争贡事件"的关键人物宋素卿，最早就是作为与日本海商交易的人质被带到日本的。关于宋素卿的身世，史料有不同的记载。玄览堂丛书二辑四《倭志》记载："素卿姓朱，原鄞县监桥头人。其父为揽倭货，折银千两，遂将男素卿盛于柜中，抵还夷人。时方十七岁。"①余永麟的《北窗琐言》记载："朱呆者，鄞之民家子也。无他才能，粗识文字，世居灵门，家货古董为业。弘治间，倭奴入贡，其父与奴交易，费不能偿，以之没入，潜匿夷船，载之而归彼国。以之中国人也，官之。正德三年，变易姓名曰宋素卿，充正使入贡。鄞人见之者，皆曰此朱呆也。"②我国台湾学者郑梁生认为："宋素卿，本名朱缟，浙江鄞县人。弘治八年，尧夫寿冥一行来贡之际，乃父朱漆匠受日本从商人汤四五郎所付漆器之货款，而至翌年汤四五郎回国时也无法交货，乃以其子缟来抵付。因此，缟改名宋素卿，跟汤四五郎到日本去。"③日本学者佐久间重男认为："宋素卿本名朱缟，又名朱二官。自幼作人质来日，后侍从细川氏而改名。"对于宋素卿的身份和从宁波去日本的方式有不同的记录，但有一点是基本一致的，即他是作为抵充其父的债务的人质，被带到日本的。这里的人质就是海上贸易常用的一种担保方式。

二是名义上以人质担保，实际上是用之交易。嘉靖二年（1523 年）葡人盘踞广州屯门之际，发现广州少了许多童男童女，都是正经人家的子女，那是西蒙·德·安德拉吉及其舰队的人贩卖的，他认为这并不违反该城的法律，因为他们知道，在东方地区，一般父母有出卖子女的风俗，而收买或典当来的孩子，看来都是出卖的，属于这类性质，不同于偷窃的。④

朱纨在奏章中也论及浙江沿海贸易中葡人扣押沿海"接引之徒"的子女作为贸易担保。"浙江定海双屿港，乃海洋天险，叛贼纠引外夷，深结巢穴。名则市贩，实则劫掳。有等嗜利无耻之徒交通接济，有力者自出资力，无力者转展称贷；有谋者诓领官银，无谋者质当人口；有势者扬旗出入，无势者投

---

① 陈小法：《明代中日文化交流史研究》，商务印书馆 2011 年版，第 159 页。

② ［明］余永麟，《北窗琐言》，丛书集成初编之《丘隅意见及其他四种》，中华书局 1985 年版，第 27 页。

③ 陈小法：《明代中日文化交流史研究》，商务印书馆 2011 版，第 162 页。

④ ［葡］巴洛牵、［西］艾斯加兰蒂等：《十六世纪葡萄牙文学中的中国 中华帝国概述》，何高济译，中华书局 2013 年版，第 54 页。

托假借。双桅、三桅连樯往来,愚下之民一叶之艇,送一瓜、运一樽,率得厚利,驯致三尺童子亦知双屿之为衣食父母,远近同风,不复知华俗之变于夷矣……"①

林希元在《与翁见愚别驾书》一文中认为,葡人的唯一罪过就在于"收买子女"。"佛郎机虽无盗贼劫掠之行,其收买子女,不为无罪。然其罪未至于强盗。边民略诱卖与,尤其可恶。其罪不专在彼,而官府又未尝以时攻之。"②

将朱纨和林希元的论述结合起来看,不难推测当时闽浙沿海葡人与中国人交易时,中国人往往以子女为人质从葡人手中领取货款或赊买货物。在葡人具有固定的居留地澳门之前,葡人可能不需要对中国的人口进行买卖。他们没有固定基地,不需要大量人力用于建设,而长途运输,携带的人口要消耗食品和饮用水。如果是在东南亚或南亚地区需要人力,葡人没必要从中国购买。如果仅仅为了作为船上工作人员或贸易服务人员,这种需求也是很小的。因此,可以推测当时中国人以子女或亲友为人质与葡人贸易是常见方式。

三是以人质作为长期交易的履行保障。范表的《玩鹿亭稿》记载:毛海峰的哥哥"毛子明通番,逋欠货物,以父往质,而后以弟代之"。③ 顾炎武的《天下郡国利病书》记载:"徐惟学以其侄海质于一隅州夷,货银使用。惟学至广东屿,为守备黑孟阳所杀,后夷之索故所贷至,海令取偿于寇掠。至是,海乃偕夷酋辛五郎聚州结党,众至数万。"④

第四节　私人海上贸易纠纷解决

一、南海贸易圈的海上贸易解决惯例

在新航路开辟之前,印度洋和太平洋沿岸的海上贸易整体上基本是自

---

① ［明］朱纨:《皇朝经世文编》卷 250,《双屿填港工完事》。
② ［日］藤田丰八:《中国南海古代交通丛考》(下),山西人民出版社 2015 年版,第 390 页。
③ 林仁川:《明末清初私人海上贸易》,华东师范大学出版社 1987 年版,第 89 页。
④ ［清］顾炎武:《天下郡国利病书》卷 90。

由的。一般只要缴税就可以上岸贸易。而对于贸易产生的纠纷，相关国家也给予解决。葡人东来，一定程度上冲击并改变了印度洋沿岸的海上贸易规则。但是，葡人进入南海和太平洋之后，在与中国和日本等国进行贸易时，基本上需要迎合地方的贸易规则。因为在远东地区，葡萄牙人无法如同在印度洋沿岸那样使用武力进行征服。

王在晋的《越镌》收集的案件涉及日本当局对海上贸易纠纷的解决："其一起为奸民严翠梧与逃脱方子定以闽人久居定海，纠合浙人薛三阳李茂亭结伙通番，造船下海。先是子定于三十七年同唐天鲸雇陈助我船由海澄月港通倭，北夷人抢夺货物。遂以船户出名状称倭为真主大王，告追货价所得不赍。"可见明朝后期，日本对海上贸易持开放态度，积极维持海上贸易秩序，并对贸易纠纷进行公正解决。从记录可以推测，中国海商方子定等人到日本贸易时。日本上人购买货物后，没有支付货款。方子定等以中国船户的名义诉讼到倭王，倭王主持公道，帮助追回货款。

郑舜功所撰的《日本一鉴》记录了许氏集团所涉及的海上贸易纠纷："嘉靖十九年（1540 年）继之许一（松）、许二（楠）、许三（栋）、许四（梓）勾引佛郎机国夷人，络绎浙海，亦市双屿、大茅等港，自兹东南衅门开矣。……嘉靖二十五年（1546 年），许二、许四，因许一、许三事故所欠番人货物无偿，欲以奸党，于直隶苏、松等处地方，诱骗良民，收买货物到港。许二、许四阴使番人抢夺，阳则宽慰被害之人，许常货价，故被害者不知许二、许四之谋，但怨番人抢夺。自本者则舍而去之，借本者思无抵偿，不敢归去，乃随许四往日本国以图货价以归。舟至泊津，遭骗之人，寝以番人抢骗财物之故，告于岛主，岛主曰：番商市中国，敢抢中国人财，今市我国，莫不怀掳矣。即杀番人，乃以薪粒等物给许四，使送华人以归。"[①]日本国的"岛主"，即地方诸侯或实力派，出面解决贸易纠纷，甚至杀死抢骗财物的番人。

二、明代私人海上贸易纠纷解决途径

（一）地方官员出面解决

朝贡贸易往往为中外商人提供私人贸易机会。朝贡使团在市舶司或进

---

① ［明］郑舜功：《日本一鉴·穷河话海》卷 6，《海市》。

京道路上会与中国商人进行交易。这种贸易虽然为法律不允许,但地方政府往往持宽容态度,并对该类贸易产生的纠纷进行解决。弘治时期,有一起发生在宁波的案例。《四明谈助》卷10《北城诸迹二下·明贤牧》记载:弘治十一年,沈希达为宁波府通判,郡人与日本人通商,"郡人利与交易,得券即以货物与之。已而贡使还,伪券纷然莫辨,镇巡皆难之。通守招倭众,谕以善恶征应,大书:'天理人心,万里海面'八字悬之。倭气慑吐实,偿其价云"。①

林希元的《与翁见愚别驾书》论及如何解决福建沿海居民与葡人的商欠问题时说:"海道至漳至泉,谒巡按,过同(安)语元,机夷害吾人,似不必攻,已遣指挥往夷船,喻令暂避巡抚。若边民赊货未还不得去,许告官为追,元亦是之。"②可见,尽管当时福建严行海禁,地方官希望一定程度发展私人海上贸易,对于海上贸易的纠纷,地方官员也愿意介入,以避免事端扩大,造成不良影响。

(二)势要巨室的纠纷解决

朱纨的《明经世文编》卷205记载:闲住佥事林希元"负才放诞,见事风生……守土之官,畏而恶之,无如之何,以此树威。门揭林府二字,或擅受民词,严刑拷讯;或擅出告示,侵夺有司。专造违式大船,假以渡海为名,专运贼赃并违禁货物"。

林希元在《与翁见愚别驾书》中提到由官方出面解决葡人与中国窝主的商业纠纷:

> 前见海道欲攻夷(佛郎机),曾作书荐门生汀漳守备指挥俞大猷,又荐门下知兵陈一贯献谋夷秘计于海道,未曾有可用之人。又荐生员郑岳于海道,双华喜之,遣暂归永春,俟有急取用。既而海道自漳至泉,谒巡按,过同(安)语元,机夷害吾人,似不必攻,已遣指挥往夷船谕令暂避巡按。若边赊货未还不得去,许告官为追,元亦是之。

(三)海商集团解决

在许栋、汪直等中国海商集团崛起之后,他们成为连接中外海上贸易的

---

① [清]徐兆昺著,桂心仪等点注:《四明谈助》卷10,《北城诸迹二下·明贤牧》。
② [日]藤田丰八:《中国南海古代交通丛考》(下),山西人民出版社2015年版,第387页。

中介，盘踞双屿、浯岛等闽浙沿海的海岛上。汪直甚至在日本五岛等拥有自己的海商集团驻地。在中国海商集团所组织的海上贸易中，必然也会存在贸易纠纷，自然也存在贸易解决机制，否则贸易无法有序进行。在此以双屿为例，可见一斑。平托的《远游记》记载："来到了双屿门。谓门，实为两个相对的岛屿，距当前葡萄牙的贸易点三里路远。那是葡萄牙人建立的在陆地上的村落，房屋逾千。有市政官、巡回法官，镇长和其他六、七级的法官和政府官员。那里的书记在公文的最后常常这样写道：本某，双屿城书记官，以我主国王的名义，给人感觉是该城位于圣塔伦和里斯本之间的某地。该城充满自信和骄傲。有些房屋的造价已高达三、四千克鲁扎多。"①

平托的记录未必准确，当时在双屿岛中外海商集团是如何进行有效管理的有待于进一步考证。但是，毋庸置疑的是中外海商集团的贸易纠纷解决机构和体制肯定是存在的，即便没有平托所说的组织体系那么健全，也必然相对完备。

虽然平托的游记往往被研究者质疑，但存续二十多年的双屿港，作为国际贸易中心必然存在纠纷的解决方式。西方学者结合西方史料也有对双屿岛的状况进行描述的。"在其繁荣兴旺的日子里，双屿成为中国人、暹罗人、婆罗洲人、琉球人等的安全地带，使他们免遭为数众多、横行于整个海域的海盗之害。这个地方向来繁华，但自 1542 年（嘉靖二十一年）起，由于对日本贸易而变得特别富庶。其地有两座教堂、一座市政厅、两家医院，以及超过 1000 幢的私人房屋。尽管这里属于中国管辖，但实际上由一个自治市政机构统治着，这个机构由行政司法官、审计官、法官、市议员以及其他六七种官组成。"②

尽管双屿岛是以中葡海商共同主导的贸易基地，但葡人的影响力应该更大一些。一则，他们是主要的卖家和买家，决定着基地的市场需求。二则他们的舰队的军事能力所向披靡，是基地应对政府军和海盗集团的主导力量。葡人的纠纷解决方式必然是类似双屿、浯屿等贸易港的主要模式。而葡人在印度洋沿岸和东南亚的自治组织模式在双屿等中国沿海贸易基地也应该有所体现。至于中葡等海商集团的具体纠纷解决方式需要具体的史料

---

① ［葡］费尔南·门德斯·平托：《远游记》（上册），金国平译，葡萄牙航海大发现事业纪念澳门地区委员会、澳门文化署、东方葡萄牙学会，1999 年版，第 193 页。

② ［瑞］龙恩泰：《早期澳门史》，吴义雄译，东方出版社 1997 年版，第 5 页。

予以进一步证明。

（四）私力救济

在海禁趋严的背景下，往往发生势要之家以窝主的名义占有海商集团的货物或资金，利用官府严禁威胁海商。海商债权落空后，采用私力救济的途径夺回财物或进行报复。

清人赵翼在《廿二史札记》中记载："明祖制，片板不许入海。承平日久，奸民勾倭人及佛郎机诸国，私来互市。闽人李光头，歙人许栋，踞宁波之双屿，为之主，势家又护持之。或负其直，栋等即诱之攻剽。负直者胁将吏捕之，故泄师期令去。期他日偿，他日负如初，倭大怨，益剽掠……按郑晓《今言》谓，国初设官市舶，正以通华夷情，行者获倍蓰之利，居者得牙侩之息，故常相安。后因禁绝海市，遂使势豪之家得专其利，始则欺官府而通海贼，继又藉官府以欺海贼，并其货价干没之，以至于乱。郎瑛七修类稿亦谓，汪直私通番舶，往来宁波有日矣。自朱纨严海禁，直不得逞，招日本倭叩关索负，突入定海劫掠云。"①虽然，赵翼的目的是论述倭患产生的原因和过程。但是，从中可见政府排斥海商私人贸易，予以严禁。这样就无法为海上贸易纠纷提供解决机制。从而引发私力救济，并酿成倭患。俞大猷的《正气堂集》记载："数年之前有徽州浙江等处番徒，前至浙之双屿港等处买卖，逃广东市舶之税，及货尽将去之时，每每肆行劫掠。"这里官方所说的"肆行劫掠"，其背后肯定有类似债权无法实现的自力救济因素。

三、海禁背景下的私人海上贸易纠纷解决困局

海禁政策之下的海上贸易是一种秘密无序状态下被扭曲的贸易形式，这种交易一般都要通过陆上私商以"虚值转鬻"的方式进行，一旦中介环节出现脱节失信，便极易引起海商与陆商之间的矛盾冲突，乃至盗性很强的海商对于浙江沿海地区的严重骚扰。②

随着走私贸易的不断扩大，此类矛盾纠纷也就日益增多。如《明史·日本传》记载："初市犹商主之，及严通番之禁，遂移之贵官家，负其直者愈甚。

① ［清］赵翼：《廿二史札记》，王树民校正，中华书局2013年版，第827页。

② 王慕民：《海禁抑商与嘉靖"倭乱：明代浙江私人海外贸易》，海洋出版社2011年版，第142页。

索之急,则以危言吓之,或又以好言绐之,谓我终不负若值。倭丧其赀不得返,已大恨。"何乔远的《明山藏》记载:"市舶既罢,货主商家相率为奸利,虚值转鬻,负其直不啻千万,索急则投官家。夷人候久不得,颇构难,有所杀伤。贵官家则出危言,撼当事者兵之使去,而先阴泄之以为德。如是者久,夷人大恨,言挟倭王赀而来,不得直,曷归报?"1547 年(嘉靖二十六年)夏,许栋、林剪和葡萄牙等外国的海商一起洗劫了余姚谢迁家族的宅第。谢迁本是成化年间的状元,后又为弘治、正德、嘉靖三朝的内阁大学士。关于这一事件的原委,《明实录》记载道:"奸商汪直、徐海等常阑出中国财物与番客市易,皆主于余姚谢氏。久之,谢氏颇抑勒其值,诸奸索之急。谢氏负度多,不能偿,则以言恐之曰:'吾将首于官'。诸奸既恨且惧,乃纠合徒党、番客,夜劫谢氏,火其居,杀男女数人,大掠而去。"

　　一般情况下,前往东南沿海一带贸易的海商,都要委托陆上窝主销售舶货,购买、储存土货。因为后者作为窝主不仅熟悉当地市场行情,而且可以通过与地方官吏的各种关系,提供掩护,躲避官府检查。而窝主一般都是地方上的世家望族,如余姚的官宦世家谢氏、慈溪的豪族谢德美、兰溪的巨富童华。因这种买卖是在违法的情况下隐秘进行的,其凭借的是信用、交情,并无制度、法律保障,而且交易的方式多是托售托买,虚值转鬻,因此经常会发生欺诈拖欠和侵吞抑勒事件,而受骗上当、蒙受损失的多是处于劣势的海上私商。遭受损失的海商集团则会进行报复。对此地方政府以倭乱为名上报朝廷。于是朝廷就加大海禁力度。这样就形成了海上贸易的恶性循环。

第五节　隆庆时期私人海上贸易新趋势及影响

一、隆庆开禁后的贸易新趋势

　　隆庆放开海禁以后,东南沿海私人贸易产生了怎样的变化呢?或者说隆庆开禁后私人海上贸易有哪些新趋势呢?这个问题是在上面四节对明朝海上私人贸易整体介绍的基础上,探讨隆庆改革措施的具体影响。因为隆庆时期只有 6 年,相关私人海上贸易的资料难以获取,而史料中有若干隆庆之后在万历时期发生的海上走私贸易案件。从这些十分难得的史料中,我们可以通过多个案例的具体分析探索隆庆开禁的实际影响。

我们搜集到万历时期的六个案件,其中一个案件是朝鲜的《誊录类抄·边事》记录的案件。[1] 另外五起案件是王在晋的《越镌》收录的万历时期的走私案件。下面采用多案例研究法对这六起案件进行分析。

沈德符在《万历野获》一书中认为,海禁导致利归势要。势要拥有政治资源和经济力量,成为连接中外海上贸易网络的重要一环,不仅他们得到巨额利益,而且利用海上贸易所得利益维护了包括地方官员,甚至中央官员在内的利益相关群体。朱纨就是在势要及其背后的利益集团的运作下被击垮的。在隆庆月港放开海禁后,势要巨室作为海上走私贸易的中枢角色就结束了。但是,这些拥有政治资源和经济力量的势要在改革中依然占据着得天独厚的利益空间。一方面,他们利用自己的资源条件,开始转向官方,进行直接的海上贸易。另一方面,他们与政府合作,确保自己从海上贸易中获得利润。

隆庆开禁后,海上私人武装贸易集团瓦解。势要巨室由主导私人贸易的"大窝主"成为私人贸易的主要参与者。他们利用与地方官员的关系,几乎垄断了海上贸易的许可证(即船引)。同时,大量的散商参与到海上贸易中来,他们需要从势要手中高价购买出海贸易许可证。隆庆时期主要海上私人贸易模式可以从王在晋和日本学者松浦章搜集的案例中得到说明。

(一)朝鲜《誊录类抄·边事》记录的案例分析

日本学者松浦章利用朝鲜史料《誊录类抄·边事》对明代末期的海上私人贸易进行了研究。本书利用其研究成果提供的数据对海上贸易发展状况进行分析。松浦章提供的案例如下:

> 万历三十一年(1603年)二月二十八日,温进等百余名中国海商乘坐黄文泉的船由福建海澄县出发到交趾进行海上贸易。他们在海上遭到两只倭船的劫掠,仅存二十八名海商。这二十八名中国私人海商被倭船带到柬埔寨后又被转卖给其他倭人,然后又被带回日本。在回日本途中,他们乘坐的倭船漂流到朝鲜。随后,朝鲜兵船与倭船发生交火,二十八名中国海商最终仅有十六名幸免于难。在该事故中存活的十六

---

[1] ［日]松浦章:《明代末期的海外贸易》,《求是学刊》2001年第2期。

名中国私人海商的信息如表 6-1 所示。

表 6-1　朝鲜的《眷录类抄·边事》记录的中国私人海商信息

姓　　名	年龄、籍贯和身份
温进	三十五岁,福建漳州海澄县白丁
王清	三十三岁,浙江金华府义乌县白丁
庄昆	二十七岁,福建漳州海澄县白丁
许文	四十岁,福建海澄县白丁
鲁三	三十三岁,福建泉州同安县白丁
黄二	三十五岁,福建漳州府龙溪县白丁
钟秀	三十六岁,福建漳州府海澄县白丁
陈二	二十六岁,福建漳州府龙溪县白丁
陈三	二十四岁,福建漳州府龙溪县白丁
蔡泽	四十岁,福建漳州府海澄县白丁
李弘烈	二十岁,福建泉州府南安县白丁
黄春	三十六岁,福建泉州晋江县白丁
郑瑞南	三十四,福建泉州府晋江白丁
黄延	四十九岁,福建泉州府同安县白丁
鲁春	年三十六,福建泉州府同安县白丁
王明	二十九岁,浙江杭州府钱塘县白丁

注:根据松浦章文章引述的朝鲜《眷录类抄·边事》记录的案例整理。

　　16 名中国海商都是"白丁",即普通的经商百姓。16 名商人中,浙江籍海商两名,分别来自金华府义乌县和杭州府钱塘县。福建籍海商 14 人,其中漳州府 8 名,泉州府 6 名。漳州府 8 名分别是海澄县 5 人、龙溪县 3 人。泉州府 6 名分别是同安县 3 人、晋江县 2 人、南安县 1 人。从地域、姓氏和年龄来看,16 名海商有 11 个姓氏,而相同姓氏的人中,除了陈二、陈三都来自漳州龙溪县,可能是兄弟外,其余可能都不具有亲族关系。虽然鲁三和鲁春都来自泉州府同安县,但没有信息显示为亲族关系。也就是说,这 16 人是由来自 5 个县的 11 个不同姓氏的私人海商构成。这是一个有价值的信息。在明清时期,中国的传统都是以地缘和血缘关系为基础开展相关民事行为的。由此可见，以黄文泉为船长的这个商人团队，主要是以海外贸易为目的而形成的一个临时性组织。由此可见，自隆庆元年开禁后，私人海商通过月港到交趾进行贸易，到万历三十一年，已经如同现在农民乘坐公交车进县城一样的自然而常态。

（二）《越镌》记录的走私案件分析

1. 严翠梧方子定案

《越镌》记录的严翠梧、方旋方案如下：

> 严翠梧与脱逃的方子定以闽人久居定海，纠合浙人薛三阳、李茂亭结伙通番，造船下海……有朱明阳者买哨船增修转卖茂亭。先期到杭收货，同伙林义报闻出洋而去。翠梧、三阳乃唤船匠胡山打劫快船一只，结通关闸，透关下海，等候随买杭城异货。密雇船户驾至马应龙、洪大卿、陆叶船三只，诈称进香，乘夜偷关。驾至普陀，适逢潮阻，哨官陈勳等驾船围守，应龙等乘潮而遁。哨兵追之乃索得缎缯布匹等物，纵之使行，而前船货物已卸入三阳大船，洋洋赴大礨矣。于时子定先往福建收买杉木至定海交卸，意欲紧随三阳等同船贩卖。遂将杉船向大嵩港停泊而预勾杨二往苏杭置买湖丝，又诱引郑桥、林禄买得毛毯同来定海。见三阳船已先发，乃囤货于子定家寻船下货。时值军令严行密访漳泉流来奸徒，并将闽船尽收入关。子定通番事情遂为黎知县所侦缉。……计定海打造通番船有三。一船李茂亭为长而发旗者之为薛三阳董少也。一船方子定为长而合本者之为严翠梧也。奸商托声势以恢张则不得不借宦旗为引导，借公差为影射，则不得不索马票以前行。宦旗为薛三阳之假冒，当被薛乡官举发追执送官。

严翠梧、方子定案有以下几个特征：第一，闽人和浙人结伙通番。严翠梧、方子定为闽人，薛三阳、李茂亭为浙人。合作内容既包括"合本造船""买杭城异货"，也包括买通官方定海出洋。第二，定海海关管理松弛，成为闽浙商人出洋的新关口。本案中，李茂亭、薛三阳先后都是从定海关出洋到日本贸易的。而方子定本准备从定海出洋被知县抓获。尤其是薛三阳以普陀山进香为名出洋，在被官兵抓获后，官兵向他们索取"缎缯布匹"后就放行了。第三，海商从苏州、杭州置办货物。浙人李茂亭是"杭州收货"然后定海出洋。方子定也是在苏、杭置买湖丝和毛毯。方子定在定海久居，其家可以"囤货"以备定海出洋。

2. 林清、王厚商走私案

《越镌》对林清、王厚商海上走私案进行了详细介绍：

> 又一起为福清人林清与长乐船户王厚商造钓槽大船，请郑松、王一为把舵，郑七、林成等为水手，金士山、黄承灿为银匠，李明习海道者为之向导，陈华谙倭语者为之通事。于是招徕各贩满载登舟。有买纱罗布匹者，有买白糖瓷器果品者，有买香扇针纸等货者，所得倭银在船熔化有炉冶焉，有风箱器具焉。六月初二日开洋至五岛而投倭牙五官六官听其发卖。陈华、李明搬运货物同舟甚众，此由长乐开船发行者。也有闽人揭才甫久寓于杭，与杭人张玉宇、善出本贩买绸绢等货，通义男张明觅船户施春凡与商伙陈振松等三十余人于七月初一日开洋，亦到五岛投牙一官、六官零卖。施春凡、陈振松等尚留在彼而玉宇同林清等搭船先归此。由宁波开船发行者林清、王厚抽取商银与出舵贡水手分用外，清与厚共得银二百七十九两有奇。所得倭银即令银匠在船倾销计。

该案体现了隆庆开禁后对日贸易的一些特点。首先，闽浙海商到日本贸易兴起。虽然隆庆开禁只对漳泉等地有效，对日贸易依然在禁止之列，但开禁后，海禁松弛，闽浙商人去日贸易增加。日本在五岛有专门对中国海商提供贸易服务的"牙人"。林清等到日本五岛后，"投倭牙五官六官听其发卖"。之前杭人张玉宇与船户施春凡从宁波出洋到五岛贸易，"投牙一官六官零卖"。"官"是对牙人的称呼，可见中国海商对日本五岛的贸易合作模式比较成熟。其次，随着海上私人贸易的兴起，海上贸易服务更加专业和完善。林清与王厚商制造海上贸易大船提供海上贸易运输服务，同时除雇佣船工等之外，还专门雇用了银匠、通事等专业人员。再次，海商与船户的合作更加便捷。船户一般都是临时招徕各种经营不同买卖的海商。一方面，这反映出洋贸易的海商增多，很容易就能找到同行商人并"满载登舟"；另一方面，这也说明海禁松弛，无论船户还是海商都不再以地缘或血缘等关系紧密的人为限，以严防走私之事被泄露。海商杭人张玉宇乘坐船户施春凡的船到日本贸易，回程就乘坐林清等人的船返回，而施春凡则留在日本再搭载其他海商的船返回。

（三）隆庆之后海上贸易新趋势的具体表现

王在晋的《越镌》收录的案例实际上包含7起,加上朝鲜《誊录类抄·边事》记录的温进等人走私案例,共计有8起案件(见表6-2)。这8起案件都发生在万历时期,基本能反映出隆庆开禁后海上贸易的新变化。

表 6-2　《越镌》和《誊录类抄·边事》收录的 8 起案例一览

案例序号	案情概要	组织形式	出洋地点	文献来源
1	闽人海贼欧梓等海上劫得船货,出洋通倭。被风漂到金齿门,与哨兵搏斗,被抓。		海澄	《越镌》
2	万历三十七年,方子定与同唐天鲸雇陈助我船由海澄月港通倭。	租赁型	海澄月港	《越镌》
3	奸民严翠梧与逃犯方子定以闽人久居定海,纠合浙人薛三阳、李茂亭结伙通番,造船下海。	合资型	定海	《越镌》
4	福清人林清与长乐船户王厚商造钓槽大船,请郑松、王一为把舵,郑七、林成等为水手,金士山、黄承灿为银匠,李明习海道为向导,陈华谙倭语者为通事。于是招徕各贩,满载登舟。	合资造船海商临时结伙	长乐宁波	《越镌》
5	张玉宇、施春凡等出洋到日本五岛贸易案。	雇佣代理临时结伙	宁波	《越镌》
6	赵子明向来制造蛤蜊班段布匹等货物。有个叫周学诗的人将这些货物转卖到海澄,遂搭船开洋往暹罗吕宋等处发卖。	合伙型	海澄	《越镌》
7	生员沈云凤者将赀本托仆沈来祚、来祥往海澄生理。来祥等径往吕宋等处贩卖货物包利以偿其主。	雇用代理	海澄	《越镌》
8	万历三十一年,温进等百余名海商通番案。	临时结伙	海澄	朝鲜《誊录类抄·边事》

对于隆庆之后的海上私人贸易的变化,王在晋在《越镌》中也有所发现。王在晋的观点可概括为两点:一是"通番",尤其是通倭,由福建的"漳泉"扩

展到福清,再波及宁波、杭州。"夫漳泉之通番也其素所有事业,而今乃及福清。闽人之下海也,其素所习闻也,而今乃及宁波宁海通贩,于今创见。又转而及于杭州。"二是浙江官民对于通倭表现出较高的积极性,经营蔚然成风。"以数十金之货得数百金而归。以百余金之船,卖千金而返。此风一倡,闻腥逐膻将通浙之人弃农而学商,弃故都而入海。官军利其贿惟恐商贩之不通倭夷利其货,惟恐商船之不至获息滋多则旋归故里。""定海关任其作弊,桃花渡任其造船,埠头与舟子同心,关霸通商贩作弊,迨其事败则挟宦以必援。"

王在晋的评价只是宏观地描述了浙江通番的情况。他作为浙江的地方官,关注点在于将浙江通番归咎于闽人。王在晋的《越镌》卷 21 之《通番》记载:"往时下海通贩惟闽有之,浙不其然。闽人有海澄入倭之路,未尝假道于浙。今不意闽之奸商舍其故道而从我之便道。浙人且响应焉。此衅一开,闽实嫁祸于我。"对表 6-2 中搜集到的案例进行分析,可以清晰地看到隆庆开禁后海上贸易的具体变化。第一,定海成为私人海上贸易的出洋港口,8起案件中有 3 起从宁波出洋。隆庆开禁指定月港为唯一的出洋港口,而且禁止海商到日本贸易。而随着隆庆开禁,浙江私人海上贸易也迅速发展。其原因不仅仅是"杭州之置货便于福,而宁之下海便于漳"。从更深层次来看,福建月港开海,对于浙江沿海官民来说,自然心有不平。漳泉海禁一直难以奏效是因为民生需要及地理特征。而浙江沿海相对福建是较易实施海禁的。但福建月港开港,对于浙江产生了影响,导致私人海上贸易兴起。第二,海上贸易的组织形式越发开放、灵活和便捷。临时结伙出洋贸易越来越成为主要形式。而这些临时结伙的海商一般都是散商,也就是中小海商。但他们数量巨大。朝鲜的《眷录类抄·边事》收录的温进等走私案很能说明问题。出洋时一百多散商,这些海商的具体构成很难全面描述。但是从幸存的 16 名海商来看,他们的组合十分随意,没有地缘、血缘等关系的因素制约,都是以海上贸易为目的而自由组合。而这种灵活、便捷的临时结合形式,在王在晋的《越镌》中的三个案例中也有所体现。

二、隆庆开禁后的法律影响

隆庆开禁后,随着海上贸易的新变化,在制定法和习惯法中都自然而然地产生一些影响。具体体现在中介机构的变化上。

（一）私牙的进一步扩展

月港开港引发私人海上贸易在闽浙的兴起。私牙也随之兴起。王在晋指出："杭城之货，专待闽商市井之牙，勾同奸贾，捏名报税，私漏走洋。"①他在《越镌》中进一步指出"埠头与舟子同心"。埠头就是海上贸易的"牙人"。而在月港之外的非官方指定的牙人，自然是私牙。在其收录的案例中也可见私牙无处不在。严翠梧、方子定案中的方子定利用牙人购货。"预勾杨二往苏杭置买湖丝，又诱引郑桥、林禄买得毛毯同来定海，见三阳船已先发，乃囤货与子定家寻船下货。"这里的"杨二""郑桥""林禄"极可能是牙人。如果是其雇佣的伙计，不用"预勾"或"诱引"，而应该是"指使"或"指派"。如果"杨二"等三人是从事海上贸易的海商，则置办货物是他们的分内之事，也用不着方子定"预勾"和"诱引"。显然三人是帮助方子定置办货物而能从中取利的私牙。

（二）"歇家牙行"模式的合法化

"歇家牙行"是私人海上贸易发展的产物。隆庆开禁前，法律严禁私人海上贸易，而服务于海上贸易的"歇家牙行"自然也是被禁止的。海禁时期，经营"歇家牙行"的主要是势要巨室。

随着"广中事例"的形成和发展，歇家牙行也逐步被政府所认可，并被政府利用。这就推动了"歇家牙行"模式在海上贸易中的逐步合法化。嘉靖时期，汪柏设立客纲客纪。这是"牙行"在官方商舶贸易中的利用。这与朝贡贸易中市舶司任用"牙人"负责使团与中国商人的贸易不同。朝贡贸易中的"牙人"只是评估价格，主持交易的居间服务，而"客纲客纪"则协助政府主持商舶贸易和税收职务。

随着隆庆开禁，"歇家牙行"在澳门贸易中进一步发展。后来成为明末对外贸易的"三十六行"，也就是清朝"十三行"的雏形。

---

① ［明］王在晋：《海防纂要》卷8，《禁通番》。

第七章　隆庆时期东南海上贸易的法律制度特点

第一节　海上贸易法律制度的变革特征

法律制度是社会实践在制度上的体现。隆庆时期海上贸易法律制度的变革特征,是由隆庆时期的明朝"海禁—朝贡体制"向商舶贸易转变的法律制度的重要体现。这种制度不仅体现在开始于隆庆时期的"月港体制",也体现在隆庆时期"广中事例"的重要变革。

一、隆庆时期贸易实践的变革

"月港体制"的形成是在隆庆时期完成的,这个较为容易接受。隆庆元年(1567年),"准贩东西二洋",隆庆六年(1572年)开启商业税则,以及隆庆时期的"海防馆"与海防同知等海上贸易管理体制,这些"月港体制"的框架在隆庆时期已经基本奠定。万历时期只是在隆庆时期"月港体制"的基础上进行改进。但是,"广中事例"在隆庆时期的重要变化往往容易被忽略。被忽略的原因有三:一是"广中事例"起始时间较早。弘治新例、正德抽分,以及嘉靖时期对广东沿海私人货物的抽分,包括汪直上疏就直接提到浙海仿"广中事例"开海。二是,"广中事例"的典型体制,也就是被称为"广州—澳门二元中心体制"在嘉靖时期已经启动。1554年(嘉靖三十三年)索萨条约形成,葡人开始居留澳门。1557年(嘉靖三十六年)澳门正式开埠。三是,隆庆时期实在太短,对于漫长的"广中事例"的形成和发展来说往往被忽略。

事实上隆庆时期对于"广中事例"的发展至关重要。这主要体现在两点。一是隆庆时期，朝廷正式认可了葡人居留澳门的事实。二是，"广中事例"中关于税收制度的变革发生于隆庆时期。

（一）隆庆时期朝廷对葡人居留澳门的认可

葡人来中国之前，尽管屯门岛等处已经出现地方政府允许的私人海上贸易，但并没有形成居住点。1517年（正德十二年）葡王特使多默·皮列士到中国。之前他在满剌加期间写下《东方志》一书，记录了广州的朝贡贸易和商舶贸易："（广州）港口有许多大船舰守卫着城池，封锁入口。上面提到的那些持有许可证的国王有馆宅供他们的使臣在城内交易商品，但没有许可的则在离广州30里路外做买卖，货物从广州运去。"皮列士接着描述城外商舶贸易："从广州这边到马六甲30里路外，有一些岛屿，与在陆地上的南头，被规定为各国的港口，如普罗屯门等。"可见，当时广州城外"南头"的诸多岛屿是地方官员指定的商舶贸易地点，政府收取一定比例的商税。史料记载，嘉靖十三年，黄庆受贿允许上川岛交易。但这种交易是短暂的，也不允许外国海商长期居留。

葡萄牙人在嘉靖三十五年（1556年）开始居留澳门。英国著名葡萄牙海商帝国研究者博克舍对葡人来中国到居留澳门的过程是这样论述的：

> 1554年，大船长索萨与海道副使汪柏的所谓索萨条约只是口头协议，内容是允许葡人按暹罗的同等条件在广东进行交易。葡人不是被当作佛郎机人，而是被当作暹罗人，或者被当作臣服于中国的其他外国人，才获得许可的。开始葡人常去上川岛，也就是屯门。1517年葡人的第一个葡王特使就是乘船到达屯门的。1518年西蒙占据的也是屯门。1552年沙勿略也是死在屯门。然后由上川岛转移到浪白滘，在1557年，葡人转移到澳门。①

由此可见，葡人居留澳门是基于海道汪柏和葡人大船长索萨的口头协议，而这个口头协议并没有上报到朝廷。朝廷是在很晚才知道葡人在澳门建立据点的事。1554年，葡人首领索萨（Leonel de Souza）与海道副使汪柏

---

① ［英］C.R.博克舍编注：《十六世纪中国南部行纪·导言》，何高济译，中华书局1990年版，第13页。

达成口头协议,使葡人在澳门的贸易活动具有合法性。这是他们立足最为重要的依据。1555 年(嘉靖三十四年),海道汪柏允许葡人前往广州城下经商,贸易季结束后也不必撤离澳门。次年起,明朝当局对葡人的贸易活动加强了管理。"嘉靖三十五年,海道副使汪柏迺立客纲、客纪,以广人及徽、泉等商为之。"1557 年(嘉靖三十六年),海道属下的守澳官迁至澳门港,使其变为"官澳",从此澳门正式开埠,成为有明以来第一个向外来海商开放的港口。但这一直是广东地方官擅自为之的,明朝廷并不知情,或者即便朝廷知情,也没有给予官方的认可。而且,葡人并不是以佛郎机的名义与中国进行交易。克路士的《中国志》也证明,西蒙挑起事端后,"那个时候他们不许用葡萄牙的名字跟他们交易,当我们同意纳税时也不许把这个名字报到朝廷"。① 另外,还有几份材料可以证明,在隆庆之前朝廷并不允许葡人在澳门居留和贸易。一是,嘉靖二十八年(1549 年)朱纨事件调查结果指明,朱纨在围剿的闽浙沿海的走私贸易者是满剌加商人,而不是葡人商人。事实上,这些是葡人,而官方没有认可葡人的身份,他们依然以满剌加人的身份来敷衍朝廷。要知道,1511 年之后,满剌加就被葡萄牙殖民,之后是葡人以满剌加人的名义来华贸易。二是嘉靖四十三年(1564 年)柘林兵变之后,因为葡人根据助剿兵变免交商税的协商,不交关税,俞大猷提议武力驱逐葡人。如果是朝廷认可葡人合法居留澳门,俞大猷等地方官员则不可能有如此激进的想法。三是《明史·佛郎机传》记录:嘉靖四十四年(1565 年)(佛郎机)"伪称满剌加入贡,已改称蒲都丽家。守臣以闻,下部议,言必佛郎机假托,乃却之"。可见,嘉靖时期并没有认可葡人的朝贡国地位,按照明朝无朝贡无贸易的政策,明朝廷在嘉靖时期不可能认可葡人居留澳门进行贸易。②

事实上,隆庆时期福建月港开禁,必然推动广州贸易的进一步对外开放。此后葡人居留澳门,形成"澳门—广州"二元贸易模式,才逐步得到朝廷的认可。澳门从 1572 年开始向明朝缴纳地租可以视为朝廷的默认。

(二)隆庆时期"广中事例"税制变化

隆庆时期,"广中事例"的运作推动了税制的重要发展。澳门开埠 20 年

---

① ［英］C.R.博克舍编注:《十六世纪中国南部行纪·导言》,何高济译,中华书局 1990 年版,第 131 页。

② ［清］张廷玉等:《明史》卷 325,《外国六》。

左右的隆庆年间,广东当局开始抽取白银货币来取代实物,直接管理机构也从具有军事性质的海道副使变为由海防同知、市舶提举及香山正官等具有商业管理和行政管理职能的官员共同负责。这三个机构共同参与丈量估验事宜,以葡船吃水量作为依据,"估其舶中载货重若干,计货若干,该纳银若干,验估已定,即封籍,其数上海道转闻督抚,待报征收;如刻记后水号征有不同,即为走匿,仍再勘验船号出水分寸若干,定估走匿货物若干,赔补税银,仍治以罪。号估税完后,贸易听其便"。①

二、法律思想变革

从洪武到隆庆,经历二百年的"海禁—贸易"体制的运作,统治集团对于海上贸易法律制度从思想层面已经有所转变。

(一)反思"海禁—朝贡体制"

明初朱元璋出于政治的需要实施海禁。一是为了防范张、方残余力量和倭寇,防止沿海居民与之勾结。二是专制统治在海上贸易领域的实施,认为中国无需番国的财富。三是海禁与朝贡贸易相结合,利用唯一的财富流通渠道进行朝贡贸易,促使外番遵奉明帝国为宗主。

在"海禁—朝贡体制"因明朝政治力量和经济力量的衰落而日趋崩溃的明朝中后期,尤其是海禁与私人海上贸易形成恶性循环,终于引发"嘉靖大倭乱"之后,明朝朝野对"海禁—朝贡体制"进行了反思。为防止"倭乱"的再度大规模爆发,嘉靖末期皇帝下诏开展了是否开海的大讨论。以防范"倭乱"为目的的"开海"和"禁海"争论,最后形成了一定的共识:"于通之之中,寓禁之之法",实现了从"片板不许下海"到"准贩东西二洋"的思想大转变。

(二)"朝贡贸易"转向"商舶贸易"

弘治时期,邱濬在《大学衍义补》就提出让朝贡贸易回归到宋元时期的商舶贸易:

> 臣按互市之法,自汉通南越始。历代皆行之。然置司以市,兼舶为名,则始于宋焉。盖前此互市兼通西北,至此始专于航海也。元因宋制,每岁招集舶商于番邦博易珠翠香货等物,及次年回帆验货抽解,然

---

① 〔明〕郭棐:《广东通志》卷69,《番夷》。

后听其货卖。其抽分之数,细色于二十五分中取一,粗色于三十分中取一。漏税者断没。仍禁金、银、铜、铁、男、女,不许溢出。本朝市舶司之名,虽沿其旧,而无抽分之法。惟于浙闽广三处置司,以待海外诸藩志进贡者。盖用以怀柔远人,实无所利其入也。臣惟国家富有万国,故无待于海岛之利。然中国之物自足,其用故无待于外夷。而外夷所用,则不可无中国物也。私通溢出之患,断不能绝,虽律又明禁,但利之所在,民不畏死。民犯法而罪之,罪之而又有犯者,乃因之。以罪其应禁之官吏。如此则吾非徒无其利而又有其害焉。臣考大明律于户部有舶商匿货之条,则是本朝固许泛海为商,不知何时始禁?[①]

嘉靖末年,在组织如何防治倭患的讨论中,通政使唐顺之提出:"舶之为利也,譬之矿然,封闭矿洞,驱斥矿徒,是为上策;度不能闭,则国收其利而自操之,是为中策;不闭不守,利孔泄漏,以致奸萌啸聚其人,斯无策矣。今海贼据浯屿、南澳诸岛,公然擅番舶之利,而中土之民交通接济,杀之而不能止,则利权之在矣。"[②]

《筹海图编》卷12"开互市"载越通政唐顺之云:"国初浙福广三省设三市舶司。在浙江者专为日本入贡,带有货物许其交易。在广东者则两洋番船之辏,许其交易,而抽分之。若福建既不通贡又不通舶,而国初设市舶之意漫不可考矣。"[③]唐顺之的话有几点值得注意:一是日本朝贡贸易,对于附带货物允许贸易不抽分。二是广州朝贡贸易,也存在商舶贸易,而且对商舶贸易进行抽税。三是福建市舶司设立时,当时没有贡舶及附于朝贡的市舶,显然是应对商舶贸易的。这种商舶可能主要是中国私人商舶出洋进行贸易的。唐顺之在这里用"国初设市舶之意漫不可考",是在嘉靖朝严行海禁的背景下不便明说的一种隐晦表达。

(三)从"防备为上"到理性面对外夷

明朝中后期,精英阶层开始理性面对华夷关系。海禁是严守华夷有别的思想产物。随着葡人东来,在与葡人的冲突与合作中,精英阶层认识到一味地排斥外夷是无益的。尤其是在政治和经济衰落后的后期,明帝国更是

---

① ［明］邱濬:《大学衍义补》卷 25。
② ［明］陈子龙等:《明经世文编》卷 260。
③ ［明］郑若曾:《筹海图编》卷 12,《开互市》。

力不从心,于是态度上也越发务实,而不是严格执行海禁朝贡体制。最明显的表现就是对待如何处理与葡人的关系上。在葡人居留澳门之后,在中国精英阶层中一直存在不同的观点,有主张予以清剿的,也有主张维持现有的可控状态的。而主流观点是对其有所戒备,同时也可予以利用。林希元在《与翁见愚别驾书》中有更为具体的论述:

> 佛郎机之来,皆以其地胡椒、苏木、象牙、苏油沉速、檀乳诸香,与边民交易,其价皆倍于常。故边民乐与为市,未尝侵暴我边疆,杀戮我人民,劫掠我财物。且其初来也,虑群盗剽掠累己,为我驱逐。故群盗畏惮不敢肆。强盗林剪,横行海上,官府不能治,彼则为吾除之。二十年海寇一旦而尽。据此佛郎机未尝为盗,且为吾御盗。未尝害我民,且有利于吾民也。无故而欲攻之何也? 佛郎机虽无盗贼劫掠之行,其收买子女不为无罪,然其罪未至于强盗。边民略诱卖与,尤为可恶。其罪不专在彼。……既献攻敌之策于海道,有荐门下知兵之人为之用,是我于机夷未尝党之。[1]

林希元对待外夷的观点具有代表性,也是大部分开海派官员的思想体现。其对待佛郎机等外夷的态度与海禁朝贡体制是不完全一致的。按照海禁朝贡体制,无贡即无市。佛郎机非朝贡国,而且嘉靖初年与中国发生过冲突,在政府严禁贸易的黑名单中。以林希元为代表的精英们并没有因此主张对其攻击,而且认为应该理性对待佛郎机。林希元的思想可以概括为三点:一是佛郎机不是明帝国的敌人。葡人没有侵略海疆,也没有杀戮边民。相反,葡人帮助政府清剿了为患二十年的林剪海盗集团。另外,还协助政府军平定了士兵叛乱。葡人不仅不是可怕的敌人,而且是可以捍边御寇的合作者。二是葡人来华的目的是贸易,可提供一些香料等中国所缺乏的货物。葡人购买中国沿海居民的生活用品,"其价皆倍于常",有利于沿海边民。言外之意,应该与葡人开展海上贸易。三是葡人可用但也需要防备。葡人从事收买子女等犯罪活动。林希元也表明自己不是葡人的"同党"。在政府需要对葡人进行征讨时,他是积极为政府效力的。这一点,在其门人俞大猷的思想观念中也有所体现。

---

[1] [明]陈子龙:《明经世文编》卷165。

三、法律制度变革

隆庆时期,实现了从海禁法、朝贡贸易法向商舶贸易法的变革。政府注意到私人海上贸易的重要影响,适度吸收了私人海上贸易习惯法。

(一)贸易管理机构变革

隆庆之前,明朝以朝贡贸易为主,由市舶司、市舶太监为主负责。尽管在嘉靖时期海道带管市舶贸易,但是政府对于商舶贸易的态度依然暧昧。隆庆时期,广州就形成了明确的海道、地方官员、市舶司共同管理的商舶贸易管理体制。在"月港体制"中,管理体制不同于市舶司制度,也不同于当时"广中事例"对于商舶贸易的管理中有海道副使和市舶司及地方三方共同管理的体制,而是采用海防同知主导贸易管理。

(二)实物抽分制向丈抽征银制的变革

隆庆五年(1571 年)完成了对外贸易征税从实物抽分制向丈抽征银制的转变,这是中国贸易史上的重要变革。隆庆五年,为防止葡人逃避抽分,广州开始实施丈抽法计算税额。隆庆六年,针对月港的《商税税则》明确了具体的征银税率。

(三)中介机构的管理职能变革

隆庆时期,在海上贸易从以朝贡贸易为主向以商舶贸易为主的转变中,贸易的中介机构的职能发生了重要的变革。在朝贡贸易中,作为中介的官牙主要是提供商品的价格评估。在商舶贸易中,官牙不仅评估价格,而且履行官方授予的税收管理职能。而在"月港体制"运作中,开禁前从事私人海上贸易的"大倭主"纷纷转变为从事合法贸易的"铺行",而实际职能如同"歇家牙行",提供价格评估、商旅住宿、货物储存和运输、海上贸易担保等服务。而在广州的商舶贸易中则逐步出现了向"三十六行"转变的中介机构,其履行政府的税收管理职能。

第二节　多元利益集团互动推动立法

昂格尔在论述法治或法律秩序形成的条件时,提到"多元集团"和"自然法"两个条件。"多元集团"是指没有一个集团在社会生活中永恒地占据支配地位,也没有一个集团被认为具有一种与生俱来的统治权力。这里的多元集团是指西方"第三等级"崛起,即商人集团作为政治力量。"自然法"作为一种更高级别的普遍的法则,用以论证或批判国家制定的实在法。① 中国古代社会没有超越制定法的神圣法则。而在君主专政体制下,也很难产生昂格尔所说的"多元利益集团"。但是,在明朝海禁的背景下,东南沿海的海上力量却在特定时期、特定区域内,一度出现类似"多元利益集团"的海上政治格局。当时海上政治力量可以分为日本海商集团、葡萄牙海商集团、中国政府力量、中国海商集团、地方政府和地方势要等几股力量。在争夺海上贸易利益的过程中,这些力量相互冲突与合作,推动了贸易法律和制度的变化。

一、国际力量的积极影响

明朝时期,活跃在东南沿海的海上外国力量,最早是广东沿海出现的东南亚的私人海商。他们在屯门等若干小岛进行私人贸易,但没能形成对中国海防具有冲击力和侵略性的政治力量。日本倭寇曾经侵扰东部沿海,但先后被明朝的海防力量所化解。但在嘉靖时期,随着嘉靖初期的"宁波争贡"和"西草湾海战",中国拒绝了日本和葡萄牙海商的海上贸易请求。日本海商和葡萄牙海商开始活跃在闽浙粤沿海,他们与中国海商力量相互借重,形成对官方力量产生冲击力的海上武装力量。

葡萄牙海商力量在福建浯屿、浙江双屿岛以及广东澳门等地十分活跃。这些葡人力量不是官方的,而是私人海商组成的商人组织。他们凭借先进的军舰和"佛郎机"的武器,获得了一定的军事设备上的优势。在西草湾之后,葡人没有如同倭寇或中国海盗那样,与中国政府直接进行军事对抗。他们的目的很明确,即是同中国进行海上贸易。他们的海上贸易的需求不断增强,逐步开辟"长崎—澳门—马六甲—果阿"国际贸易通道。国际社会对中国货物,尤其是生丝和丝绸的需求极度旺盛,从而引发中国海商为高额利润的链而走险,中国海商集团得以迅速崛起。许栋、汪直、徐海、陈东,以及后来的迪洪珍、张维等海商集团,都是在葡人的贸易影响下崛起的。

---

① [美]昂格尔著:《现代社会中的法律》,吴玉章、周汉华译,译林出版社 2001 年版,第 63 页。

二、海商集团的积极争取

中国海商集团在东南沿海兴起后,尽管与海禁展开了武装斗争,但他们依然积极追求政府允许他们进行合法的海上贸易。例如,影响最大的汪直集团通过帮助官府剿杀海盗等方式博取政府的理解和同情,以便在浙海开展海上贸易。汪直被捕后,曾上书直接提出仿照"广中事例"进行浙海贸易:

> 如皇上慈仁恩宥,赦臣之罪,得效犬马微劳驱驰,浙江定海外长涂等港,仍如广中事例,通关纳税,又使不失贡期,宣谕诸岛,其主各为禁例,倭奴不得复为跋扈,所谓不战而屈人之兵者。敢不捐躯报效,赎万死之罪。[①]

如果将海商集团的武装斗争说成是兴起的商人阶层进行的革命,这恐怕有点夸大其词。他们没有自己建立新型政权的革命思想。他们只是与政府争夺海上贸易的利润而已。

万历三十七年(1609 年),有人对皇帝说吕宋产金银,皇帝下旨前去采之。都御史温纯奏疏:"昔年倭患,正缘奸民下海,私通大姓,设计勒价,致倭贼愤恨,称兵犯顺。今以朝命姓之,害当弥大。及乎兵连祸结,诸奸且效汪直、曾一本辈故智,负海称王,拥兵列寨,近可以规重利,远不失为尉佗。于诸亡命之计得矣,如国家大患何! 乞急置于理,用消祸本。"[②]

可见,这些海商集团的最大梦想也不过是大致如同元末张献忠、方国珍,或者后来的郑氏集团等称雄一方的地方政权。他们的政治理想并没有如同东来的葡人那样,成立一个组织形式和理念全新的政治组织。

三、势要巨室的"穿针引线"

谢迁家族,林希元、柴德美等沿海势要大家是在东南沿海贸易中的一股特殊的力量。这是一个庞大的利益集团。这些力量与政府和与海上集团都有千丝万缕的联系。他们依附于政府的行政权力,同时谋取与外国海商和中国海商集团进行海上贸易的丰厚利润。这股力量可以成功打压那个曾剿

---

① ［明］采九德:《倭变事略·附录》。
② ［清］张廷玉等:《明史》卷 323,《吕宋》。

灭闽浙沿海走私海商集团的朱纨,并置其于死地。他们通过渗透在地方和中央政府的支系来影响海上贸易政策。作为从事通番的"大窝主",他们是联结制定法与习惯法的另一个重要主体。如果说地方政府和官员是海上贸易法律制度的建议者,当然皇帝及其主导的朝廷是最后的决策者或立法者,那么这些势要大家则是海上贸易法的幕后推手。他们了解海商,甚至他们自己就是海商或国内海商的政治靠山,或是外国海商的合作者,同时他们熟悉并影响朝政。

一方面,势要巨室利用与政府和海商集团的这种微妙的关系,积极地直接或间接地从事海上贸易。另一方面,他们毕竟依附于政府的行政权力,而与海商集团只是为了经济利益而进行有限合作。他们是明朝海上贸易的幕后推手,同时也是明朝海禁产生的诱因和推行海禁的合作者。正是这些"大窝主"与海商集团的商业纠纷,引发海禁被变本加厉地推行。当朝贡贸易向商舶贸易转变时,他们又成为这一变革的参与者和利益获得者。

四、地方政府的制度创新

经历了正德、嘉靖时期朝贡贸易向商舶贸易的过渡,以及嘉靖时期海禁导致的政府与海商集团的持久的武装冲突。海禁法、朝贡贸易法、商舶贸易法与海上贸易习惯法之间开始出现一定的融合,也就是制定法与习惯法的转化。而在这个转化过程中,具有重要作用的联结主体是地方官员和沿海势要大姓。

无论是"广中事例"还是闽浙沿海的走私贸易,最早都是由地方官员推动完成的,朝廷起初都不知情。随着商舶贸易和私人贸易的发展,地方官员参与的级别也逐步增加,商舶贸易和私人贸易也逐步从秘密走向公开。

"广中事例"的形成,起初是守澳官允许海商在屯门等地贸易。然后是海道副使汪柏允许签订口头协议,设置客纲、客纪。汪柏是皇帝派出的官员,也是清剿海盗的能臣。守澳官、海道,显然都是在地方督抚的授意下开放私人贸易的。因为不同于令地方官员头痛的贡舶贸易,商舶贸易是地方追求的,可以解决地方军饷和官员薪水问题。这一点从广东地方官员连续上奏疏请求抽分制可以看出。地方官员将走私贸易转化为能够收取商税的商舶贸易。而这个过程的实现,是通过推动朝廷认可朝贡贸易向商舶贸易转化,而把私人海商贸易裹藏其中。在这个过程中,对于物价的评估和中介,商舶贸易与朝贡贸易不同,需要专业的牙行来完成贸易和征税。市舶司的"平物价"的功能由官定牙行完成,而商税的征收也由牙行完成。在官方主持商舶贸易的过程中,为了通过商舶贸易减少走私贸易,需要吸收长期以来私人海上贸易完成的模式,于是闽、浙,尤其是福建地区盛行的"歇家牙行"模式得以运用。这就难怪广州的贸易官牙都是大多是漳、泉人。这些漳、泉人自然是与政府有紧密联系的势要大姓,类似于林希元这样,门生故旧遍及地方官僚系统的人。

无论是"筹海"之论,还是向商舶贸易推进的"抽分制"实施的反复转变,都能显示地方政府对制度变革的积极推动。例如"广中事例"的形成,先是在朝廷不知情的情况下,完成了屯门体制、澳门居留、"广州—澳门二元结构中心"。无论"广中事例"和"月港体制"都是在地方政府和官员的努力争取下实现的贸易法律制度的创新。但是,能否如学者所说的"地方主导"①,有待进一步研究。地方政府和官员在揣测圣意,在既能满足皇室需求,又能实现地方治理的前提下开展的都是在一些"临事便宜"授权的地方大员授意下的变革。我们在关注对外贸管理进行变革的同时,不能忽略这一变革的前提,即是在稳定地方治安稳定的前提下开展的。似乎这一结果并没有超出皇权的控制范围。

第三节　隆庆海上贸易法律制度的局限

一、立法思想:祖制基础上的有限变革

从立法思想来看,隆庆时期海上贸易是在祖制的基础上进行的有条件、有限度的变革,是一个调和的产物。其对于明朝是一个突破,但就变革力度和范围来看没有超越宋、元。禁海派,坚持祖制,即"海禁—朝贡"体系,毋庸多言。即便是开海派,思想也是有限的。邱濬的开海,无非是回归宋、元商舶贸易。谭纶的"鼠穴论"仍是以实现海禁为目的。朝廷最终的海禁开放,

---

① 李庆新:《地方主导与制度转型——明中后期海外贸易管理体制演变及其区域特色》,《学术月刊》2016 年第 1 期。

只不过是"于通之之中,寓禁之之法"。整个精英阶层的保守可见一斑。这种保守正是农业基础和抑商导致的。由于缺乏对外的广泛联系,缺乏宋、元时期的经济开放,也没有了郑和下西洋的举措,对海外世界就缺乏了解。而海禁制度的执行,更为对外交流设置了重重障碍。因此,只能坚持"祖训"。

隆庆改革是在嘉靖时期的实践基础上,尤其是针对"倭患"和海盗问题的教训,通过以杜绝此患为目标的大讨论而形成的对策。这种对策是一种折中方案。保守派明显解决不了倭患,甚至当下的财政危机都难以解决。而改革派的较开明的观点,往往又有一些不确定风险。隆庆走的是能够解决倭患和海盗的几乎是最低限度的风险较小的改革方案。其解决了以漳泉为主的商民的生存,疏导海禁"堵"的措施,降低逼商为盗的政策压力。而带来的风险也是有限的。虽然闽海不如粤地偏远,毕竟相对江南腹地,有众多的山拦水阻,不会造成直接的威胁。

二、开禁的范围和程度局限

(一)开放范围的局限

宁波的海禁持续,有明一代未曾明确允许私人海上贸易。嘉靖四十四年(1565年)有官员奏请比照"广中事例",在浙江宁波开通市舶,以通海夷,但浙江巡抚都御史刘畿却极力反对。刘氏申言:"宁波旧设市舶司,听其贸易,征其舶税。行之为畿,以近海奸民侵利启衅,故议裁革。今人情狂一时之安,又欲议复,不知浙江沿海港口多而兵船少,最难关防。此衅一开,则岛夷啸聚,其害不可胜言者。户部亦以为然,事遂寝。"再者,宁波地近陪都南京,于是明朝政府"罢浙江市舶议"。①

月港开放后,浙江巡抚庞尚鹏于万历二年(1574年)又奏请有限制地开放浙江海禁,为"私贩日本一节,百法难防,不如因势而利导之,弛其禁而重其税。又严其勾引之罪,缉其违禁之物。如此,则贼归于国,奸宄不生。然日本欲求贡市,断不可许。盖过洋自我而往,贡市自彼而来。自彼而来,则必有不测之变;自我而往,则操纵在我,而彼亦得资中国,以自给之利,二者利害盖不大相同。"②但此请仍未获得明朝政府批准。

---

① 《明世宗实录》卷550。
② [清]姜宸英:《湛园集》卷4,《论日本贡市入寇始末》。

万历二十一年(1593年),经略顾养谦再次力主宁波开市,并允许日本入贡。中枢重臣、宁波人沈一贯闻讯后力陈利害。认为"贡市一成,臣恐数十年后无宁波矣"。"向也吾民与倭通,勾倭为乱。四十年来,民与倭绝,乱本始拔。贡事成,则民复与倭合。宁独倭也,汪直、徐海之流,草莽之戎且伏。从此言之,臣所以谓数十年后无宁波,就远言之也,恐不得数十年之久也。"①

(二)开海程度的局限

月港开禁,具有严格的限制条件。一是只能中国海商出洋贸易,外国海商不能到月港进行贸易。二是出洋不能到日本贸易,只能到东西二洋规定的若干国家,而且每年都有船引数量的严格限制。三是,海商出洋具有严格的限制,必须邻里担保,必须在规定的时间"销引"。

"广中事例"的开放程度也十分有限。一是中国海商与外国海商只能通过"广州—澳门二元体制"实现商舶贸易。中国海商只能在澳门贸易,且受到限制,有"澳票"制度的约束。外国海商到中国也有严格的限制。二是商舶贸易必须通过"官牙"来实现。

三、存在缺陷的发展

隆庆时期所构建的海上贸易法律制度,维护了朝廷的政治安全,增加了财政收入,松弛海禁缓解了矛盾。制度本身日趋严密、合理,逐步从政治中摆脱,但依然以政治为中心。综观明朝政策,特点有二:对于外商,则宽贸易以示怀柔,其不归顺者,仍限制之;对于国内商人之下番者,则采禁锢之策,以重国防,而杜边患。②

隆庆时期海上贸易法律制度本身存在诸多局限和缺陷,要通过保甲、船引等制度进行严格限制。过于强调政治安全,导致浙直等地区不能开禁,因此存在明显的不公平性。隆庆开禁只是部分地区实施特殊的海上贸易法律,与整个法律体系不相协调。

总体上来看,隆庆时期的海上贸易法律制度没能完全适应时代需求。之所以不能适应时代的需要,是因为它只能在满足朝廷的政治安全和经济

---

① [明]陈子龙等:《明经世文编》卷435。

② 侯厚培:《中国国际贸易小史》,山西人民出版社2014年版,第26页。

利益的前提下进行有限变革,尽管这已经是明朝最大限度的法律制度变革。正如许倬云所说,任何一套体系都有它的适用限度。尤其是站在唐、宋、元的历史发展的角度来看。明朝走向了反向。而隆庆时期进行了一些调整,但是,调整的范围和力度,还难以和宋、元时期相比。

侯厚培论述中国的海上贸易政策时指出:"吾国自昔以农立国,贸易一项,素不重视。以言政策,殊愧未能;惟自唐以来,市舶之收入甚大,颇引起有司之相当注意。偶有设施,其间蛛丝马迹,亦有可以记载者也。"[①]认为国际贸易缺乏政策,只是政府为了获取市舶贸易的税收之利而实施一些具体手段而已。这个论断用于评价隆庆之前的海上贸易也不失偏颇,但随着隆庆之后的海上贸易法律制度越发系统化和专业化,则与历史事实不尽符合。

---

① 侯厚培:《中国国际贸易小史》,山西人民出版社 2014 年版,第 19 页。

第八章　隆庆时期海上贸易法律制度
的影响及启示

第一节　隆庆时期海上贸易法律制度的影响

一、对明朝后期海上贸易法律制度的影响

明朝后期指万历至 1644 年明朝覆灭。在海上贸易方面,主要是万历时期有所发展。万历之后,明朝危机四伏,动荡不安。随后郑氏集团崛起,把控东南。

(一)明朝后期的主要海上贸易法律制度

1. 从海防同知到督饷馆

万历时期,福建月港的海上贸易进行了一系列的变革。万历三年(1575年),海防同知沈植条海禁便宜十七事,被明政府采纳,"著为令"。虽然十七条全文没有保存下来,但主要内容保存在张燮的《东西洋考·饷税考》内。万历二十七年(1599 年)到万历三十四年(1606 年),高案以福建市舶司兼办矿务入闽,月港的贸易管理制度遭受严重破坏。万历三十八年(1610 年),吕继梗提出"饷事十议"。万历四十三年(1615 年),推官萧基提出"恤商釐弊"的十三条改革方案。当然,最显著的变革就是税收管理由海防同知向督饷馆的转变。

自隆庆六年(1572 年)月港开征饷税之后,督饷事务长期由漳州府海防

同知兼领,直到万历二十五年(1597 年)设立督饷馆专门负责督饷事务。《东西洋考》记载:"当事疑税饷赢缩,海防大夫在事久,操纵自如,所报不尽实录。议仿所在榷关例,岁择全闽佐官一人主之,及爪往还,示清核,毋专利薮。"①为此,将海防馆改为督饷馆。《东西洋考》对此有记录:"万历间,舶饷轮管,因改(海防馆)为督饷馆。"②督饷馆设立后,海防同知就不再兼管饷务。《明神宗实录》记载:"议委官,岁委府佐一员,驻扎海澄,专管榷务,海防同知不必兼摄……部复允行。"③

督饷馆设立后,由督饷馆负责饷税征收,海防同知负责越贩及违禁品的稽查,道府专门核查与监管。对于这种职权分配,许孚远在《海禁条约行分守漳南道》表述为:"置印簿则有道府,督查私通则责之海防,抽税盘验则属之委官。"

督饷馆的人员配置是税务官员一名,饷吏两名,书手四名。隆庆六年(1572 年),首任税务官员由海防同知罗振辰兼任。督饷馆设立后,由福建所辖各府遴选佐刺轮署督饷馆。这种督饷馆轮署机制运行到万历二十七年(1599 年)税珰高寀入闽,"各府佐遂罢遣","舶税归内监委官征收矣"。万历三十年(1602 年),督饷馆轮署机制得以恢复,税权重回地方。漳州府以"外府官员远来,住扎非便;而增设供应人役,所费倍繁"为由,不再借用其他府的佐官。这样,就由漳州府佐刺轮署督饷。

"月港体制"是明朝后期海外贸易制度实现转型、对外政策调整的产物,又是福建官方根据国内形势,特别是国际贸易变化制定的局部开海贸易模式。它既不同于唐宋以来传统的市舶贸易管理体制,也与广东的"广中事例"有所不同,与清代朝贡体系下的海关制度更不能等量齐观。月港督饷馆是新创立的税收征管机构,隶属于漳州府而不是福建布政司。督饷馆馆员主要由漳州府佐临时兼职(轮署)而非吏部铨选,主要职能为税饷征管而不包括朝贡、海防事务,所征饷税留本地而非解送内府,这些都与市舶体例不同。

督饷馆的设立是月港管理体制的重大改革,改变了此前由海防同知督饷时的一权独大的局面,将海防同知的权力分解后,由海防同知、督饷馆和漳州府、巡海道等机构和官员共同负责饷税征收。具体来说,督饷馆负责饷

---

① [明]张燮:《东西洋考》卷 7,《饷税考》。
② [明]张燮:《东西洋考》卷 7,《饷税考》。
③ 《明神宗实录》卷 315。

税征收,海防同知负责越贩及违禁品的查缉,海道和漳州府负责检查和监管。

2. 税收制度

明朝后期的税收制度主要是船引税、水饷、陆饷和加增饷。万历六年(1578 年)总督凌云翼议:"将下番船一一由海道挂号、验其文书、丈尺、蕃其货物,当出海面、回籍之候,照数盘验,不许夹带违禁货物。"①万历二十一年(1593 年)巡抚许孚远的奏疏记录了船引的详细规定:

> 商引填写,限定器械、货物、姓名、年貌、户籍、住址、向往处所、回销限期,俱开载明白,商众务尽数填引,毋得遗漏。海防官及各州县,仍置循环号籍二扇,照引开器械、货物、姓名、年貌、户籍、住址、向往处所、限期,按日登记。贩番者,每岁给引,回还赍道查复,送院复查。②

督饷馆设立后,月港管理方面加强了审查。商引是由督饷馆负责发放的,商引上详细登载海商的姓名、年貌、户籍、住址、贸易地、销引期限、船只大小、所携器械等信息。"贩番者,每岁给引,回还赍道查复,送院复查。"③督饷馆经办的商引事宜,还需要报送巡海道审核,并报送府院复查。除了商引之外,上述登载商货信息的印信官单亦与商引一起"备造官册"。这些包括商引和官单在内的"官册"是递送道院审查的重要文件,通过对官册的审查,督饷馆的督饷活动被纳入制度化的监察机制当中。道院通过对官册的审核,实现了对月港引税、水饷、陆饷征收情况的监控,并将之纳入制度化的审计机制当中,以此防范督饷馆的舞弊行为。

水饷是利用丈抽法抽银。以船的广狭为准,按照船只大小征收船税,出之船商。陆饷,即商品进口税,按进口货物的多寡或价值的高低来计算的,征之于购买进口货物的铺商。万历三年(1575 年),初定各种舶货的税则。万历十七年(1589 年),因货物价格不同,对有些货物从量征税,有的货物从价征税,有的货物则细分为上、中、下等级征税。加增饷是专门征收从吕宋回来的商船船税,一般由船主负担。因中国海商到吕宋贸易,很少运货回

---

① ［清］顾炎武:《天下郡国利病书》卷 100。

② ［明］陈子龙:《明经世文存》卷 400。

③ ［明］许孚远:《海禁条约行分守漳南道》,参见张海鹏:《中葡关系资料集》,四川人民出版社1999 年版。

国,而是带回大量墨西哥银圆。这就避免了被征收进口税。明朝政府为了弥补税收损失,特别规定凡从吕宋回来的商船,每船加增税银 150 两。万历十八年(1590 年)减少为 120 两。

3. 三十六行

万历时期的"三十六行"是明朝后期海上贸易管理的重要制度。"三十六行"是一种由官牙转化来的承揽对外贸易的商业团体。三十六行行商,同以前或同时期明朝国内其他各地的官牙一样,也是由官府"准选有抵业人户充应,官给印信文簿",他们代替市舶司提举官主持海外贸易。

"三十六行"是对"各行各业"的一种习惯性称谓。万历年间的广东三十六行,则是指当时承揽对外贸易的一个商人行帮的统称,它的命名含义不取决于行商的数目,而是由于沿用了上述那种习俗称谓而定的。明朝的对外贸易,原是分国、分舶贸易。如果明朝万历年间广东的对外贸易是每一行商以一国或一舶为主顾的话,三十六行的实际行商之数大约十三家。[①] 梁嘉彬最早提出三十六行具有牙行性质,认为他们"代市舶提举盘验纳税","主持外舶贸易","为十三行之权舆"。李龙潜认为三十六行非牙行,"实际上就是三十六个手工业行业,或商业行业,其头头与'揽头'性质一样,在市舶提举的包庇下,向澳门外商领银,为他们提供他们市场所需要的手工业制品,从中攫取利润"。[②]

万历中期周玄暐的《泾林续记》云:"广属香山,为海舶出入襟喉,每一舶至,常持万金,并海外珍异诸物,多有至数万者,先报本县,申达藩司,令舶举同县官盘验,各有长例;而额外隐漏,所得不赀,其报官纳税者,不过十之二三而已,继而三十六行领银,提举系十而取一,盖安坐而得,无簿书刑杖之劳,然犹不若盐课提举。"据此,海上贸易原本由市舶提举专领,自广东三十六行形成后,替代提举主持海上贸易。这样市舶提举坐享其成。

(二)隆庆时期对明朝后期海上贸易法的具体影响

如上所述,明朝后期海上贸易法律制度的重要发展体现在月港的"督饷馆"税收管理体制,船引税、水饷、陆饷和加增饷是等税收制度,广州的"三十六行"。督饷馆税收体制是对隆庆设置的"海防同知主导"体制的进一步完

---

① 吴仁安:《明代广州三十六行初探》,《学术研究》1980 年第 2 期。
② 李龙潜:《明代广东三十六行考释》,《中国史研究》1982 年第 3 期。

善,以防止税收权力的专管和滥用,形成了由海道、海防同知和督饷馆相互制约和相互平衡的较为完善的体制。而水饷、陆饷、加增饷是在隆庆时期"商税则例"的基础上,根据海上贸易的需要的进一步发展。而"三十六行"则是由市舶司的"官牙"、商舶贸易的"客纲、客纪"进一步发展而成的,只是由最初的评估价格的中介机构,逐步向贸易的垄断和操纵发展。

自汪柏于嘉靖三十五年立"客纲""客纪",以及三十六年允许葡人入澳门贸易后,澳门的海上贸易逐步繁荣。每年春夏时期,外国海舶来澳门贸易,最初仅两三艘,后来增加到二十余艘,再后来又加倍。同时,广州专任对外贸易的商人组织日益结构严密,权力也渐渐扩充,并且有政府作为后援。每届开市期间,商人组织自广州到澳门承买番货,获利甚丰。其后更有三十六行出而代市舶提举主持贸易之事。

（三）明末"广交会"

随着中国与居留于澳门的葡人相互信任的逐步增强,在双方贸易需求的驱动下,在万历时期出现了一年两次的"广交会",并得到延续。利窦玛在其游记中对"广交会"有所记录:

> 葡萄牙商人已经奠定了一年举行两次集市的习惯。一次是在一月,展销从印度来的船只所携带的货物,另一次是在六月末,销售从日本运来的商品。这些集市不再像从前那样在澳门港或岛上举行,而是在省城本身之内举行。由于官员的特别允许,葡萄牙人获准溯河而上至广东省壮丽的省会作两天旅行。在这里,他们必须晚间待在他们的船上,白天允许他们在城内的街上进行贸易。

意大利商人卡莱蒂的游记对"广交会"有更为具体的记录:

> （葡商）代表们被中国人的船送往广东,他们可随意携带现金,用以购物,但通常只带去价值25万至30万斯格特的现款,或采自日本和印度的银锭。他们乘坐的船被称为兰特（Lantee）,与日本船一样摇橹前行。代表们被允许在白天上岸,观赏广州市容,交易商品,看货或决定价格。其他时间不准离船。决定价格被称为'给予一击',每个人可按此价格购买自己想要的东西。但在上述被选为代表的商人决定价格

前,任何人不准购物。在随后的夜晚,所有人返回兰特,进餐、睡眠。①

由上述两份史料可见明末海上贸易的新发展,即出现了一年两次的供葡商与中国商人贸易的"广交会"。交易中适用的"给予一击"的议价程序,虽然史料中没有更详细的说明,但不难判断如同宋元时期,或者更长历史时期中南海贸易圈常用的官方主导下的统一定价程序。这说明,明朝中后期海上贸易规则在向宋、元时期恢复。显然这是在隆庆时期的改革基础上的进了一步发展,及商舶贸易在交易地点、交易时间、交易程序等方面向符合市场要求方向前进了一步。当然,这种进步十分有限,不说能符合当时国际海上贸易的需要,就是相对于宋、元时期,也多有不足。葡人在官方严格的保护和限制下进行交易,他们除交易之外不能与中国人接触,夜晚必须回到专门设定的船只上就餐和住宿。

二、对郑氏集团海上贸易管理法的影响

(一)郑氏集团概况

郑氏集团的开创者为郑芝龙。郑芝龙,福建南安石井人,生于1603年,18岁投奔舅舅黄程从事海上贸易。后来加入李旦的海商集团。1625年李旦死后,郑芝龙继承了李旦的事业,郑氏集团崛起。1628年,郑芝龙接受福建巡抚熊文灿的招安,被授予海上游击职务。明朝政府在政治和军事上的支持让郑氏集团进一步壮大。当然,尽管郑芝龙接受了明朝政府的招安,但实际上郑氏集团是独立的。"督抚檄之不来,惟日夜要挟请饷,又坐拥数十万金钱,不恤其属。"②1628年到1635年期间,郑氏集团先后剿灭或吞并李魁奇、杨六、杨七、褚彩老、钟斌、刘香等海盗集团,从此雄踞海上,"独有东南之利"。郑芝龙因清除东南沿海的边患而官运亨通,从副总兵到总兵,又从总兵晋升为南安伯,再升为平虏侯,最高被封为定国公。郑氏集团成功地控制了绝大部分华商的海上贸易活动,无数海商团伙聚集在他的旗帜之下,按他的号令航行于包括印度洋在内的广大海域。"全闽兵马钱粮皆领于芝龙

---

① [日]榎一雄:《东西交涉史》,东京汲古书院1993年版,参见戚印平:《明末澳门葡商队日贸易的若干问题》,《浙江大学学报》2006年第5期。

② 《福建巡抚熊残揭帖》,见《明清史料》戊篇。

兄弟,是芝龙以虚名奉召,而均以全闽予芝龙也。"①1644 年,明朝灭亡,南明弘光政权进一步依仗郑氏集团,郑氏集团也进一步做大。郑芝龙投降清廷之后,郑成功执掌郑氏集团。1662 年,郑成功击败了盘踞在台湾的荷兰殖民者,收复台湾。郑成功病逝后,其子郑经重新整合郑氏集团。随着清王朝逐步平定"三藩之乱",郑氏集团逐步失去大陆的支援而举步维艰。1683年,郑氏集团向清政府投降,叱咤东南沿海近 60 年的郑氏集团就此覆灭。

(二)郑氏集团的海上贸易法律制度

1. 牌饷

郑氏集团在对外贸易管理上继承了月港的饷税制,并在此基础上进行创新。

"商船出入诸国者,得芝龙符令乃行。"②"通贩洋货,内客外商,皆用郑氏旗号。""海舶不得郑氏令旗不能来往,每船例入二千金,岁入千万计,芝龙以此富敌国,自筑城于安平,海梢直通卧内,可泊船径达海,其守城兵自给饷,不取于官,旗帜鲜明,戈甲坚利,凡贼遁入海者,檄付芝龙,取之如寄,故八闽以郑氏为长城。"③

这种许可证制度,类似于月港的船引制度,没有证明不得出洋,但两者又有本质的不同。月港制度的出发点是控制和管理海商,而郑芝龙令旗制度的出发点是税收,但客观上满足了海商要求保护海上贸易安全的需要。④

对于郑芝龙时期的"每舶例入二千金"的税收制度,有人认为是"水饷"之遗迹。郑芝龙只不过将之以公为私,并与"报水"混而为一而已。⑤ 林仁川则认为,郑氏的"牌饷"征税制应是月港"引税"和"水饷"合二为一的统一体。它既起到海上贸易通行证的作用,又是对海商征收的"水饷"。

关于郑成功的"牌饷"制,郑成功给日本同母弟田川七左卫门的两封信

---

①　杨友庭:《明郑四世兴衰史》,江西人民出版社 1990 年版,第 37 页。

②　[清]邵廷采:《东南纪事》,见周宪文等:《台湾文献丛刊第 35 种》,台湾银行经济研究室,第1957—1972 页。

③　[清]邹漪明:《明季遗闻》卷 4,《福建》。

④　刘强:《海商帝国:郑氏集团的官商关系及其起源(1625—1683)》,浙江大学出版社 2015 年版,第 32 页。

⑤　张燮:《关于台湾郑氏的"牌饷"》,参见林仁川:《明末清初私人海上贸易》,华东师范大学出版社 1987 年版,第 304 页。

是两份重要史料。

> 东洋饷银原定五百两，客商请给，需照额输纳，吾弟受其实惠，方可给予，切不可为商人所瞒短少饷额也。已即发给十牌一张寄交省官处，可就彼对领。出征戎务方殷，馀不多及。此札。名具正。五月初七日时冲。

> 东洋牌船应纳饷银：大者贰仟壹百两，小者亦纳饷银五百两；俱有定例，周年一换。其发牌之商，需察船之大、小，照例纳饷银与弟，切不可为卖。听其短少！不侫有令：着汛守兵丁、地方官盘验，遇有无牌及旧牌之船、货，船没官，船主、舵工拿解。兹汪云什一船系十年前所给旧牌，已经地方官盘验解散，接吾弟来字，特破例从宽免议，但以后不可将旧牌发船，恐遇汛守之兵，船只即时搬去，断难追还，其误事不小！切宜慎之！所请新牌即着换给，交汪云什领去；如短少吾弟饷银，后年再不发给他也！此札。名具正福。六月十二日巳时冲。①

郑成功的这两封信记录了"牌饷"体现的海上贸易的管理方式和税收制度。首先，"牌饷"是按照船的大小来征税。大船征贰仟壹百两，小船征五百两，这是定例。其次，牌令不能买卖。不仅是海商不能买卖牌令，即便是郑氏集团家族的成员，也不允许买卖牌令。而且征税必须足额征取。再者，牌令是海上贸易的许可证。郑氏集团设关查验，无牌令的商船，予以船、货入官，将船主和舵工依法拿解。

郑经将"牌饷"改为"梁头税"。康熙十三年（1674 年）郑经下令"百姓年十六以上，六十以下，每人月纳银五分，名曰'毛丁'，船计丈尺纳税，名曰'梁头'，及设各府盐官，分管盐场，以供兵食"。② 林仁川认为，"牌饷"改为"梁头税"，是从船舶只分大小两等的征税标准改由以尺度计算的征税标准。这种方法大大提高了计算的精细度，从而使大小船的负担更加公平合理。

2. 贸易组织

郑成功执掌郑氏集团后，一方面采木造船，通贩日本、吕宋、暹罗、交趾

---

① ［日］太天南亩《一话一言》卷 42，引张燮《关于台湾郑氏的"牌饷"》；林仁川：《明末清初私人海上贸易》，华东师范大学出版社 1987 年版，第 304 页。

② ［清］阮旻锡：《海上见闻录》卷 2。

等国,另一方面,专设山海两路五大商,派人到大陆秘密收购和转运各种出口货物。"成功以海外弹丸之地,养兵十余万,甲胄戈矢,罔不坚利,郑舰以数千万,又交通内地,遍买人心,而财用不匮者,以有通洋之利也。"①

1651年,郑成功在巩固了自己的地位后,"军盛而寡食,纳冯澄世策,以甥礼事日本,即其产通市交趾、暹罗、吕宋,大得铜铅之助。以黄恺司税敛,立官五商"。②《广阳杂记》引郑氏集团降将黄梧的"平海策"称:"郑氏有五大商在京师、苏杭、山东等处经营财货以济其用,当查出收拿。"③

明朝杨英的《从征实录》记载:

> 五月,藩驾往驻思明州。稽查各项追征粮饷、制造军□及洋船事务。本年二月间,六察尝(常)寿宁在三都告假先回,藩行令对居守户官郑宫传、察算裕国库张恢、利民库林义等稽算东西二洋船本利息,并仁、义、礼、智、信、金、木、水、火、土各行出入银两。时林义因陈略西洋一船本万余未交付算,已先造报本藩存案明白。寿宁谓林义匿赚此项,系与郑户官瓜分欺瞒,密陈本藩。藩未见册,亦心疑之。但报册系藩标日印可查。④

> 至国姓爷在思明要打南京时,任以户官之职,及兼管仁、义、礼、智、信五行,并兼管杭州金、木、水、火、土五行。凡兵粮、银米出入,俱系伊管;别行买卖价声、利银俱伊查核。⑤

五商包括山、海两路,山海五商并称十行。山路包括五商金、木、水、火、土,设于内陆杭州及其附近地区,主要职责是收购各地货物,并将其运往厦门;海路五商包括仁、义、礼、智、信,设于厦门,负责将大陆的物资贩运到东西二洋。十行由郑氏集团的户官直接掌管,户官下设裕国、利民两个公库,具体负责船本、利息的收藏和各行的出入银两。东西洋船是郑氏集团对外贸易的另一重要部分。

---

① [清]郁永河:《海上纪略》。
② [清]倪在田:《续明纪事本末》卷7,《闽海遗兵》。
③ [清]刘献廷、王士祯、钮琇:《广阳杂记选》。
④ [明]杨英:《从征实录》。
⑤ 《唐通事会所日录》。

（三）隆庆时期海上贸易法律制度的具体影响

从郑氏集团海上贸易管理法可见，其海上贸易管理法就是在隆庆时期海上贸易法律制度的基础上进行简单的改造。首先，船引制度和税收制度相糅合，形成"牌饷"制度。而其税收制度，相对于"广中事例"和"月港体制"反而是一种倒退，即依据船的大小分成两个等级来征税，其合理性和灵活性不如丈抽法。其次，郑氏集团采用征银制，但是其以船而不是依据商品进行分类细化，分别按不同税率进行征收，比之隆庆时期海上贸易法律制度来说，虽然简便易行，但未免粗陋。另外，郑氏集团的贸易组织形式采用"五商制"，有利于与明、清王朝周旋，但是更类似于嘉靖时期走私贸易中的"歇家牙行"。

三、对清代海上贸易法律制度的影响

（一）清代海上贸易

尽管 1644 年崛起于东北的满人进入北京建立清王朝，但是直到 1683 年清朝才陆续平定东南的南明政权、三藩和郑氏集团。也就是说，清朝在这 40 多年的时间内，主要用力于东南的军事行动，还没来得及处理海上贸易问题。而在这 40 多年时间内，郑氏集团的海上贸易得以在明清政权更替的间歇中发展。1660 年，清朝下令迁沿海 30 里于界内，不许商舟渔舟下海。1683 年，郑克爽降清，东南沿海平定。在顺治元年（1644 年）到康熙二十二年（1683 年）的严格海禁期，广州闭关。1684 年，清朝开放了厦门、广州、宁波等口岸，进行对外海上贸易。1757 年，考虑到政治安全和广州的贸易条件，清朝政府实施"一口通商"，只有广州开展海上贸易。

1. 从市舶司到海关

清代海上贸易最显著的特点就在于以海关取代市舶司。从唐朝设置负责海上贸易的市舶使，到宋、元、明的市舶司，东南海上贸易主要是由市舶司进行管理和征税的。而清代设置了海关，具体由海关监督和"十三行"进行海上贸易管理和税收。王尔敏在论及海上贸易历史时说：

> 通海交易，货品名色，自汉代亦早有记载，三国南北朝仍商贸不绝。至如何开市，如何征税，俱无可考。大致可信史实，直至唐代始设市舶

使以稽抽海商之税,历宋、元、明各朝递相因袭,而设市舶提举司,成为中国沿承对外洋商舶之抽税官衙。此种市舶司贸易制度至清初用兵,而有四十年海禁造成阻绝。自清入关(1644年)至康熙二十二年(1683年)清朝政府收复台湾明郑政权后始于次年开放海禁,于康熙二十四年(1685年)设粤海、闽海、浙海、江海四关贸易。①

2. 贡使后市

有学者主张清代一直存在朝贡贸易与非朝贡贸易,两套体制并行,两无相妨。梁廷枏的《粤海关志》凡例记述:

> 明王圻论互市之法,以贡舶、商舶当分为二事言。贡舶为王法所许,司于市舶贸易之公也。商舶为王法所不许,不司于市舶贸易之私也。盖明制市因于贡,非入贡者不得互市,故有区别之法。我朝(清朝)廓然大公,因贡而来者,税应免则免之。专以市而来者,货应征则征之。此海外诸番所以畏怀也。今入贡各国入贡舶门,来市各国入市舶门。②

有学者提出"贡使后市"概念。例如,暹罗贡使来华朝贡,使团30人先入住怀远驿,而同行的私人海商则入住怀远驿外所建的供外商租借囤货的房屋。怀远驿外即是市舶市场。③ 贡使赴京,商人在"贡使后市"开市交易。贡使往返至少两三个月,这段时间商人可以利用来贸易。

由此可见,清代朝贡贸易与商舶贸易是并存的。朝贡贸易则沿用明朝制度,有朝贡国贡使朝贡,然后随团附带货物在"贡使后市"进行贸易。而非朝贡国,则"来市各国入市舶门"。这里的"市舶"就是商舶贸易。

(二)清朝海上贸易法律制度

1. 海关监督

海关监督全称是"钦命督理广东沿海等处贸易税务户部分司",由朝廷任命满人担任,其地位与督抚大员相当,不受督抚节制。清朝取消了市舶司,设置海关负责海上贸易管理和征收关税。"四口"贸易时期,只有粤海关

---

① 王尔敏:《五口通商变局》,广西师范大学出版社2006年版,第168页。
② 王尔敏:《五口通商变局》,广西师范大学出版社2006年版,第181页。
③ 王尔敏:《五口通商变局》,广西师范大学出版社2006年版,第175页。

设置海关监督,其他三地由地方巡抚兼管。粤海关设置监督一人,归户部管辖,三年一任,明确规定只有内务府旗人才能充当。表明清朝政府加强对海上贸易的管控。到乾隆时期的广东"一口"通商,延续前期的管理体制。海关监督是皇帝在国际贸易中的代表,负责征收贸易关税并上缴到户部。海关监督全权管理海关。负责海上贸易和税收的十三行隶属于海关监督。粤海关由户部管辖,负责海关税收。海关监督由内务府选派满人担任。原来市舶司受广东布政使管辖,其后则不能过问海关。

2. 清朝洋行

清朝所谓洋行即负责海上贸易的商行。清朝广州的贸易商行分为三个不同的类别:一是福潮行,专办福建、潮州内地货物进出买卖;二是本港行,专办西洋朝贡国附来商船的买卖;三是外洋行,专办夷船(即欧美来船)出入货与输税。三个不同商圈各具重点,并不相混。①

梁廷枏的《粤海关志》对此也有论述:

> 国朝设关之初,蕃舶入市者仅二十余舵。至则劳以牛酒,令牙行主之。沿明之习,命曰十三行。舶长曰大班,次曰二班,得居停十三行,余悉守舶,仍明代怀远驿旁建屋居番人制也。乾隆初年,洋行有二十家。而会城又海南行。至二十五年,洋商立公行,专办夷船货税,谓之外洋行。别设本港行,专管暹罗贡使及贸易纳饷之事。又改海南行为福潮行。输报本省潮州及福建民人诸货税,是为外洋行与本港福潮分办之始。②

梁氏记述行商经营外洋入出口货,其分化过程及所系年代均值重视。盖凡有分化,必产生于来舶之不同,接待之有别,对象为谁,至关重要,并非依货料品种为准,而系以商舶来路为准。在此概括而言。洋商公行,专办欧商之货税,相沿成习称为夷商。本港之行,专办西洋贡使番商之贸易。自是历来之贡市。而所谓福潮行者,则纯为经营国内土产,闽广商人之货税。

3. 十三行

《广东通志》卷 180 记载:"康熙二十四年开南洋之禁,番舶来粤者岁以

---

① 王尔敏:《五口通商变局》,广西师范大学出版社 2006 年版,第 181 页。
② [清]梁廷枏:《粤海关志》卷 5。

二十余柁为率。至则劳以牛酒，牙行主之，所谓十三行是也。"关于十三行有诸多争议，比如十三行是泛称还是具体准确的行商数、十三行的性质等。有人认为十三行就是延续明朝的"三十六行"，是一个泛称。有人却列举了十三行的全部名称。英国学者孔佩特指出十三行为丹麦行、西班牙行、法兰西行、美洲行、帝国行、瑞典行、英国行及荷兰行等分别根据早期入驻广州的国家命名的商行，以及另外五家，即小溪行、奉泰行、隆顺行、宝顺行、章官行，它们不以国家名命名。而八个以国家名命名的商行也分别有对应的中文名字。① 梁嘉彬认为大致也是指十三个行商。"与十三行对称者有十三夷馆，为外国商人之营业及居留所，俱系赁自十三行行商。其数目通常为十三，然亦时有增减。"吴晗在评梁嘉彬著的《广东十三行考》时认为：在粤海关未设之前，外商到粤贸易，地方政府不能不特别组织一个团体来对付，这团体也许恰好是前明所留三十六行之十三个行，因即称之为"十三行"。②

十三行之滥觞，原为牙行。十三行原为官设牙行，其后权力逐渐扩充，乃成包办洋务之团体。③ 朱希祖在梁嘉彬的《广东十三行考》序言中引述时人观点："以政治言，行商有秉命封舱停市约束外人之行政权，又常为政府官吏之代表，外人一切请求陈述，均须由彼辈转达，是又有唯一之外交权；以经济言，行商为对外贸易之独占者，外人不得与中国其他商人直接贸易。"④可见，十三行拥有行政权、外交权和经济贸易权。

十三行的运行机制包括承商制、保商制、总商制、揽商制和公行制等。承商制是指必须由十三行行商"承揽夷货"制度。保商制规定行商负责外商在华的所有行为，包括交易、征税、日常生活和违法乱纪的活动等。总商制是由行商中资本最为雄厚的行商担任总商，其主要职责是"饬令总理洋行事务，率领众商与夷人交易。货物务照时价，一律公平办理，不得任意高下，私相争揽，倘有阳奉阴违，总商据实追究"。揽商制是指行商包揽一笔交易的所有环节，负责货物出货和缴税，代为销售外商货物，代为采购货物，代为疏通海关等。公行制则是规范对外贸易市场，把握议价权，实现行商整体

---

① ［英］孔佩特：《广州十三行：中国外销画中的外商（1700—1900）》，于毅颖译，商务印书馆2014年版，第8页。
② 梁嘉彬：《广东十三行考》，广东人民出版社1999年版，第410页。
③ 梁嘉彬：《广东十三行考》，广东人民出版社1999年版，第347页。
④ 梁嘉彬：《广东十三行考》，广东人民出版社1999年版，第5页。

利益。

行商对外贸易活动的流程如下：购买许可证，聘请引水员，保商报关销售货物和保商购买货物，报关，返航。

4. 贸易管理法

粤海关规定外国商船必须停在澳门，申报并领取凭证后由引水员带进广州虎门，停在黄埔港。外商可以申请翻译或者买办，联系代为贸易的保商。外商必须待在指定的商馆内，交易结束即要回航。粤海关对中国私人海商进行严格的管理。商民出洋首先要呈明地方官、登记、发执照，而且船身要烙号刊名，守口官查验之后方可出洋。

5. 税收

征税之制，历朝各有不同，在清初以前，大多为抽解抽分之法，并无输入输出税之分，均为税于输入品之性质。番商带货来华，按例征税，华商往外洋贸易，亦于回帆时，征收其入口货税，未闻有出入税之名。《南京条约》签订之前，清朝法定所征关税，有船钞、进出口正税、附件税三种。

船钞即沿明朝之制度，为课洋舶出入之征税。最初船钞分为三等，一等船征银三千五百两，二等船征三千两，三等船征二千五百两。至康熙三十七年(1698 年)，改为按丈量计算，亦分三等，一等船每单位课税七两七钱七分七厘，二等船每单位课银七两一钱四分二，三等船每单位课银五两。进出口正税，康熙年间制定则例，进出正税率四分(值百抽四)，出口征税税率，值百抽一点六分。附加税，按正税加征一、二成，视货物贵贱而为差等。外商来华贸易，粤海关通常举行丈量仪式，然后由保商与粤海关监督签订具结。保商承诺为该船负责，包括外国人的行为、港口费以及进出口商品关税等的缴纳。[①] 广州十三行需缴纳的粤海关税课大致为正饷、加三、担费、出口货物从价税等。港口费通常依据船的长度和宽度。港口费包括丈量费和规礼。

(三)隆庆时期海上贸易法律制度对清朝的具体影响

隆庆时期"于通之之中，寓禁之之法"的为政治而开展海上贸易的法律思想对清朝产生了重要影响。1884 年清朝开放海禁，自然是在政局稳定以

---

① ［美］范岱克：《广州贸易：中国沿海的生活与事业（1700—1843）》，社会科学文献出版社 2018 年版，第 11 页。

后获取经济利益的需要。一旦政治稳定受到威胁，清朝政府又回到了为政治舍弃海上贸易的明朝海禁观念上来。无论是起初的"四口"通商，还是后来的广州的"一口"通商，都是为了"于通之之中，寓禁之之法"。例如，乾隆年间沿用"四口"通商。当越来越多的西方商船到浙江沿海贸易。乾隆皇帝为了政治安全，要求地方政府通过增加税收的方式予以限制。其谕旨称："外番船到浙，恐定海又成一市集之所，是以令该督抚等酌增税额，俾年利既征自不致纷纷辐辏。"其海禁为本贸易为用的思想可见一斑。在加税仍不能遏制番商来浙后，清朝政府就关闭了江、浙、闽三地海关。"晓谕番商将来只许在广东收海交易，不得再赴宁波，如或再来，必押令原船返棹至广，不准入浙江口岸。"于是回到政治稳定和经济利益兼顾的广州"一口"通商。之所以允许"一口"通商，也是为了避免走私兴起。

　　清朝海上贸易法律制度是中国海上贸易史上的一大变革，具体体现在海关和洋行取代市舶司。候厚培对之有言简意赅的论述："清代不设市舶，海禁之时，贸易事务，以地方官吏主之。近海州县司稽查，税务归于镇闽将军，海禁开后，则设海关，故市舶司之官，至清代已不复有之。"[①]但这种变革不是由清人开创的，而是对明朝制度的沿革，而明朝隆庆时期的海上贸易法律制度的影响至关重要。隆庆开禁，对正德、嘉靖时期的商舶贸易予以认可和发展。朝贡贸易极度衰落，但依然存在，在清朝被沿用为"贡使后市"贸易。而"广中事例"和"月港体制"形成的贸易法律制度，被作为清朝商舶贸易沿用并发展。有人站在大历史的角度，认为清朝海关监督是由市舶司演变而来的，但实际上"广中事例"中的海道和"月港体制"的海防同知才是海关监督的前身。只是到了清朝，随着清朝中央集权再度确立，明中后期以来由地方负责的海上贸易管理又被中央接管。海关监督是由中央派出户部管辖的官员。

　　在具体制度上，"月港体制"确立的船引制度、水饷、陆饷和加增饷，"广中事例"开创的丈抽征银制度，都在具体海关制度上继续沿用，此不赘述。

---

① 候厚培：《中国国际贸易小史》，山西人民出版社 2014 年版，第 33 页。

第二节　隆庆时期海上贸易法律制度的启示

隆庆时期海上贸易法律制度的变革是明王朝在国内外政治和经济环境的重要变革下的法律调适。尽管这种变革的范围和力度还十分有限，不足以避免王朝的逐步衰落和积极主动地应对西人东来的冲击和动荡，但是，这已经是帝国既有体制下力所能及的自我调整。隆庆时期的经验和教训对于当前的海上贸易法律制度建设具有重要启示。

隆庆开禁五百年后的今天，我国又处于一个国内外政治和经济环境的重大变革期。当前的这种变革呈现出与隆庆时期恰恰相反的格局和态势。首先，隆庆时期，明王朝正处于中后期的衰落阶段，朝贡贸易体系面临崩溃和解体。而以葡萄牙为首的大西洋沿岸国家正在崛起，其海上力量沿着大洋四处扩张，开启了构建世界殖民体系的序幕。你方唱罢我登场的世界舞台上，"扬威海外，招徕远人"的郑和船队在印度洋消失后，"寻找基督和香料"的达伽马们的军舰绕过好望角纷至沓来。当前的中国正处于改革开放取得重大成就之时，政治和经济实力正处于上升期，作为新兴力量开始在新的世界秩序的构建中发挥自己的力量。而以美国为首的西方的政治和经济正在相对衰落，尤其是特朗普当政后，美国主导世界的能力和意愿都在明显减退。中国作为构建新的世界秩序的重要力量正参与其中。其次，隆庆时期中国作为传统的以农业为基础的大陆国家，海洋意识淡薄，对于以商业为主导的海洋文化持有强烈的敌对和排斥态度，实施严格的海禁法禁止本国海商出洋，利用严格的海上贸易法限制外国海商的进入。政府主导海上贸易，垄断海上贸易的利润。当前的中国，在经济领域已经融入世界，中国的国有企业和民营企业都在积极地参与海上贸易。而外国海商进入中国的渠道也是畅通的。另外，隆庆时期，中国是南海经济贸易圈的重要一极，中国的丝绸、茶叶、瓷器等商品各国争相购买，是维系海上贸易网络不可或缺的一环。而当前，中国商品的优势在国际市场上并不具有当时如此强大的竞争力。

尽管当前的政治和经济格局和态势与五百年前的隆庆时期不同，但是有一点没变，自从葡人东来联结东西方的世界贸易网络形成之后，全球化的贸易体系就成为一个难以分割的整体。隆庆时期的海上贸易法就是中国对这种全球贸易的回应，或者说是对当时中国回应全球贸易实践的制度化体现。当前中国对新的全球经济和贸易形式提出了"一带一路"倡议，这种倡议就是五百年后的对于世界新格局的回应，这种回应也要依靠法律制度予以体现、维持和巩固。因此，隆庆时期海上贸易法律制度对于当前依然有着重要的借鉴意义。

一、海上贸易法制建设中政治与经济的平衡

隆庆时期的政治与经济平衡。明朝前期的海禁朝贡贸易体系，是政治主导，经济完全沦为维护政治关系的辅助工具。而"厚往薄来"的朝贡贸易原则，成为明王朝无法承受的财政负担。这种海禁—朝贡贸易体系，滋生了海盗和私人走私贸易。与此相对，葡萄牙的"海上丝绸之路"的成功建设，更值得关注。而葡萄牙的目标是政治的侵略和经济利益的攫取并重，也即是所谓的"重商主义"。海禁法和朝贡贸易法维系了一个政治主导的朝贡体系。这种体系需要朝廷的政治和军事力量足够强大，也就是需要以明朝的经济供应为条件。中国自西周以来的秩序，就是以西周的宗法分封为基础的。周王室就是通过封赏恩赐和纳贡来维持以血缘关系为基础的宗法分封体系的。当血缘关系淡薄之后，这种"自残"式的赏赐——以纳贡为基础的宗法体系就难以为继，导致礼崩乐坏。汉代的和亲体系和朝贡体系都是以西周宗法分封为基础的秩序模型的变种。和亲是以血缘或实际姻亲关系为形式的不对价的经济贸易。朝贡体系是以主仆身份关系或者宗主与附属关系为形式，实际上在经济上以"厚往薄来"为维持手段。尽管在明朝之前就都是这种朝贡关系，但明朝做到了极致。宋、元时期并不排斥，甚至是积极鼓励私人海上贸易，而明朝却是严令禁止的。

政治和经济的失衡会产生严重的危害。这主要表现在两方面。一是"自残"式的经济供给，会削弱经济力量，从而动摇政治和军事的基础。经济危机难以维持军事上的强大和威慑力。具体的体现，就是不予抽分，实行劳民伤财的朝贡运输、招待和接见，更有大手笔的违背经济原则的"回赐"。二是"海禁—朝贡"体制导致内外经济需求得不到满足。"商品不越过边界，士兵就会越过边界"，于是出现"倭乱"，出现早期中葡在嘉靖初期的海战，出现大规模的武装走私和沿海大范围的掠夺。这就是海禁使商转为寇的历史

教训。

隆庆开禁,是对私人海上贸易的特定范围的认可和特定规模的许可,是政治对经济的妥协。而这种政治和经济的适度平衡,就产生了隆庆时期的商舶贸易法。

当然,必要的经济手段可以用来维持政治关系,但是历史证明不计经济后果的一味地政治优先,往往难以持续,也难以实现目标。如今,我国在"一带一路"建设中应该秉持在平等、互利,合作共赢的原则,应该政治账和经济账都要算。

二、海上贸易法制建设中的政府与商人角色的合理定位

隆庆时期海上贸易法律制度的最显著的特征就是变革性,是由海禁法和朝贡贸易法向商舶贸易法的转变,由市舶司、海道副使、地方官员等官方机构垄断海上贸易,禁止私人海上贸易,转变为允许私人海上贸易,而政府负责检验和收税。隆庆开禁,从本质上来说,就是通过海上贸易法,明确政府和商人的角色定位。

隆庆之前,政府只允许朝贡贸易。有朝贡才允许开市,无朝贡则禁止外国商人来华贸易。中国私人海商也被禁止出洋贸易,禁止在市舶司或会同馆等指定地点以外的地方与外国贡使或商人的贸易。政府操纵海上贸易的贡道、贡期、人数、船数、贸易的时间和地点、贸易的程序等。实际上,政府操纵的朝贡贸易只能满足皇室奢侈品消费的需求,难以满足国内外市场的贸易需求。政府满足不了国际贸易的需求,也无法利用朝贡贸易实现政治目标。政府不了解海外市场,不了解市场规律和交易规则。正德之前,对朝贡贸易以及贡使附带货物取消抽分,而对贡品给予远远超过对价的赏赐,对于附带货物也给予高于市场价格的购买价格。这些都是用政府"看得见"的手,取代市场"看不见的手"。正德之后,政府逐步恢复了商舶贸易的税收,尽管在正德、嘉靖年间,在商舶贸易和抽分的事情上经过了多次反复,但在隆庆时期得以稳定,逐步形成由海道、市舶和地方官员负责海防安全、货物查验,由牙行等中介组织交易和税收的模式。而牙行则逐步演变为"歇家牙行",成为集中介服务、交易主体、店铺服务、货物管理等多功能于一体的官商,即万历时期的"三十六行"和清代的"十三行"。

从由不懂市场的政府到熟悉市场的"官商"来组织交易并进行税收和监

管,这是一个进步。但"三十六行""十三行"成为被赋予政府权力的商人,成了贸易的垄断者,则依然混淆了政府和商人的角色。这样依然难以满足国际贸易市场的需求,解决不了走私和海外政治军事力量的干预,从而在明朝演变为"大倭患"。

政府不要越俎代庖,商人也不能寄生于公权力。这是明清时期海上贸易的历史教训。而明、清的海上贸易法律制度的衔接点就在隆庆开禁。隆庆之前,政府实行海禁法和朝贡贸易法,包办了海商贸易。隆庆之后至清朝,类似"十三行"的官商以商人身份包办海上贸易。这两种形式的海上贸易组织模式都没能明确政府和商人在海上贸易的地位。

如今我们在"一带一路"倡议下的法制建设中,应该明确政府和商人的角色和作用。"重商主义"已经与当前的时代和世界格格不入。应将政治和外交交给政府,经济贸易交给商人。政府有政府的外交规则,经济贸易有经济贸易的规律。有一句用来形容政府和商人的流行话语:政府搭台,商人唱戏。事实上,应该是各自搭各自的台,各自唱各自的戏。这样才能各得其所。

三、海上贸易法律制度建设中国家与商人的利益平衡

隆庆时期的法律制度是多元利益集团博弈的结果。皇室、中央政府、地方政府、势要巨室代表的地方士绅、私人海商、沿海居民等都是海上贸易的利益相关方。明初,皇室和更能体现皇室利益的中央政府控制和垄断了海上贸易。海禁法忽略了私人海商的利益,而在推行海禁过程中"片板不许下海"又严重影响了沿海居民的民生。私人海商和沿海居民被迫进行海上走私或接济走私。地方势要巨室利用特权进行走私,并实际上控制了走私贸易,形成了联结中国海商和外国商人之间的"大窝主"。地方官员与势要巨室有着千丝万缕的联系,他们对此往往是睁一只眼闭一只眼。地方政府及官员也需要利用商舶贸易的税收来解决地方的财政危机,补充军饷甚至地方官员的薪水。体现皇室和中央政府利益的是海禁法和朝贡贸易法,符合沿海居民和地方势要利益的是海上贸易习惯法,能满足地方政府和官员利益的是商舶贸易法。随着明朝政府政治、军事和经济的衰落,海禁法和朝贡贸易法难以被有效执行,而葡人和日本人的介入推动了海上走私的发展,形成了拥有强大武装力量的海商集团。在嘉靖时期漫长的对"倭乱"和"海盗

之患"的清剿中,明朝政府只能采用迂回的方式推行海禁法,即"寓通之之中,禁之之法",于是形成了"广中事例"和"月港体制",商舶贸易法得到迅速发展,私人海商和沿海居民得以利用海上贸易谋生得利,势要巨室由海禁时期的"大窝主"演变为"官牙""铺商""三十六行"等贸易主体和中介。皇室通过"官牙"和苟延残喘的朝贡贸易获取奢侈品。中央和地方政府利用商舶贸易获得税收,用以解决财政危机。这样,隆庆时期海上贸易法律制度实现了各方利益的再平衡问题。

在"一带一路"倡议下的法制建设中,我们也要注意国家和商人,或者社会各阶层的利益平衡。而且这种利益平衡应该是用"一带一路"倡议凝聚各阶层的力量,让各阶层积极主动地参与进来。当然,"一带一路"的主要参与者是国家和商人,而我国商人又有国有企业和民营企业,也有合伙企业和个体等。在"一带一路"建设中只有通过利益平衡,构建一个各方主体都愿意积极参与的理想图景,并通过法律予以保障,才能形成可持续的强劲的推动力。

结　语

本书的研究目的是要解决两个问题：一是在历史事实层面，描述明朝隆庆时期海上贸易制度的具体演变；二是在理论层面，概括出隆庆时期海上贸易领域制定法和习惯法的具体关系。

一、隆庆时期海上贸易制度演变

隆庆时期开放东西二洋，允许私人海商从福建漳州的月港出洋贸易。这既是明朝海上贸易的转变，也是中国海上贸易历史上的重大变革。对于该变革进行法律史角度的解读，必须从国际、国内的大环境下展开。明朝中后期，江南地区、华南地区的商业迅速发展。明朝初期，朱元璋缔造的为专制君主服务的政治和经济体制已经日益缺乏有效性。农业，尤其是商业性农业有很大的发展，为工商业发展提供了条件。效率低而专门用于满足朝廷消费需求的官营手工业衰落，私人手工业兴起，推动了商业的发展。明朝政府为了"耀威海外"而开展的海上朝贡关系构建活动，尤其是郑和七次下西洋的壮举，为海上贸易的发展开辟了道路。郑和下西洋所到之处，很快就有中国私人海商随之出现。造船业和航海技术的发展，为海上贸易提供了保障。

明朝由朱元璋所奠定的一整套制度体系，在明朝中后期的运作中出现的问题是全方位的。政府机构日益臃肿，管理混乱，官吏贪腐，缺乏效率。军事力量日益衰退，装备陈旧，官兵缺乏战斗力。经济上危机四伏，入不敷出。这就使海上贸易发生了巨大的变化。

首先，因为经济和军事力量的衰退，明王朝的朝贡体系就难以维系。本来明王朝维系朝贡体系的手段就比较单一，不像强盛的汉唐时期，能利用强大的军队采用远征的手段来威慑四夷。明太祖朱元璋明确了 15 个不征国家,并告诫继任者不得轻易海外用兵。明朝对外在采用军事手段方面一直是审慎和保守的。永乐时期对越南的用兵,到宣德时期即被终止。宣德之后,明朝政府在政治和军事上对外采取的是收缩策略。明朝维护朝贡体系的重要手段就是"厚往薄来"的朝贡贸易。随着经济衰落,明政府难以支撑耗资巨大的朝贡贸易。对朝贡使臣的赏赐,对使臣"附至货物"的高价"官买",对朝贡物品从粤、闽、浙到京城的远途运输对人力和物力的巨大消耗,对庞大的贸易使团的接待费用等,这些庞大的开支并不能换来朝贡国政治上的忠诚。随着明王朝给予朝贡国的恩惠的急剧减少,朝贡贸易迅速衰落。

其次,政治和军事力量的衰退,使得海防松弛,海禁法难以有效执行。明朝初期,为防御倭寇和海盗,明朝政府构建了强大的海防体系,具体包括沿海设置卫所,配置战船和官兵,迁空沿海若干岛屿的居民,禁止私人海上贸易,不定期派遣重臣巡视东南沿海等。明初的这个海防体系,发挥了北边长城和卫所所未能发挥的有效防御功能:外敌不能入侵,国民无法出洋。但到嘉靖时期,从朱纨的奏疏中就可见海防松弛的严重,大量战船损毁或被私用,大量官兵潜逃。小股倭寇或海盗从沿海可以经内河长驱直入。海防系统一旦崩溃,私人海上贸易就逐步兴起。当私人海商与东来的葡萄牙海商相互勾结以后,海上贸易更加有利可图,而商船的武装设备也大大增强。当明朝的官兵无力围剿海上武装商船时,东南海上就出现群雄并起、武装商船遮天蔽日的盛况。

再次,葡人东来,成了明王朝"海禁—朝贡贸易体系"的终结者。葡萄牙独立后,人口仅百万的弹丸小国,却因为海上探险能凝聚全民族的需求而迅速称雄海上。如同同样人口仅百万的蒙古横扫亚欧大陆,葡萄牙沿大西洋南下,绕过好望角,在印度洋和南海所向披靡,构建了以印度果阿为中心的海上帝国。当葡人进入太平洋,面对中国和日本的时候,其已经是强弩之末。在经历了"西草湾海战"之后,葡萄牙王室与中国官方的接触就此结束。但是,葡人东来一方面控制了印度洋的海上贸易,并占领了明朝的朝贡国满剌加,直接冲击了明朝的朝贡贸易体系。因为正德皇帝和嘉靖皇帝对于满剌加的被侵占而不能采取实质性的行动,明朝的宗主国地位就一落千丈,宣告明朝朝贡体系的名存实亡。另一方面,葡萄牙私人海商一直在广东或闽浙沿海活动,通过与日本海商和中国沿海势要大家"窝主"的合作,为海上私人贸易推波助澜。宁波的双屿、福建的浯屿、月港等港口成为当时东方的国际贸易港口，繁荣一时。葡人通过"日本—澳门—马六甲—果阿"贸易航线，将中国纳入当时的世界贸易网络。而且中国的生丝和丝织品等货物受到各国青睐，澳门成为国际贸易网络中至关重要的一个节点。

最后，海上私人贸易兴起。因为国内外海商和海盗力量在东南沿海的集结，不断地冲击着日益衰落的明帝国的海防和"海禁—朝贡贸易"体系。明朝在嘉靖初年的"西草湾海战"和"宁波争贡之役"之后，对葡萄牙和日本等国的海上贸易采取更加保守的政策。"贸易不越过边境，士兵就会越过边境"的规律在嘉靖中后期得以应验。声势浩大的许栋、汪直、徐海、陈东等海上集团的发难让明朝政府难以招架，而漳泉地区的洪迪珍、张维等二十四将等海寇又接踵而来。于是嘉靖末期，明王朝开始对实施了两百年的海禁进行反思，朝野通过"筹海"之争大讨论，终于达成"于通之之中，寓禁之之法"的共识。

隆庆时期的海上贸易制度是正德和嘉靖时期的贸易实践的法律化。明朝的海禁法经历了一系列变化过程。最初其沿用宋、元时期的海上贸易法律制度，只是对特殊对象禁止贸易。为了防范方国珍和张士诚的残余势力，明朝政府只是对沿海居民通倭予以禁止。在洪武七年，随着朱元璋稳定了天下局势，开始实施自己想要构建的君权专制的帝国蓝图时，海禁逐步成为国家战略，并与朝贡关系和朝贡贸易相结合，形成了"海禁—朝贡贸易体制"。在明朝海禁法一直被沿用，但在执行时根据海防的压力而或严或弛。明朝前期，政治力量和军事力量强大，"海禁—朝贡体系"也得以有效执行。明朝中后期，朝贡贸易衰落，朝贡体系也随着政治和经济力量的衰退而日趋解体。但海禁一直被朝廷所重视，被视为海防安全和维持政权的重要手段。隆庆开禁，不是废除海禁，而是在缺乏明初的海防力量的情况下，不得已退而求其次的策略，是为了有效地实施海禁而适度开放海禁。

朝贡贸易法是与朝贡关系紧密联系的贸易法律制度。外番有朝贡就允许贸易，不朝贡就不允许贸易。朝贡贸易的船只分为贡舶和商舶。朝贡使者乘坐的贡舶也就是正船。而随团而来的商人的载货船就是商船。朝贡贸易中的外番物品分为三类：使者携带的朝贡国向明朝进贡贡品、使臣携带的"附至货物"、随团商人所带货物。贡品进献朝廷，皇帝予以丰厚的回赐。"附至货物"和货物，明朝政府可以"官买"，也可以对不官买的货物在市舶司或会同馆进行交易。朝贡贸易法律是一套严密的法律制度:管理结构、朝贡贸易的表文勘合检验、贡道贡期人员规模、市舶司或会同馆由官牙为中介的交易等。正德之前,对"附至货物"实施抽分。尽管明初出现的"商舶匿税"能够证明明初允许私人海上贸易并征收商税,弘治时期又有"弘治新例"的存在,但官方并没有正德之前实施"抽分"的记录。从正德时期开始,朝廷对朝贡贸易货物开始实施抽分。对贡品自然没有抽分,但对使者的"附至货物"则进行"抽分"和"官买",对随团而来的商舶实施抽分,并在广东屯头等海岛进行贸易。当明朝将经济收益作为实施朝贡贸易的动机时,贡期、贡道、表文勘合等朝贡贸易管理法也就被忽略了,于是朝贡贸易和商舶贸易被区别对待。正如葡萄牙首位国王特使皮列士的《中国志》所记载,有许可证的朝贡贸易在广州城内进行,而没有许可证的商舶贸易在广州外的屯头进行。于是开启商舶贸易的"广中事例"就应运而生。尽管正德到嘉靖时期朝廷对抽分制的实施与否进行了多轮的论争,但到隆庆时期,抽分制度得以稳定开展,并发展出丈抽和征银。

商舶贸易法得以从海禁法和朝贡贸易法的夹缝中形成和发展,主要是明廷对奢侈品的需求和财政危机压力使然。无论是"广中事例"还是"月港体制"的形成都是地方积极推动的。正德和嘉靖时期的广州"抽分制"本是针对朝贡贸易开展的,但地方在实施时自然会扩展到商舶贸易。朝贡贸易的抽分只是官方话语,朝廷和地方都知道朝贡贸易已名存实亡。商舶贸易最早是广东地方对私人海上贸易的一种务实的管理。葡人最早在上川岛、浪白澳等地停留,没有形成持续的定居点。后来番商请求守澳官王卓同意其在澳门晾晒货物,逐步形成了葡人持续的居留点。1554 年葡人大船长索萨与海道副使汪柏达成口头协议,允许葡萄牙以非佛郎机的名义开展贸易。汪柏实施了便于对商舶进行管理的客纲客纪制度,由牙人介入贸易并征收商税,逐步形成了"澳门—广州二元中心"的贸易体制,管理上由督抚三司、海道副使、市舶司、守澳官、县官等机构相互配合相互制约。明朝后期,出现了"三十六行"对外贸易,实质上就是为了满足外国海商的贸易得到及时满足,有官方指定的三十六个铺行对外商开展贸易,并由他们负责担保、税收等管理事务。这就奠定了清朝"十三行"形成的基础。"月港体制"是月港开禁后逐步形成的海上商舶贸易管理制度。月港的管理机构是由海防同知主导的。在隆庆六年(1572 年)开始征收商税后,饷务也由海防同知兼管。在万历二十五年(1597 年)后,逐步形成了"道府—海防同知—督饷馆"相互配合相互制约的管理体制。"月港体制"的管理制度还包括表单、船引制度、税收制度。

海禁法、朝贡贸易法和商舶贸易法适用于由官方控制的海上贸易,而在整个明朝时期,一直都存在着屡禁不止的私人海上贸易。这种贸易即便是在海禁最为严厉的时期,在广东的潮州和福建漳州、泉州依然大量存在,因为这些沿海地区是朝廷的行政力量的薄弱环节。东南沿海的私人海上贸易是南海贸易圈或者说东印度洋地区和太平洋地区海上贸易经济圈的组成部分。这里存在海上贸易的习惯法,包括合同的订立和履行、合同的担保、纠纷的解决等。因为明朝的海禁,私人海上贸易形成了独特的贸易模式、贸易海商组织形式。私人海上贸易形成了独特的"歇家牙行"贸易模式。这种贸易模式是由势豪作为"窝主"主导的。而这种"歇家牙行"模式与政府进行合作,被赋予税收管理职能,就是"十三行"模式,其奠定了清朝的海关制度。

本书以隆庆时期海上贸易法律制度为题,必须回答一个问题,就是当时涉及整个明朝的海上贸易的背景,而对法律制度的梳理也并不止于隆庆时期。何以以"隆庆时期"为题? 原因有三:其一,隆庆时期是海禁法的突破时期,当时"准泛东西二洋"。其二,隆庆时期,朝贡贸易法实质上转向商舶贸易法。一是"广中事例"在正德、嘉靖时期是有争议和不断反复的,而在隆庆时期得以稳定并有实质性发展;二是"月港体制"在隆庆时期开启,其基本管理和税收框架也是在隆庆时期奠定的。其三,隆庆时期私人海上贸易被官方有限认可,"歇家牙行"这一私人海上贸易制度被政府公开运用,并形成了对后世有影响的海关制度。

二、制定法与习惯法的一次理性联结

中国传统社会的制定法与习惯法的关系如何? 这是中国法律史研究所关注的重要课题。在寻求中国法律现代化的路径时,本土资源、民间法、习惯法等法律资源受到众多学者的关注。这一课题更具有实践价值。通常学者都认为中国传统社会缺乏制定法与习惯法的程序性联结。习惯法或者民间法没有成为法律渊源,只是作为风俗、土例、恶习、恶俗而存在,其在司法中仅仅作为情理的参考。日本学者滋贺秀三认为,中国的制定法与民间法缺乏程序性对接。季卫东认为,中国的制定法与习惯法是"短路式"联结。

梁治平也认为中国的制定法与习惯法是"断裂"的。

隆庆开禁体现了海禁法、朝贡贸易法与民间习惯法的冲突与融合。为我们思考海上贸易领域制定法与习惯法的关系提供了新的视角。隆庆开禁是我国明朝对外贸易史上,甚至可以说是中国的整个对外贸易史上的重要事件。在法律的意义上,就是一定程度地取消海禁法,同时吸收私人海上贸易习惯法,并推动"月港体制"和"广中事例"的形成和发展。

虽然隆庆开禁只是在一定程度上恢复宋、元时期开放的对外私人贸易,在制度上不如宋、元时期尊重习惯法。但是宋、元时期缺乏习惯法与制定法的有效连接,只是简单地从习惯法获得经济利益。正如侯厚培在论述中国的海上贸易政策时指出:"吾国自昔以农立国,贸易一项,素不重视。以言政策,殊愧未能;惟自唐以来,市舶之收入甚大,颇引起有司之相当注意。偶有设施,其间蛛丝马迹,亦有可以记载者也。"①宋、元时期没有什么系统的法律制度,只是粗糙的、并不稳定的对于对外贸易利益的占有措施。明朝在隆庆之前,却走向了与宋、元时期对应的另一个极端,完全排斥私人海上贸易,"片板不许下海"。那时自然是完全实施制定法,即"海禁—朝贡体制"对应的法律,也就是檀上宽所说的朝贡制度、海禁制度和朝贡贸易制度的三位一体。而隆庆开禁,则是对制定法与习惯法进行分别考虑和吸收,形成了能够应对日益国际贸易化的一套制度体系——"月港体制"和"广中事例"。这是一个漫长的历史互动过程。皇权坚持"海禁—朝贡"体制;地方官需要"商舶贸易";老百姓需要私人海上贸易;势要大家,既要尊重皇权,也要利用自己的权力来谋取走私利益。伴随着这种多元利益集团的冲突和协调过程的,制定法与习惯法在特定环境中开启了有效而理性的联结。

(一)日月双悬:制定法与习惯法联结的背景

从明朝的国内环境来看,东南沿海社会经济发生了变化,商品经济得以发展。经营性种植业、商业(商业城镇)崛起,官营手工业衰落,工匠潜逃,私人手工业得以发展。

政治上,明朝专制统治更加集权,但是吏治腐败,政治组织机构臃肿,行政效率低下。洪武十三年(1380年),朝廷利用胡惟庸案废除宰相制,设置六部九卿,地方设置三司(布政司、都察司、巡按司),增加海道副使、巡按、督

---

① 侯厚培:《中国国际贸易小史》,山西人民出版社 2014 年版,第 19 页。

抚。就朝贡贸易来说，涉及的有市舶司、市舶太监、海道副使、镇抚三司。明太祖朱元璋说："我朝罢相，设五府、六部、都察院、通政司、大理寺等衙门，分理天下庶务，彼此颉颃，不敢相压，事皆朝廷总之，所以稳当。"[①]

军备松弛，军队缺乏战斗力。正统年间，曾欲对蒙古开战。兵部尚书带军出征，凑足五万人，都面无人色。海防空虚，战船损毁或被私占，海防官兵潜逃或被私用。宁波争贡之役，宗设一伙如入无人之境。难怪，夏言奏疏说："……有辱帝国尊严"。

从明朝的国际环境来看，日本倭寇侵扰有所减少，日本国内形势有所稳定，浪人得以控制。朝贡贸易衰落，明朝"厚往薄来"难以为继。东南亚诸国在广东的私人海上贸易兴起。尤其在广州，地方官员对私人海上贸易也有所支持。葡人东来，尤其是葡王派特使药剂师皮列士来华谈判失败。嘉靖帝驱逐了佛郎机、暹罗等东南亚的朝贡贸易。葡萄牙的私人海商与东南亚诸国和日本的海商活跃在闽浙一带，形成了"双屿港""月港""浯屿"等私人贸易中心。葡人东来，构建了联结亚欧大陆的国际贸易网络。中国因为其生丝、丝织品、茶叶、瓷器等商品受到广泛青睐，而成为国际贸易网络中举足轻重的一环。日本、东南亚、葡萄牙私人海商在我国的东南沿海不断集结。

明朝中后期活动在我国东南沿海的海商主要有五股力量：葡萄牙海商、日本海商、中国海商、沿海势要"窝主"和沿海居民。这些海商力量单个都不足以与中国政府抗衡。葡萄牙初期战败，其在闽浙的海商被剿灭，居留澳门是出于贿赂和讨好。而澳门是在中国地方政府掌控之中的，通过对日用品和水源的控制就可以逼其就范。日本也不能自成气候。中国海商，许栋、汪直、徐海等都被剿灭了。但是当这些力量结合到一起时，就成了"大倭患"。在海禁的压力下，各股力量在海上贸易利润的吸引下聚集，形成了与明朝对立和抗争的海上武装力量。葡萄牙可能没有直接参与，但是他们的作用有二：一是商品需求，他们是主要买家，是利润的实现者。离开了这一点也就不会有这么多力量的聚集。二是提供武器装备。不管是直接还是间接，葡萄牙为这些海商提供武器或装备，用以武装商船，加强了对付明朝的武装力量。

再就是濒海居民的加入。出于民生需要，嘉靖二十六年（1547 年）"佛

[①]　《明太祖实录》卷 239。

郎机船载货舶浯屿,漳龙溪八九都民及泉之贾人,往贸易"。

这些海上力量的结合固然可以视为乌合之众,但是明朝帝国又何尝不是纸老虎呢?英国著名法学家梅因在论述罗马为外国人提供法律保护的原因时说:"所有古代社会往往为了轻微的骚动就有被颠覆的危险。"[①]强大的古罗马如此,日趋衰落的明朝帝国也面临着同样的风险。而且这种风险已经在嘉靖"大倭乱"中表现出了巨大的破坏力。因此,明朝政府被迫在法律上作出让步。

在明朝政府严厉执行海禁的时候,那些为海上贸易利润奔波的各股力量就通过多种方式互相配合,凝聚成与明政府抗衡的海上力量,甚至侵占沿海岛屿或者攻占沿海州县,并大肆掠夺。这样在我国东南沿海就形成了明朝政府与海上武装贸易力量的"日月双悬"的格局。

(二)联结对象:制定法与习惯法

在"日月双悬"的格局下,两大对立力量分别实施自己的法律制度。明朝政府海上贸易制定法包括海禁法、朝贡贸易法和商舶贸易法。而私人海上贸易在政府禁止的情况下,主要依靠海上贸易习惯法开展。当时的中国东南沿海海上贸易是太平洋和印度洋经济圈的重要组成部分。日本学者将该经济圈描述为以中国和印度为中心、以东南亚为联结点的朝贡贸易体系。后来尽管葡人到来了,但他们只是加入了该经济圈,利用自己的力量企图垄断海上贸易,将因奥斯曼帝国阻断的亚欧贸易重新在海上连接起来,对于该经济圈的贸易格局和贸易规则并没有实质性的改变。

1. 海禁法

海禁法在有明一代一直存续并被大力推行,如《大明律》的"私人下海律"、《问刑条例》的海禁条款、地方官员执行海禁时的地方立法,以及"保甲""连坐",甚至"片板不许下海",禁止下海捕鱼等。海禁法的结果是私人不能开展海上贸易,中国海商不能出洋,外国海商不能登岸。

2. 朝贡贸易法

海禁法只是禁止私人海上贸易。明朝政府积极推行朝贡贸易,并对于朝贡贸易的执行制定了具体的法律制度。

---

① (英)梅因(H. S. Maine):《古代法》,沈景一译,商务印书馆 1595 年版,第 33 页。

朝贡贸易是将朝贡关系与海上贸易绑定起来。有朝贡则允许贸易，没有朝贡关系，则拒绝贸易，并以违反海禁而予以驱逐。这样，朝贡贸易就包括了贡品、附至货物和私人海商货物。这样外番的海商只能设法与政府朝贡联系在一起，在表文勘合等朝贡贸易法管束下进行贸易。海商贸易就被政府垄断，而政府之间的朝贡贸易是低效、高档、少量的官方贸易，因此必然会引发民间贸易的兴起。

3. 商舶贸易法

朝贡贸易和商舶贸易的关系从官方的角度来看联系是非常紧密的。日本学者滨下武志将朝贡贸易和商舶贸易称为官营贸易。这是相对于民间贸易而言的。① 朝贡贸易中的市舶贸易实质上就是以满足朝贡关系为前提条件的商舶贸易。明朝时期，朝贡贸易和商舶贸易最大的事实上的区别就是是否实施"抽分制"。朝廷贸易是以"贡品—回赐"和"官买"为主要交易模式，坚持所谓的"厚往薄来"原则。而商舶贸易则是以经济规律为基础进行的市场交易。在正德、嘉靖期间明朝对于朝贡贸易是否抽分和是否对违反贡期的朝贡国的朝贡贸易进行抽分，地方和朝廷先后有若干次的进行抽分和阻止抽分的政策上的反复博弈。当朝贡贸易中的使臣"附至货物"或贡舶以外的市舶贸易从朝贡关系中逐步剥离后，就形成了商舶贸易。这个过程实际上也就是经济交往从政治交往的约束中解脱的过程。尽管都是官方贸易，朝贡贸易和商舶贸易在法律制度上有很大的区别。尤其是在政府依然实施着海禁法的情况下。

商舶贸易法主要规定贸易的管理机构、贸易检验、交易和税收。商舶贸易分为"广中事例"模式的商舶贸易和"月港体制"模式的商舶贸易。两者在法律制度上又有不同。"广中事例"是以海道主导，督抚及三司、海道、市舶司和县官共同管理。官方指派的官牙支持交易、评估价格并负责征税。税收制度是按照一定比例进行抽分。隆庆之前是征收实物税，进行实物抽分。隆庆开始实施丈抽制，后来开始征银。

"月港模式"的商舶管理法，在管理机构上采用海防同知主导，发展到道院、海防同知和督饷馆相互协调和制衡的机制。督饷馆负责饷税征收，海防

---

① ［日］滨下武志：《近代中国的国际契机：朝贡贸易体系与近代亚洲经济圈》，朱荫贵、欧阳菲译，中国社会科学出版社 2004 年版，第 3 页。

同知负责越贩及违禁品的查缉,海道和漳州府负责检查和监管。

广中模式贸易即"广州—澳门"之间的贸易,是一种中外双向的贸易。月港模式只是中国海商可以出洋,外国海商不允许进来,政府只是实施对应的贸易管理,交易环节由海商自行解决。

隆庆时期是商舶贸易得以发展的重要时期。正德、嘉靖的反复得以稳定,朝廷允许朝贡贸易抽分,实施中自然扩及商舶贸易。海禁时期民间贸易形成的"歇家牙行"模式,得以在"广中事例"中被政府逐步采用。先前有牙行、客纲、客纪等中介机构,发展成"歇家牙行"的铺行、"三十六行"。

4. 海上贸易习惯法

中国古代社会是一个以农业为基础的宗族社会。每个人的社会网络都是以血缘和地缘为基础发展起来的。东南沿海的海上贸易也是以血缘和地缘关系为基础发展的。在明朝海禁法的严控下,宋、元时期已经形成的海上贸易,产生了中国海商与东、西二洋各国的稳定的贸易关系。有中国海商在海外定居,从事中国与其定居地的海上贸易。官方禁止私人贸易,中国海商就通过这种血缘和地缘关系来秘密完成货物的购买和销售。外国海商也通过海外华侨的这种关系,实现与中国的贸易。葡人东来,在中葡贸易谈判失败后,葡萄牙的海商也是通过这种方式实现在闽浙沿海的贸易。如果用布罗代尔所说的历史长镜头来看,明朝中国东南沿海地区海上贸易习惯法,是亚洲海上经济圈对宋、元时期海上贸易习惯法的继承。葡人到来前的印度洋和太平洋沿岸是允许自由贸易的。无论是明朝的海禁还是葡人东来,能够对相应的区域产生影响,但无法进行根本性的改变。长期的私人海上贸易形成了相对稳定的贸易惯例。在合同的订立上,往往会有特定的形式。如果是非珍贵物品的现货交易,往往比较简单灵活。如果是珍贵物品交易,或者是非当场现货交易,则往往按照特定的程序和形式订立合同。最常见的合同订立形式就是有若干证人、有誓言或仪式、采用书面的合同形式。为了保障合同的实际履行,私人海上贸易往往会采用担保。通常有物的担保、人质担保和综合性的担保。为适应海上贸易的需求特点使其及时有效地进行,形成了"歇家牙行"经营模式。海上贸易受季风影响,海上运输必须利用季风在特定的时间内进行,错过季风就增加了海商的风险和贸易成本,而且海上贸易货物需求量较大。这就要求货物的购买和销售都必须在特定时间内完成。明朝海禁,又人为地增加了私人海上贸易的法律风险。因此,势要大家经营的"歇家牙行"能够有效实现在短期内安全完成贸易。"歇家牙行"模式就是融牙行、歇家、货物存放、评估、运输、住宿等海商需要的服务于一体的中介服务。而经营者，也就是"大倭主"可能本身就是海商，自己也从事货物的买卖。

（三）联结的程序：争论—共识—立法

明朝中期的筹海之争是对隆庆海上贸易法的酝酿。《筹海图编》对此有详细的记录。争论的焦点是要不要开海禁，要不要开贡道和互市，若开放海禁则范围是哪些，等等。主张开海的官员，言在政治安全，意在贸易税收。正德、嘉靖时期"抽分制"的反复是该争论在政策上的体现。

筹海之争达成兼顾双方观点的共识，即"于通之中，寓禁之之法"。共识包括加强海防、保障政治安全，同时，逐步适度开放海禁。当然，隆庆开禁往往都只论及福建漳州月港，但实际上，还包括广州和月港，都是适度开放海禁。

至于让葡人居留于澳门是明朝政府通过实践的摸索，认识到葡萄牙海商是商人不是海盗。一方面，葡人可以帮助地方官员满足皇室对奢侈品的需求；另一方面，葡人可以帮助政府清剿海寇和兵叛。政府官员利用羁縻府州或蕃坊的模式来自欺欺人，让葡人的澳门居留和贸易得到适当的解释理由。

月港则先设立海澄县，加强行政管理。同时设置海防同知，加强海防力量。然后开放月港。而且对月港出洋作出一系列的安全保障设置，如保甲制、连坐、船引等，在此基础上，再征收商税。

隆庆海上贸易法律制度的立法模式为，地方实施，中央认可。商舶贸易法是海禁法、朝贡贸易法与贸易习惯法相联结而形成的新的制定法。朝贡贸易法有勘合和贡期、贡道、交易方式等诸多限制，难以满足朝贡国的贸易需求。于是朝贡国会违反贡期，使用各种理由和借口增加朝贡贸易的次数和规模。同时会有更多的朝贡贸易国的海商设法来华贸易。对于海禁法来说，不遵守朝贡贸易法的贸易都是违法的。当海禁法将商舶贸易排斥后，闽浙地区走私贸易兴起，于是形成海禁与走私贸易的冲突逐步升级，终于爆发轰轰烈烈的嘉靖"大倭患"。官方开始对开放海禁和认可商舶贸易作出变革。

"广中事例"是朝贡贸易法与私人海上贸易法妥协的产物。地方官员和沿海通番的势要大家都从内心排斥严格的海禁,而希望私人海上贸易得以发展。但这与朝贡的海禁法是对立的。而商舶贸易,是一个能够平衡地方和朝廷、势要大家与中外海上利益的贸易形式。商舶贸易是地方将私人海上贸易纳入管理并进行征收商税的实际操作。屯门体制和澳票制都是地方官员的这种操作的体制化和制度化。但是海禁是历代皇帝都遵守的祖制,并且由条例的明文规定。地方官以朝贡贸易抽税制的名义开启商舶贸易,而对朝廷声称是朝贡贸易,而只是开始实施税收,并在实际操作时不再严格按照朝贡贸易法的规定进行。这样,朝贡贸易的放宽就转变为商舶贸易。一方面,商舶贸易是忽略勘合与贡期等限制的朝贡贸易;另一方面,商舶贸易是被纳入官方管理,被放入指定的区域和程序开展,并予以征税的私人海上贸易。对于商舶贸易,朝廷未必不知,但是因奢侈品的稀缺和财政危机,朝廷也不得不睁一只眼闭一只眼,在满足地方政局稳定的情况下,也就不强行干预。当有官员提请严格执行朝贡贸易法时,也就开始重申海禁或朝贡贸易法。这也就是正德、嘉靖时期广东贸易改革出现反复的原因。

"月港体制"的商舶贸易法是海禁与私人海上贸易的妥协,是政府被迫考虑沿海居民的民生和可能导致的武装走私的结果。其推动者依然是地方官员和沿海势要大家。地方官员和势要大家是私人海上贸易的受益者。私人海上贸易兴起,势要大家通番,并作为"大窝主",采用"歇家牙行"模式主导私人海上贸易。势要大家之所以能在海禁背景下公然通番,自然是买通了地方官员。如果按照朱纨的方式严格执行海禁,清剿海上贸易的据点,则会直接损害到地方官员与势要大家的利益。于是他们合力扳倒朱纨,排斥毁灭私人贸易的官方行为。但是,当私人海商集团开始因商业纠纷实施自力救济并对沿海进行劫掠时,地方官员和势要大家又是直接的受害者。他们就会站在政府的一边,宁可舍弃商业利益。政府与海商集团的武力冲突是各方均受损的最糟糕的结局,而"月港开禁"是各方利益的次优选择。朝廷避免了战争和不稳定。地方官员可以征收商税,避免武装冲突对自己的仕途甚至生命带来的威胁。势要大姓可以与地方政府合作公开地垄断经营"歇家牙行"。私人海商虽然被商舶贸易法所限制,但毕竟有一个安全的、可以开展海商贸易的机会。可见"月港体制"也是在地方政府和官员推动下,各方在反复博弈中认清利害关系的基础上被迫接受的新体制。"月港体制"是地方推动、朝廷批准的。

明初构建的"海禁—朝贡"体系在运作两百年之后,随着明朝政府政治和经济力量的衰落,出现运行危机。隆庆开禁是对海上相关各种力量的利益的平衡,在法律上的体现就是通过制定法与习惯法的联结推动商舶贸易法的实施。这是海禁法、朝贡贸易法对海上贸易习惯法进行适度的退让和吸收的结果,其暂时使各方利益得以平衡。隆庆开禁是对"海禁—朝贡"体系的一次修补,使该系统能够继续运作。随着西班牙人、荷兰人的到来,加上明王朝的进一步衰落、东北女真的崛起和海上郑氏集团等海上力量的再出现,该体系又遭受新的冲击。但在隆庆开禁所实现的制定法与习惯法的理性联结中,私人海上贸易中形成的"歇家牙行"模式被政府采用,形成了垄断商舶贸易的行商制度,明末的"三十六行"和清朝的"十三行"以及由其实现的贸易模式和税收体制,都是在此基础上发展的,最终形成清朝的海关体制。

参考文献

一、图书类

晁中辰.明代海禁与海外贸易[M].北京:人民出版社,2005.

陈小法.明代中日文化交流史研究[M].北京:商务印书馆,2011.

方豪.中西交通史(下册)[M].长沙:岳麓书社,1987.

傅衣凌.明清时代商人及商业资本,明代福建海商[M].北京:人民出版社,1980.

葛洪义.法理学[M].第四版.北京:中国人民大学出版社,2015.

顾卫民.从印度洋到太平洋:16至18世纪的果阿与澳门[M].上海:上海书店出版社,2016.

怀效锋点校.大明律[M].北京:法律出版社,1999.

怀效锋.嘉靖专制政治与法制[M].长沙:湖南教育出版社,1989.

候厚培.中国国际贸易小史[M].太原:山西人民出版社,2014.

胡长清.中国民法总论[M].北京:商务印书馆,1933.

黄茂荣.法学方法与现代民法[M].北京:中国政法大学出版社,2001.

黄宗智,尤陈俊.历史社会法学:中国的实践法史与法理[M].北京:法律出版社,2014.

梁嘉彬.广东十三行考[M].广州:广东人民出版社,1999.

梁启超.梁启超论中国法制史[M].北京:商务印书馆,2012.

梁治平.著法律史的视界:梁治平自选集[M].桂林:广西师范大学出版社,2013.

李剑农.宋元明经济史稿[M].上海:生活·读书·新知三联书

店,1957.

李庆新.明代海外贸易制度[M].北京:社会科学文献出版社,2007.

林仁川.明末清初私人海上贸易[M].上海:华东师范大学出版社,1987.

凌濛初.拍案惊奇.杨洪杰,吴玉华注释[M].长春:长春出版社,2010.

刘强.海商帝国:郑氏集团的官商关系及其起源(1625—1683)[M].杭州:浙江大学出版社,2015.

蒲坚.中国法制史[M].第二版.北京:光明日报出版社,1999.

瞿同祖.中国法律与中国社会[M].北京:中华书局,2003.

沈德符.万历野获编[M].侯会,选注.北京:北京燕山出版社,1998.

沈宗灵.法理学[M].第四版,北京:北京大学出版社,2014.

史尚宽.民法总则释义[M].上海:上海法学编译社,1937.

苏继顾,校释.岛夷志校释序言[M].北京:中华书局,2000.

苏亦工.明清律典与条例[M].北京:中国政法大学出版社,2000.

王尔敏.五口通商[M].桂林:广西师范大学出版社,2006.

王慕民.海禁抑商与嘉靖"倭乱:明代浙江私人海外贸易[M].北京:海洋出版社,2011.

吴志良.澳门政治发展史[M].上海:上海社会科学院出版社,1999.

徐春望.明代前期福建史:1368—1521 年[M].北京:线装书局,2016.

严从简.殊域周咨录,卷 2,东夷·日本国[M].余思黎,点校.北京:中华书局,2000.

杨一凡.明大诰研究[M].北京:社会科学文献出版社,2009.

杨一凡.中国珍稀法律典籍续编,第 3 册[M].哈尔滨:黑龙江人民出版社,2002.

余英时.汉代贸易与扩张:汉胡经济结构关系研究》[M].邬文玲,等译.北京:上海:上海古籍出版社,2005.

余继登.典故纪闻,卷十二[M].顾思,点校.北京:中华书局,1981.

余永麟.北窗琐言[M]//丛书集成初编.丘隅意见及其他四种.北京:中华书局,1985.

张锦鹏.南宋交通史[M].上海:上海古籍出版社,2008.

张天泽.中葡早期通商史[M].姚楠,译.北京:中华书局,1988.

长孙无忌等.唐律疏议[M].刘俊文,点校.北京:中华书局,1983.

臧小华.陆海交接处:早期世界贸易体系中的澳门[M].北京:社会科学文献出版社,2013.

赵翼.廿二史札记[M].王树民校正.北京:中华书局,2013.

赵汝适.诸蕃志校释[M]//杨博文校释.职方外纪校释.北京:中华书局,1996.

郑镛.月港帆影——漳州海商发展简史[M].福州:福建人民出版社,2016.

朱国祯.涌幢小品,卷30,日本[M].//笔记小说大观.扬州:江苏广陵古籍刻印社,1983.

苏莱曼.中国印度见闻录[M].穆根来,汶江,黄倬汉译.北京:中华书局,1983.

[奥]凯尔森.法与国家的一般理论[M].沈宗灵,译.北京:中国大百科全书出版社,1996.

[古罗马]西塞罗.国家篇法律篇[M].沈叔平,苏立,译.北京:商务印书馆,1999.

[美]范岱克.广州贸易:中国沿海的生活与事业(1700—1843)[M].北京:社会科学文献出版社,2018.

[美]拉铁摩尔.中国的亚洲内陆边疆[M].唐晓峰,译.南京:江苏人民出版社,2005.

[美]昂格尔.现代社会中的法律[M].吴玉章,周汉华,译.北京:译林出版社,2001.

[葡]费尔南·门德斯·平托.远游记,上册[M].金国平,译.澳门:葡萄牙航海大发现事业纪念澳门地区委员会、澳门文化署、东方葡萄牙学会,1999.

[葡]巴洛斯,[西]艾斯加兰蒂,等.十六世纪葡萄牙文学中的中国 中华帝国概述[M].何高济,译.北京:中华书局,2013.

[日]滨下武志.近代中国的国际契机:朝贡贸易体系与近代亚洲经济圈[M].北京:朱荫贵,欧阳菲,译.北京:中国社会科学出版社,2004.

[日]木宫泰彦.中日文化交流史[M].北京:商务印书馆,1980.

[日]桑原骘藏.唐宋贸易港研究[M].杨钟,译.太原:山西人民出版

社,2015.

[日]滋贺秀三,等.明清时期中国民事审判与民间契约[M]王亚新,梁治平,译,.北京:法律出版社,1998.

[日]藤田丰八.中国南海古代交通丛考(下)[M].太原:山西人民出版社,2015.

[日]藤田丰八.宋代之市舶司与市舶条例[M].魏重庆,译,太原:山西人民出版社,2015.

[日]松蒲章.中国的海贼[M].谢跃,译.北京:商务印书馆,2011.

[日]上田信.海与帝国:明清时代[M].高莹莹,译.桂林:广西师范大学出版社,2014.

[印度]桑贾伊·桑·苏布拉马尼亚姆.葡萄牙帝国在亚洲(1500—1700):政治和经济史[M].何吉贤,译.澳门:纪念葡萄牙发现事业澳门地区委员会,1997.

[英]孔佩特.广州十三行:中国外销画中的外商(1700—1900)[M].于毅颖,译.北京:商务印书馆,2014.

[英]博克舍.十六世纪中国南部行纪·导言[M].何高济,译.北京:中华书局,1990.

[英]博克舍.十六世纪中国南部行纪》[M].何高济,译.北京:中华书局,2002.

[英]哈特.法律的概念[M].许家馨,李冠宜,译.北京:法律出版社,2006.

[英]罗杰·克劳利.征服者:葡萄牙帝国的崛起[M].陆大鹏,译.北京:社会科学文献出版社,2016.

二、期刊论文

何勤华.清代法律渊源考[J].中国社会科学,2001(2).

黄盛璋.明代后期海禁开放后海外贸易若干问题[J].海交史研究,1988(1).

黄友泉.明代月港督饷馆杂考——兼与郑有国先生商榷[J].漳州师范学院学报(哲学社会科学版),2012(3).

胡铁球."歇家牙行"经营模式的形成与演变[J].历史研究,2007(3).

胡铁球.明清海外贸易中的"歇家牙行"与海禁政策的调整[J].浙江学刊,2013(6).

胡铁球.明清保歇制度初探[J].社会科学,2011(6).

廖大珂.朱纨事件与东南亚海上贸易体系的形成[J].文史哲,2009(2).

李龙潜.明代广东对外贸易[J].文史哲,1982(2).

李龙潜.明代广东三十六行考释[J].中国史研究,1982(3).

李庆新.地方主导与制度转型——明中后期海外贸易管理体制演变及其区域特色[J].学术月刊,2016(1).

余天炽.秦通南越"新道"考[J].华南师范大学学报,1980(2).

吴仁安.明代广州三十六行初探[J].学术研究,1980(2).

[日]松浦章.明代末期的海外贸易[J].求是学刊,2001(2).

三、古籍类

顾炎武:《天下郡国利病书》

李东阳撰,申时行重修:《大明会典》

王圻:《续文献通考》

王在晋:《越镌》

徐兆昺撰,桂心仪等点注:《四明谈助》

郑若曾:《筹海图编》

朱彧:《萍洲可谈》

张燮:《东西洋考》